CHINGEN

Stefan Ott

Oberdischingen

Heimatbuch einer Gemeinde
an der oberen Donau

Herausgegeben von der
Gemeinde Oberdischingen

Anton H. Konrad Verlag

© 1977   Anton H. Konrad Verlag, 7912 Weißenhorn
Herstellung Andreas Schulz, Isny, und Robert Abt GmbH, Neu-Ulm
ISBN   3 87437 144 1

Inhalt

Zum Geleit   5
Einleitung   7

Natürliche Grundlagen – Von der Natur- zur Kulturlandschaft   9

Blick über das Land   9
Entstehung der Landschaft   10
Die naturgegebenen Voraussetzungen für die Besiedlung   11
Von der Natur- zur Kulturlandschaft   13
Verzeichnis und Erklärung der Flurnamen   17

Geschichtlicher Überblick   21

Name und Entstehung des Dorfes   21
Der Weg zum Ortsadel, Bauern und Seldner   22
Lehensherren und Lehensinhaber im Spätmittelalter   24
Die Freiherren von Stotzingen als Grund- und Ortsherren   25
    Der Bauernkrieg im Jahre 1525   26
    Das Salbuch vom Jahre 1562   27
    Die damalige Herrschaft Dischingen   33
    Zur damaligen Verfassung der Gemeinde   34
    Der Dreißigjährige Krieg (1618–1648)   34
Die Schenken von Castell als Inhaber der Herrschaft Dischingen   36
    Zur Geschichte der Schenken von Castell auf der Herrschaft Dischingen   41
Graf Franz Ludwig Schenk von Castell (1736–1821)   42
    Der Graf als Grundherr   43
    Bauern, Seldner und Häusler zur Zeit des Malefizschenken 47
    Das Gesamteinkommen der Herrschaft   54
    Der Graf als Gerichts- und Leibherr   55
    Der Graf als Ortsherr   62
    Der Graf als Bauherr   63
    Die Kastanienallee 64 Die Herrengasse 64 Die Fronfeste mit Kanzlei 65
    Schloß- und Pfarrkirche 66 Die Dreifaltigkeitskapelle mit dem Paterhaus 70
    Der Graf als Bekämpfer des Gaunerunwesens   70
    Der Graf nimmt seine Tätigkeit auf 73 Die richterliche Tätigkeit des Grafen 75
    Das Gerichtsverfahren 76 Die Aufhebung des Zuchthauses und das Verfahren
    gegen den Grafen 79 Würdigung der Tätigkeit des Malefizschenken 81
    Die letzten Jahre des Malefizschenken   85
    Anhang zur Tätigkeit des Malefizschenken   88
    Die Kinder des Malefizschenken   93
Oberdischingen unter Graf Franz Joseph (1821–1845)   97
    Die Vollendung der neuen Kirche   99

Würdigung des Kirchenbaus	102
Die Ablösung der bäuerlichen Lasten — Der Bauer wird frei	103
Die Vorgänge des Jahres 1848 in Oberdischingen	106
Zur Ablösung der Zehnten	108
Die Umwandlung der Lehen in freies Eigentum	110
Würdigung des Grafen Franz Joseph	111
Der letzte Reichsgraf Schenk von Castell auf Oberdischingen	112
Die Herrschaft Oberdischingen im Besitz der Kaulla	113
Die Fugger übernehmen die Herrschaft (1900)	115
Die Gemeinde übernimmt 1927 das Herrschaftsgut	116
Die Gutsbesitzerfamilie Steiner und Oberdischingen	117

Aus der Geschichte und dem Leben unseres Dorfes 119

Vom Werden des Dorfbildes	119
Zur Geschichte der bürgerlichen Gemeinde	121
Zur wirtschaftlichen Entwicklung	124
Vom Auf und Ab der Einwohnerzahlen	133
Die Vertriebenen aus den deutschen Ostgebieten	137
Kirchlich-religiöses Leben in Oberdischingen	140
Pfarrer, Frühmesser, Kapläne, Patres	140
Die Gotteshäuser der Gemeinde	141

Die Pfarrkirche 141 Marienverehrung in Christmarienau 142
Zur Geschichte der Dreifaltigkeitskapelle: Das Bildstöckle 143
Die Wallfahrtskapelle vom Jahre 1713 144 Der Malefizschenk erbaut eine neue Wallfahrtskapelle 145 Die Neugestaltung der herrschaftlichen Gruft 146
Das Paterhaus 147 Die Karmeliten ziehen im Paterhaus ein 148
Die Friedhofkapelle und der Friedhof 149 Das Pfarrhaus 150

Zum kirchlichen Leben in Oberdischingen	151

Bündnis gegen das Fluchen 151 Das Dreifaltigkeitsfest einst und heute 152
Die Bruderschaften 154 Der Kirchenkonvent — Soziale Fürsorge 156

Zur Geschichte der Schule	157
Die Kinderschule St. Gebhard	165
Brauchtum und Gemeinschaftsleben — Die Vereine	167
Der Liederkranz 167 Der Musikverein 168 Der Sportverein 169	
Die Oberdischinger Fasnet — einst und heute	170
Das Malefizfest	172
Berühmte Oberdischinger	173
Gustav Adolf Renz, der »Doktor von Dischingen«	173
Der Doktor von Dischingen und der Bauer	176
Joseph Karlmann Brechenmacher, der Sprachforscher und Erzieher	176
Anhang: Namen- und Sprachkundliches	179

Alte Oberdischinger Familiennamen 179 Alte Haus- und Hofnamen 185
Alte mundartliche Ausdrücke 186 Altes Oberdischinger Spruch- und
Erzählgut 190 Oberdischinger Heimatlied 191 Die Sage vom Hirscheler 191

Quellen- und Literaturangaben	192

Zum Geleit

> O Heimat, wir sind alle dein,
> So weit und fremd wir gehen,
> Du hast uns schon im Kinderschlaf
> Ins Blut hineingesehen.
> Kein Weg ist, den wir heimlich nicht
> Nach einem Heimweg fragen.
> Wer ganz verlaufen, wird im Traum
> zu dir zurückgetragen.
>
> *Hans Heinrich Ehrler*

Wenn wir bedachtsam und feinhörig durch unsere Fluren, durch die Straßen und Gassen unseres Dorfes gehen und vor den ehrwürdigen Bauten des großen Schenken stehen, vernehmen wir immer noch den Puls- und Herzschlag der alten Zeit. Wir fühlen uns als Erben derer, die vor uns über diese Fluren geschritten und durch diese Straßen und Gassen gegangen sind. Wenn wir Heutigen dieses Erbe weiterführen, bewahren wir auch die Treue und Liebe zur Heimat, zu unserem Volk und zu seiner Art zu leben. Ohne Heimat fühlte sich der Mensch einsam und verlassen in die Welt hineingestellt. Aber wir sind nicht allein. Alle, die vor uns gewesen sind und an dem Ausbau der Heimat mitgearbeitet haben, sind mit uns und um uns und drücken uns im Geist die Hand.

Dieser gute Geist der Heimatliebe und Heimattreue spricht zu uns auch aus dem nunmehr vorliegenden Heimatbuch der Gemeinde Oberdischingen. Bürgermeister und Gemeinderat sind hocherfreut über das neu geschaffene Werk. Professor Dr. Stefan Ott, hiesiger Bürgersohn aus einem altansässigen Bauerngeschlecht, hat als Dank an seine Heimatgemeinde selbstlos das Ergebnis seiner jahrelangen Forschungen druckfertig zur Verfügung gestellt. Dafür sind wir ihm alle zu Dank verpflichtet. Ein besonderer Dank gilt auch unserem Landsmann, Herrn Oberregierungsdirektor Dr. Karl Amann, der uns in gewohnter Hilfsbereitschaft die Wege zum Regierungspräsidium Tübingen geebnet hat. Herzlichen Dank auch allen anderen Förderern und Helfern unseres Heimatbuches. Ein besonderer Dank noch dem Verleger, Herrn Anton H. Konrad, für die sorgfältige und liebevolle Betreuung des Bandes.

Ich bin sicher, daß das Buch allen Mitbürgern hier und in der Ferne eine willkommene Gabe sein wird. Das Buch möge allen zeigen, wie unsere Heimat in mehr als tausendjähriger Geschichte zu dem geworden ist, was sie heute ist. Es möge ein rechtes Hausbuch werden, an dem noch Kinder und Enkel ihre Freude haben. Es möge den Heimatgedanken vertiefen und, vor allem bei der Jugend, Verständnis für das Alte, Gewachsene und Gewordene wecken und zu weiterem tüchtigen Schaffen anspornen.

Ich wünsche unserem Heimatbuch eine wohlwollende Aufnahme und weite Verbreitung in der Heimat und im schwäbischen Land.

Oberdischingen, im Spätherbst 1976 *Speiser, Bürgermeister*

Einleitung

Zunächst ein Wort zur Anlage des Buches. Ein Heimatbuch sollte ein möglichst umfassendes Bild von der Heimat geben, alles, was irgendwie bedeutsam ist, aufnehmen und dem Leser nahebringen.
Aus diesem Gedanken heraus habe ich ganz vorne angefangen, bei der Landschaft selbst, in die unsere Vorfahren ihre Siedlung, unser Heimatdorf hineingestellt haben. Sie haben in langer geduldiger Arbeit die Naturlandschaft allmählich zur Kulturlandschaft umgewandelt und damit zur Lebensgrundlage für sich und ihre Nachkommen gemacht viele Geschlechter hindurch.
Gleichzeitig wuchs langsam das Dorf heran mit seinen Bauern und Seldnern, seinen Handwerkern und Taglöhnern. Sie alle haben als Lehensleute den verschiedenen Herrschaften den Zehnten gegeben, Frondienste geleistet und Zins und Gült abgeliefert, bis das 19. Jahrhundert die Ablösung aller dieser Lasten brachte und damit ein freies, selbständiges Bauern- und Bürgertum ermöglichte. Auf dieser Grundlage konnte sich ein eigenständiges Gemeindeleben entfalten und das geistig-kulturelle Leben wie die Wirtschaft des Dorfes kraftvoll sich entwickeln.
Kriegs- und Notzeiten haben das Dorf heimgesucht und ihren Tribut gefordert. Aber auch neue Blutströme flossen ein und wirkten und wirken sich aus. Von alledem ist in diesem Buch die Rede.
Die Sprache des Buches ist so gehalten, daß jedermann es lesen und verstehen kann. Wo Fremdwörter oder alte, abgegangene Ausdrücke unumgänglich schienen, wurden diese erklärt. Das Buch möchte ein Lesebuch werden, zu dem man immer wieder greift, ein Buch, das alt und jung wieder und wieder gern zur Hand nehmen sollten.
Vollständig und erschöpfend ist das Buch natürlich in keiner Weise. Das verbot sich schon aus Raumgründen, auch sollte der Preis für jedermann erschwinglich sein. Noch sind Fragen offen geblieben, sind Rätsel ungelöst. Für den kommenden Heimatforscher ist also noch Anreiz genug vorhanden.
Zum Schluß ist es mir ein Bedürfnis, allen denen zu danken, die mich bei der Arbeit mit Rat und Tat unterstützt haben. Mein Dank gilt in erster Linie Herrn *Bürgermeister Speiser* und Herrn *Pfarrer Übelhör*, die mir jegliche Hilfe zuteil werden ließen. Des weiteren danke ich Herrn *Hauptlehrer Russ*, der sein photographisches Können in den Dienst des Heimatbuches gestellt hat. Mein Dank gilt ferner *Baron Fidel von Stotzingen* auf Schloß Steißlingen am Hohentwiel, der mich Einblick in die Akten seines Archivs nehmen ließ, ebenso *Freifrau Gisèle von Rassler* auf Schloß Weitenburg, wo

heute noch Nachkommen der ältesten Tochter des Malefizschenken leben, des weitern *Freiherrn Egloff von Freyberg* zu Allmendingen, *Freiherrn Franz von Ulm-Erbach* und vielen andern.

Ganz besonderen Dank aber schulde ich meiner inzwischen leider verstorbenen Schulkameradin *Toni Munding*, die mir von allem Anfang an mit ihrem Rat und ihrem Wissen, ihren Sammlungen und Berichten zur Seite gestanden ist. Ihr sei, in Dankbarkeit, auch dieses Buch gewidmet.

Das Regierungspräsidium Tübingen förderte dankenswerterweise die Drucklegung durch eine Zuwendung.

Und nun wünsche ich dem Buch viele interessierte Leser. Es soll ihnen ebensoviel Freude bringen, wie mir seine Abfassung bereitet hat. Die Beschäftigung mit der Heimatgeschichte war für mich von immer neuen Entdeckungen und Entdeckungsfreuden begleitet. Etwas davon wünsche ich jedem, der das Buch zur Hand nimmt.

Oberdischingen/Weingarten, im Spätherbst 1976 *Stefan Ott*

Natürliche Grundlagen
Von der Natur- zur Kulturlandschaft

Blick über das Land

Wenn wir eine Vorstellung von einer Landschaft gewinnen wollen, so eignet sich hiefür am besten eine Anhöhe, ein Hügel, ein Kirchturm. Für Oberdischingen und Umgebung bietet sich hiefür das Forst- oder Jägerhaus an. Wir haben, von dort aus gesehen, im Vordergrund eine hügelige, wellige Landschaft mit steileren Hängen im Südosten und flacheren Hügelwellen dem Westen zu. Die Landschaft wird von Bächen und kleineren Talsenkungen durchschnitten, die alle auf die große, breite Senke im Süden zwischen dem Hägeles- und dem Kapellenberg zustreben. Im Mittelgrund, in der Senke und an den Hängen hinauf, liegt, in Obstgärten eingebettet, das Dorf. Im Hintergrund dehnt sich das weite Ried und dahinter, langsam ansteigend, das Oberland. An klaren Tagen umrahmen die Alpenberge das weite Bild.
Auf den ersten Blick erkennen wir, daß die Landschaft um Oberdischingen in zwei grundverschiedene, ungleich große Hälften zerfällt: da ist einmal der bewegte, hügelige Teil nördlich der Donau, sodann die Donauniederung, das Ried, zu beiden Seiten des Flusses. Die beiden Teile sind größtenteils deutlich gegeneinander abgesetzt, vor allem durch den Steilabfall am »Heuflet« und, weniger steil, an der »Halde«, wo durch Rutschungen flachere Hanglagen und Übergänge entstanden sind. Im Dorfbereich gehen beide Teile ineinander über: der Dorfbach, genauer: die vereinigten Dorfbäche, haben hier im Verlauf einer langen Zeit einen Durchbruch aus dem Hinterland zur Donau hin erzwungen, diesen im Lauf der Zeit immer mehr ausgetieft und verbreitert und damit auch die Hänge zu beiden Seiten abgeschwemmt und zurückgedrängt. Im Bereich dieses Durchbruchs mit den flachen Hanglagen waren die besten Voraussetzungen für die Anlage einer Siedlung gegeben.
Wenn wir dieses Gelände in einen größeren Rahmen hineinstellen, so ist zu sagen: Oberdischingen liegt am Südrand des sogenannten Hochsträß, einer Dreieckslandschaft zwischen Donau, Schmiech und Blau. Das Hochsträß gehört zur Schwäbischen Alb, wird aber durch die Täler der Schmiech und der Blau vom eigentlichen Körper der Schwäbischen Alb abgetrennt. Auch tritt auf dem Hochsträß das Kalkgestein, der Jura, nicht zutage; es ist von jüngeren Schichten überlagert, wie wir unschwer an den Böden des nördlichen Markungsteils erkennen können.
Nebenbei bemerkt hat das Hochsträß seinen Namen von einer alten Hoch- oder Überlandstraße, die vom Bayerischen herkommend bei Ulm die Donau

überschritt und an Ringingen und Altheim vorbei nach Ehingen und von da donauaufwärts weiter in die Schweiz führte.

Entstehung der Landschaft

Wenn wir uns fragen, wie diese Landschaft einstmals entstanden ist, so müssen wir in der Geschichte unserer Erde weit zurückgehen, in das sog. Tertiär, d. h. das dritte Erdzeitalter, das Millionen von Jahren zurückliegt, eine unvorstellbare Zeit. Damals bildete unsere Gegend, mit ihr ganz Oberschwaben einen mächtigen Trog, der sich in weitem Bogen vom Golf von Lyon, der damals weit nördlicher reichte, bis in den Raum um Wien hinunter erstreckte. Dieser Trog war mit Meereswasser gefüllt und lagerte im Lauf der Zeit sandigen, weichen Meeresschlamm mit Resten von Meerestieren (Schalen, Knochen, Zähne usw.) ab. Die Wissenschaft bezeichnet diese Ablagerungen als Molasse (d. h. weiches Gestein), genauer, weil es sich um Ablagerungen des Meeres handelt, als Meeresmolasse. Zuweilen aber wurde der Trog durch Bergstürze auf weite Strecken vom Meer abgeschnürt, dann füllten ihn die von den Alpen herunterkommenden Bergbäche mit Süßwasser an. Bei diesen Ablagerungen sprechen wir dann natürlich von Süßwassermolasse.
Aus diesen Ablagerungen, die teils also im Meer, teils im Süßwasser stattfanden, bauen sich die Böden des nördlichen Teils unserer Markung, also zwischen Donau und dem Ringinger Wald, auf. In späterer Zeit lagerte dann ein mächtiger Strom, der aus östlicher Richtung kam, im nördlichsten Teil unserer Markung, also vor allem am Forsthaus, den Waldsaum entlang bis zum Hummelesberg vor, groben, rötlichen Sand graupenförmiger Art ab. In der ehemaligen Sandgrube unmittelbar unter dem Forsthaus wurde dieser rötliche, grobkörnige Sand in einer Tiefe von mehreren Metern für Bauzwecke abgebaut.
Auch das heutige Ried war einstmals von diesen Ablagerungen angefüllt. Aber die Urdonau hat diese Schichten tief hinab abgebaut und weiterverfrachtet. Schon die Urdonau kam aus dem Schwarzwald, lag aber ursprünglich viel höher und hat sich mit der Zeit immer tiefer eingegraben. Wir sehen dies noch unter anderem an dem großartigen Albdurchbruch zwischen Tuttlingen und Sigmaringen, zwischen Obermarchtal und Rechtenstein. Ihr früherer Weg führte sie auch gar nicht durch das heutige Donauried sondern durch das jetzige Blau- und Schmiechtal. Erst als die Ablagerungen dort zu hoch waren, grub sie sich ihr heutiges Bett. Für die Gestaltung der Riedlandschaft muß noch ein weiteres erdgeschichtliches Ereignis namhaft gemacht werden: die Eiszeit, genauer die Eiszeiten.
Vor einigen hunderttausend Jahren wurde das Klima bei uns schlechter, d. h. kälter. Das Eis schmolz nicht mehr ab, der Schnee blieb liegen. Aus den Alpentälern schoben sich mächtige Eisströme, die Gletscher, nach Oberschwaben hinein. An ihrer Stirn, zu den Seiten und am Grund führten sie gewaltige Gesteinsmassen, die sich ihnen in den Weg stellten, mit. Wenn die Gletscher

bei eintretender Klimaverbesserung abschmolzen, so blieb dieses Gesteinsmaterial entweder an Ort und Stelle liegen, oder es wurde von den abströmenden Gletscherwassern weithin verfrachtet, vor allem auch in nördlicher Richtung der Donau zu. In unsere Gegend selbst drangen die Gletscher nicht vor, wohl aber die Gletscherwasser. Diese lagerten auf ihrem Weg die gewaltigen Geröll-, Sand- und Kiesmassen ab, die wir heute in den großen Kiesgruben im Donauried wieder ausbaggern. Breit und wuchtig kamen diese Gletscherbäche dahergeflossen, sie ebneten mit der Zeit das ganze heutige Donauried ein, sie gaben ihm im wesentlichen das heutige, fast topfebene Gesicht.

Natürlich haben auch die nachfolgenden Zeiten an der Gestalt und dem Aufbau unserer Heimatlandschaft mitgewirkt. So hat die Donau dank ihres geringen Gefälles infolge der vielen, teils weit ausgreifenden Windungen zu Versumpfungen, bei Hochwasser zur Ablagerung von feinen Sanden geführt. Mächtige Stürme aus dem Süden haben feinsten Lehm, sog. Löß, auf unsere Markung herangetragen. In besonderer Stärke finden sich diese Lehme, teils mit feinem Sand vermischt in dem nordwestlichen Teil der Markung, also Niederhofen und Pfraunstetten zu. Die ehemalige Lehmgrube und die nicht fern davon gelegene ehemalige Ziegelhütte, beide am Weg nach Pfraunstetten, erinnern noch daran.

Wir sehen, Kräfte und Mächte vielfacher Art haben an der Entstehung und am Aufbau unserer Heimatlandschaft mitgewirkt.

Die naturgegebenen Voraussetzungen für die Besiedlung

Wir fragen uns: was fanden die ersten Ansiedler an Bedingungen und Voraussetzungen für eine Niederlassung vor? Wie stand es mit den Wasserverhältnissen, denn Wasser war ja das Wichtigste von allem? Wie waren die Böden beschaffen, die Nahrung für Mensch und Tier liefern sollten? Schließlich, was war von den Witterungsverhältnissen, dem Klima zu erwarten? Damit wollen wir uns im folgenden kurz befassen.

Die *Wasserverhältnisse* waren zweifellos sehr günstig. An den Hängen zu beiden Seiten trat allenthalben Wasser aus und floß in kleineren und größeren Rinnen zu Tal. Das von oben durchsickernde Wasser stieß nämlich überall auf tonige Schichten, die das Wasser nicht durchließen, und so mußte sich dieses einen Weg ins Freie suchen. Der nördliche Teil der Markung war von Bächen durchflossen, die das wellige Gelände entwässerten. Das Quellgebiet der Bäche war zweifellos versumpft, wie die alten Flurnamen »Im Saien« (See, Sumpfgebiet) oder »Im Schoile« (wahrscheinlich auch Sumpfgebiet) oder »Schlot« (mit Binsen bewachsenes Gelände) erkennen lassen. Daß auch im nachmaligen Dorfgebiet versumpftes Gelände war, zeigt u. a. der alte Name »Banzen-(= Binsen)gasse«, die ja vom Hang in die Talsohle herunterführt.

Ganz anders sah es dagegen im Ried aus, das seinen Namen (Ried=Sumpf) damals noch mit vollem Rechte führte. In breiten Windungen zog die Donau am Rand des Hochsträß dahin und führte gemächlich inmitten eines breiten Au- oder Sumpfwaldes ihre Wasser zu Tal. An den Auwald schloß sich zu beiden Seiten ein breiter Gürtel von Sumpfpflanzen und sauren Gräsern an, der an seinen Rändern ein kümmerliches Weideland bot. Infolge des trägen Laufs und der daher unzureichenden Wasserabführung stellte sich jedes Frühjahr ein größeres oder kleineres Hochwasser ein, das nicht nur Sand und Kies ablagerte, sondern dem Fluß immer wieder ein neues Bett gab – ein Gebiet also, das sich zunächst wenig verheißungsvoll anließ.

Wie stand es mit den Böden? Der Boden ist die oberste Verwitterungsschicht, gleichsam die aufgebrochene Rinde der Erde. Ihm entnimmt die Pflanze den größten Teil ihres Nährstoff- und Wasserbedarfs. Man unterscheidet in der Regel vier Hauptgruppen von kulturfähigen Böden: Sand-, Kalk-, Lehm- und Tonböden. Zwischen diesen gibt es natürlich zahlreiche Übergänge. Böden mit einem größeren Anteil an Kalk nennt man Mergelböden. Die meist sanft ansteigenden Hänge bestehen aus kalk- und tonreichen Sanden, die oft von mehr oder wenigen tiefgründigen Lehmschichten überlagert sind. Durchgehende Tonschichten bedingen das Auftreten von vielen kleineren und größeren Quellen und Bächen, die das ganze Gelände so anmutig und gefällig herausmodelliert haben. Diese mittelschweren Böden erwiesen sich als recht fruchtbares Ackerland. Zum Teil sind diese lehmigen Schichten noch von feinsandigem Löß überlagert, so vor allem im Heuflet, aber auch, wie wir bereits berichteten, Niederhofen zu. Der nördliche Teil der Markung ist weniger ergiebig, hier stehen die Graupensande obenan, von denen ebenfalls bereits die Rede war.

Im Donautal besteht der Untergrund aus mächtigen Kies- und Schotterpackungen. Darüber lagert das Schwemmland, das sich in den sumpfigen Gebieten gebildet hatte. Dazu kommen die Anschwemmungen von Sand und Kies, die die Hochwasser der Donau herangetragen haben. So sind die Donauböden in ihrer Zusammensetzung recht verschieden. Auf engstem Raum wechseln hier moorige, kiesig-sandige, kiesig-lehmige Gründe miteinander ab. Im ganzen ist die durchschnittliche Bodenwertzahl der Markung Oberdischingen etwa 50 (sie schwankt zwischen 10 und 88). Damit liegt Oberdischingen etwas über dem Kreisdurchschnitt (ehemaliger Kreis Ehingen), der ungefähr bei 48 liegt.

Nun noch einige Worte zum *Klima*. Dieses ist natürlich von kaum überbietbarer Bedeutung für die landwirtschaftliche Nutzung, die Art der Anbaupflanzen, die Verteilung der Arbeiten über das Jahr. Kein Wunder, daß der Bauer selbst von jeher versucht hat, auf langjährige Beobachtungen und Erfahrungen gestützte Gesetzmäßigkeiten im Verhalten der Witterung zu erkennen. Ihren Niederschlag fanden dann diese Erkenntnisse in den oft gereimten Wetterregeln der Bauern, die zumeist den Weg in den Kalender, vor allem in den hundertjährigen, nahmen. (»Wer z' Bartlemai it öhmda ma, der soll öhmda, wenn er ka«). Für Oberdischingen liegen keine weiter zurückführenden Beobachtungen oder Messungen vor; doch lassen sich mit Hilfe des Klimaatlasses von Baden-Württemberg einigermaßen zutreffende Aussagen machen. Danach liegt unser Ort in einem binnenländisch bestimmten Bezirk, der durch verhältnismäßig warme Sommer und kältere Winter gekennzeichnet ist. Für die Wärmeverhältnisse ist ferner kennzeichnend der Frühlingsbeginn, der mit der Schneeglöckchenblüte – anfangs März – gleichgesetzt wird. Noch wichtiger ist die Dauer der sog. Wachstumsperiode, die nach den letzten Winterfrösten (Ende April) beginnt und mit dem Einsetzen der ersten Herbstfröste (letztes Septemberdrittel) endigt. Ein weiterer Anhaltspunkt ist die Dauer der frostfreien Zeit, sie umfaßt im Mittel in unserem Raum 155 Tage. Die Zahl der Eistage, während derer die Temperatur nicht über den Gefrierpunkt ansteigt, beträgt im Durchschnitt 20 im Jahr. Die Zahl der Sommertage, d. h. der Tage mit mindestens 25 °C, beträgt aufgrund der Beobachtungen rund 20. Gefürchtet sind auch bei uns die sog. Eisheiligen vom 12. bis 15. Mai mit ihren vor allem für den Obstbau verderblichen Wetterstürzen. In der zweiten Septemberhälfte setzt in der Regel der Altweibersommer ein, die Folge einer Hochdruckwetterlage.

Eine wesentliche Rolle spielen auch die Niederschlagsmengen. Sie betragen bei uns 700 mm im Jahresdurchschnitt, wovon 370 mm in die Vegetationsperiode fallen. Sie verteilen sich wie folgt: auf April mit 50, Mai mit 60, Juni mit 90, Juli mit 90, August mit 80 mm. Die starken Niederschläge in den Sommermonaten sind für das Wachstum von großer Bedeutung, da hier die Verdunstung bei den Pflanzen am größten und der Wasserbedarf entsprechend hoch ist. Von Bedeutung sind schließlich noch die verhältnismäßig häufigen Nebel, vor allem im Donautal, wo an durchschnittlich 50 Tagen im Jahr Nebel herrscht.

Was sich also den Blicken der ersten Ansiedler bot, war einmal ein mächtiges, völlig versumpftes Ried; das hügelige Gelände der nördlichen Markungshälfte war in seinen tiefer gelegenen Teilen, in den Quellgründen und Bachniederungen ebenfalls Sumpfland. Die höher gelegenen Teile waren gewiß größtenteils bewaldet und mit Hecken und Buschwerk durchsetzt. Flurnamen wie »Im Hölzernen« (aus: Holz = Wald) oder »Im Maierholz« (einem Maierhof zugehöriger Wald) oder »In Hühnlesheck«, wo im Bereich der Graupensande weitgedehntes Heckengestrüpp den Rebhühnern willkommenen Unterschlupf bot, lassen das heute noch klar erkennen.

Von der Natur- zur Kulturlandschaft

Wir haben bisher zu zeichnen versucht, wie sich die Landschaft dem Blick der ersten Siedler darstellte. Das war noch reine Natur, wie sie aus der Hand Gottes hervorgegangen war. Wenn wir heute dieselbe Landschaft überschauen, so bietet sie ein ganz anderes Bild: sie ist zur Kulturlandschaft geworden. Das Wort Kultur bedeutet Anbau, Pflege. Kultur meint in diesem Sinn alles, wodurch der Mensch die Natur verändert, verwandelt, veredelt hat. (Im weiteren Sinn meint Kultur die menschliche Leistung als Ganzes von der Urbarmachung des Bodens bis zu den Werken der Kunst und der Wissenschaften.) In unserem Fall standen die Ansiedler vor einer großen und schweren Aufgabe. Da mußten vor allem einmal die vielen Wasseradern, die von den Hängen herunterkamen, abgeleitet werden, um trockene Plätze für die Erstellung der ersten Häuser zu bekommen. In späterer Zeit wurden die Quellen gefaßt und auf die Häuser zugeleitet. In der Tat hatte bis zur Einrichtung der Wasserleitung für das Dorf jeder Bauer seinen fließenden Brunnen im Hof, der ihn mit bestem Wasser aus den nahen Hängen versorgte. Ebenso mußten die versumpften Bachläufe im Dorfbereich begradigt, das Wasser abgeleitet und der Donau zugeführt werden. Später galt dies auch für die sumpfigen Wiesengründe, etwa entlang des Oberdischinger Bachs, der von Niederhofen herkommt, in den Quellgründen der andern Bäche, die vom »Saien« und vom »Schoile« und von den »Fuchsbäu« herkommen. Noch erinnern alte Flurnamen wie »im Schlot« (=Binsenland) oder »Butzenhoren« (hor=Sumpf) an die ehemalige Beschaffenheit dieser Gründe.

Ebenso wichtig war die Rodungsarbeit. Laufend mußte der Wald zurückgedrängt, mußten Hecken und Strauchwerk beseitigt werden. Daß das alles bei den damaligen Werkzeugen und Hilfsmitteln eine sehr mühsame Arbeit war, die Jahrhunderte in Anspruch genommen hat, liegt auf der Hand. So ist z. B. im später genannten Salbuch von 1562 das Maierholz noch nicht als Kulturland aufgeführt, und so abgelegene Markungsteile wie die »Egert« werden noch in alten Pfarrbeschreibungen aus dem Anfang des letzten Jahrhunderts als neu gerodetes Land angesprochen. Wenn der Wald schließlich nicht weiter gerodet wurde, so wohl deswegen, weil der Boden dort nicht sehr fruchtbar war – wir befinden uns dort ja in der Zone der Graupensande.

Dann war da noch das Ried, ein verfilztes Sumpfland, das bestenfalls am Rand saures und immer durch Hochwasser gefährdetes Weideland bot. Diesem gegenüber waren die Ansiedler zunächst gewiß machtlos, denn dieses Donauried zog sich als ein ununterbrochener und auf weite Strecken undurchdringlicher Sumpfstreifen am Rand der Markung dahin. Immerhin hören wir bereits um 1500 von einer Brücke über die Donau. Sie benützte wahrscheinlich eine Insel, den »Werth«, inmitten des Flußlaufs. Im 18. und zu Beginn des 19. Jahrhunderts hören wir von verstärkten Bemühungen, dem Sumpfland auf den Leib zu rücken, um ihm weiteres Wiesenland abzugewinnen; denn in jenen Jahrzehnten setzte sich die Stallfütterung durch, die größere Futtermengen erforderte, um das Vieh durch den Winter zu bringen. Wir hören von Dammbauten, um dem Hochwasser zu wehren. Aber diese Bemühungen waren unzulänglich. So kam von den 60er Jahren des letzten Jahrhunderts an die Forderung einer durchgreifenden Abhilfe in Form einer Begradigung des Donaulaufs im Gemeinderat immer wieder zur Sprache. Natürlich konnte diese nur mit Hilfe des Staates durchgeführt werden. Der erklärte sich auch grundsätzlich dazu bereit. Nach langen Vorarbeiten und Verhandlungen mit den betroffenen Grundstücksbesitzern wurde im Jahr 1889 nach einem verheerenden Hochwasser das große Werk tatsächlich in

Angriff genommen und zwei Jahre später zu Ende gebracht. Auf eine Länge von etwa drei km wurde der Donaulauf begradigt, die Donau »kanalisiert«. Dabei kam das Flußbett ganz von selbst niedriger zu liegen, der Grundwasserspiegel sank beträchtlich. Die verbleibenden Reststücke der alten Donau, die sog. Altwasser, wurden teils abgeriegelt, teils blieben sie offen; sie wurden wie die Donau in Dämme eingefaßt, um dem Hochwasser zu gebieten. Eine neue, höher gelegte Donaubrücke wurde gebaut, ein entsprechender Zufahrtsdamm angelegt, die heutige »Dam«. Ein großes Kulturwerk war damit geschaffen, eine neue Zukunft brach für das Donauried an. Dank des sinkenden Grundwassers blieben mit der Zeit die sauren Gräser aus; an die Stelle unsicherer Weidegründe traten saftige Wiesen mit gutem Gras, die zweimal im Jahr gemäht und im Herbst noch beweidet werden konnten. Für die ganze Gemeinde war diese Donaukorrektion ein Segen.

In jüngster Zeit trat durch den Einbau eines Stauwehrs im Zug der Anlage eines Elektrizitätswerkes der Stadt Ulm ein gewisser Rückschlag ein, indem durch die Aufstauung der Donau die rückwärtigen Gründe wieder einer gewissen Versauerung anheim fielen.

Im ganzen ergab sich mit der Zeit folgendes Bild: Als Mittelpunkt der Markung haben wir das Dorf. Dieses war gegen das Umland durch einen Zaun, Etter genannt, abgeschlossen. Dieser Etter war in der Regel eine umlaufende Hecke, die nur durch die Wege, die aus dem Dorf hinausführten, unterbrochen wurde. Noch heute, lang nach Wegfall des Etters, sagen wir immer noch »innerhalb bzw. außerhalb Etters«. Um das Dorf legten sich die Äcker, der sog. Ösch; das alte Wort bedeutet wahrscheinlich Fruchtland. Daß man die Äcker unmittelbar an das Dorf heranzog, hatte verschiedene Gründe: die alten Ochsengespanne waren sehr langsam, und so blieb viel Zeit auf dem Weg liegen. Zum zweiten waren die Wege in der Regel herzlich schlecht, das Wegnetz selbst noch sehr wenig ausgebaut. Wer auf seinen Acker gelangen wollte, mußte in der Regel über den Acker des Nachbarn fahren. Man konnte also erst ernten, wenn der Nachbar geerntet hatte. Der Erntebeginn war daher auch streng geregelt, die Äcker waren dem sog. Flurzwang unterworfen. Die alte Einteilung Sommer-, Winter- und Brachösch geht bis auf Karl den Großen zurück (Dreifelderwirtschaft). Sie hielt sich bis um die Wende vom 18. zum 19. Jahrhundert, d. h. bis zur Einführung der Kartoffel, des Klees und der sonstigen Brachfrüchte.

An die Äcker schloß sich das Wiesland an. Wir haben bereits vermerkt, daß die Donaukorrektion den Bestand an Wiesland sehr vermehrt hat. In den letzten Jahrzehnten ist er aber wieder wesentlich zurückgegangen.

Den äußersten Rand der Markung bildeten die Weiden, das Ödland, der Wald. Diese wurden, wie wir bereits sahen, laufend zurückgedrängt, d. h. in Kulturland verwandelt. Heute ist das Ödland bis auf unbedeutende Reste verschwunden. Was nicht Kulturland war, gehörte der Gemeinde, es war Allgemeinbesitz, daher auch Allmende (von almenida = Allgemeinbesitz) genannt. Im Lauf der Zeit wurde immer neues Kulturland geschaffen und, teilweise durch das Los, den Hofbesitzern zugeteilt. Zur Allmende gehörten immer auch die sog. Krautländer, die den Bauern, Seldnern und Häuslern zugewiesen wurden. Dabei erhielten die Häusler und die Seldner je einen Krautteil, die Bauern deren mehrere. Heute sind sie verschwunden. Ebenso ist das Ödland auf unbedeutende Reste zurückgedrängt.

Bis in die jüngste Zeit hinein war das Flurbild ständigen Änderungen unterworfen. Einmal wirkten sich die Feldwegregulierungen und die großen Flurbereinigungen von 1936 und dann von 1953 bis 1961 stark aus. Zum andern sind auch im Anbau der Kulturpflanzen starke Veränderungen eingetreten. So hat das 19. Jahrhundert einen Kranz von ertragreichen Gärten um das Dorf gelegt. Die Hänge um das Dorf erwiesen sich als sehr ergiebiges Gartenland. Das Oberdischinger Obst hatte einen guten Ruf, und im Jahr 1826 erhielt der Sattler Sommer auf dem Cannstatter Volksfest eine Goldmedaille für sein schönes Obst. Heute ist der Obstbau wieder sehr zurückgegangen. Bis zum Ende des letzten Jahrhunderts wurde auf der Oberdischinger Markung viel Hopfen angebaut. Oberdischingen besaß seit langem eine Brauerei, zeitweilig sogar zwei. Das Oberdischinger Bier hatte einen guten Namen. Verschwunden sind aus der Feldflur auch Hanf und Flachs sowie der Dinkel, die Hauptbrotfrucht unserer Vorfahren, daher auch gewöhnlich nur das »Korn« genannt. Er mußte dem ergiebigeren Anbau des Weizens weichen. Abschließend sei festgestellt: die Markung Oberdischingen beträgt heute insgesamt rund 880 ha oder etwa 3000 Morgen. Davon sind rund 56 % Ackerland, rund 15 % Wieswachs, die Gebäude und Hofflächen machen etwa 4,5 % aus, der Rest verteilt sich auf Gärten, Straßen und Wege, Ödland, Wasser und Wald.

Wenn wir heute die so wohl angebaute, das Auge erfreuende Markung unserer Heimat überschauen, so sei daran erinnert, daß diese das Werk vieler fleißiger, namenloser Geschlechter ist. Sie haben durch die Jahrhunderte unermüdlich gewerkt, und so sei in diesem Heimatbuch auch ihrer gebührend gedacht.

Ein Bild des urtümlichen, noch nicht regulierten Donaulaufes an der Illermündung bietet der englische Zeichner Captain Batty 1820 in einem Stahlstich, der der 1823 in London erschienenen »German Scenery« beigegeben ist

Drawn by Capt.[n] Batty. London, Published Oct 1, 1821, by Rodwell & Martin, New Bond Street. Engraved by Chas Heath.

JUNCTION OF THE ILLER AND DANUBE.

Verzeichnis und Erklärung der Flurnamen

Die Flurnamen bieten wichtige Aufschlüsse über die Geschichte und das Werden der Markung. Darum sind sie hier als Abschluß des Kapitels »Von der Natur- zur Kulturlandschaft« aufgenommen und nach Möglichkeit erklärt. Die Aufstellung ist wohl nicht erschöpfend, doch wurde möglichste Vollständigkeit angestrebt. Soweit Jahreszahlen angegeben sind, bedeuten sie Erstnennungen. Die Jahreszahl 1562 bedeutet die Nennung im sog. Salbuch der Herrschaft Stotzingen, von dem noch die Rede sein wird.

Im *Altwasser* (1562): Land im Donauried am alten Flußlauf

Beim *Bildstöckle:* Ackerland bei einem kleinen Bildstock, einer Bildsäule

In der *Bizwies* (1582): meint eine eingezäunte, einer Sondernutzung vorbehaltene Wiese, älteste Form: bizüne = umzäunte Wiese (Züne = Zaun)

In der *Breite:* meint fruchtbares, nahe am Dorf gelegenes und daher leicht zu bewirtschaftendes Ackerland, in der Regel Herrschaftsland, in Oberdischingen allerdings nicht

Im *Bruckstall* (1562): Weide mit Viehstall an der alten Donaubrücke

Im *Bruschglet:* entweder ein entstelltes Bruck-schlatt, d. h. feuchtes, sumpfiges Land an einer Brücke (im Donauried) oder einfach Land am Wasser

In *Butzenhoren:* der erste Teil des Wortes meint wohl den Inhaber Butz, der zweite Teil geht auf ein altes Wort hor = Schmutz, Sumpf zurück

An der *Dam:* am Dammweg zur Donaubrücke. Dieser Weg ist wohl alt, er wurde immer wieder, auch zur Zeit des Malefizschenken, verstärkt und erhöht; seine endgültige Gestalt verdankt er der Donaukorrektion

Auf der *Egert:* ein in Oberschwaben häufig vorkommender Flurname, er meint abgelegenes, schwer bebaubares und daher spät unter den Pflug genommenes Land

Im *Eichach* (1824): weist auf ehemaliges gehäuftes Vorkommen von Eichen hin

Im *Emeren* (geschrieben: Im Immern), im Donauried, rechts der Straße nach Donaurieden. Gehört wohl zu Emer, einer früheren, dem Dinkel verwandten, aber wenig ergiebigen, daher aufgegebenen Getreideart

In den *Erlen,* Im *Erlach* (1562): Gelände, das früher mit Erlen bestanden war, also wohl sumpfiges Gelände

In der *Faulen* (1562) im Ried, also wohl an stehendem, faulem Wasser gelegen

Im *Fischerhäusle:* nach den bei den Fuchsbäu angelegten Fischteichen benannt

In den *Fuchsbäu* (1824): früher reichte der Wald noch viel weiter in die Flur hinein. In dem sandigen, hügeligen Gelände gruben die Füchse gerne ihre Höhlen aus

In der *Fuchsegert:* bezieht sich entweder auf den Besitzer oder auf den Umstand, daß die abgelegene Gegend vielen Füchsen Unterschlupf bot

In *Fuchsagaate:* nach dem Inhaber benannter Garten

Auf dem *Gairen* (1824): schwäbisch gairen, hochdeutsch Ger, meint längliches, zugespitztes Gelände

Auf dem *Galgen* (1562: Im Hochgericht): meint in beiden Fällen die Gerichtsstätte. Die Herrschaft Oberdischingen hatte schon seit dem Jahr 1532 das Recht, über Leben und Tod zu richten

Im *Gries* (1562): das Wort Grieß meint fein zerriebenen Sand, der Flurname meint also Land aus angeschwemmtem Sand. Auch das Grießmehl hat davon seinen Namen

An der *Grub* (1562): gemeint ist die ehemalige Lehmgrube am Weg nach Pfraunstetten

Im *Grubösch* (1824): meint den Ösch um die alte Lehmgrube

Auf dem *Hägele:* meint den Steilhang am Dorf, der früher als Weide für die Jungstiere diente, heute teils Wies-, teils Ackerland

In der *Halde* (1562): meint den verhältnismäßig steilen Hang Richtung Donaurieden

Im *Häldele* (1824): entsprechend, kleinerer, flacherer Hang beim Fischerhäusle

Auf der *Haide* (1562): meinte das noch nicht kultivierte Gebiet am Kamm der Halde entlang, Donaurieden zu, inzwischen längst kultiviert

Im *Heuflet:* möglicherweise: im hohen, weil hoch gelegenen Feld

Am *Herdweg:* der Weg, auf dem die Herden zur Weide getrieben wurden

Im *hinteren Berg* (1562): der Name erklärt sich aus der abgelegenen Lage

Im *Höllgries* (1824): s. Gries; es handelt sich um ein besonders tief gelegenes, daher besonders sumpfiges Stück Gries im Ried (vgl. Höllmühle)

In *Hühnlesheck* (1562: Am Henlesberg): verweist, wie bereits vorne erklärt, auf das Heckengestrüpp, das den einst zahlreichen Rebhühnern als Unterschlupf diente

Im *Hummelesberg*, auch Hungerberg genannt: der erste Name verweist auf das ehemalige Weideland für Hummel, der zweite auf die dort für die Salitergewinnung abgetragenen Böden, also den »abgehungerten« Berg (Saliter = Salpeter)

Im *Hundweg* (1562): schwer erklärbarer Name, möglicherweise ein Weg, den halbwilde streunende Hunde bevorzugten

Im *Hölzernen* (1562): wie bereits dargelegt, verweist der Name auf ehemaliges Holz = Wald

Im *Hopfengarten:* nach dem ehemaligen Hopfenanbau genannt

Im *Judenacker:* nach einem früheren Besitzer, einem Juden, benannt

Beim *Kreuzacker:* nach einem benachbarten Feldkreuz benannt

Im *Krummen* (1562): nach der Form des Geländes oder eines Grundstücks

Im *Lerchenbühl* (1562: Im Lerchenbuckel): offenbar wegen der dort besonders häufigen Lerchen

Im *Lochösch* (1824): gemeint ist der Ösch beim Erbacher Herrschaftswald; loch, loh bedeutet soviel wie Wald, vor allem lichter Wald

In der *Lucken* (1562): meint kaum Lücke im Dorfzaun (Etter) sondern eher Einschnitt im Gelände

Im *Maierholz* (1562): das heute völlig kultivierte Gelände war früher Holz = Wald, der zu einem Maierhof, wohl in Bach, gehörte

Im *Manzengries:* Gries, nach einem Besitzer oder Inhaber Manz benannt

Beim *Meslang:* nach dem Besitzer Meslang benannt

Im *Mittleren Feld* (1562): das Wort Feld bedeutet hier ausgedehntes Ackerland, der erste Bestandteil weist natürlich auf die Lage in der Markung hin

In der *Mühlejauchert:* ein Feldstück von der Größe einer Jauchert oberhalb der Mühle

In *Obere Wiesen:* (1562): Wiesengelände den Dischinger Bach entlang

Im *Ochsenstall* (1562): weist auf altes Weidegelände für Ochsen hin

Im *Öschle* (1562): wörtlich kleiner Ösch, also altes Fruchtland, unmittelbar hinter dem Dorf, später weithin Gartenanlagen

Im *Ried (1562):* Gesamtname für das weite ehemalige Sumpfland an der Donau

In den *Riedäckern:* offenbar etwas höher gelegenes Land am Rand des alten Sumpfgebiets, daher auch als Ackerland nutzbar

Im *Roßgert* (1562): die volle Form Roßgarten läßt auf ehemalige Roßweiden schließen

Im *Roten Loch:* Gumpen, zweifellos Rest eines alten Donauarms

Im *Saien* (1562): wie bereits erwähnt, ist das Wort auf See im Sinn von Sumpfland zurückzuführen

An der *Saul:* geht auf Säule, Bildsäule zurück

In der *Schaufel* (1562): wohl nach der Form des Geländestücks benannt

Auf der *Schießmauer:* Schießgelände mit Mauer als Kugelfang

Im *Schlot* (langes, dumpfes o), bereits 1562 erwähnt, geht auf ein altes Wort slate = Binsenrohr zurück, weist also auf sumpfiges Gelände hin. Aus demselben slate wurde neuhochdeutsch Schlot, der runde, schlanke Fabrikkamin

Im *Schilten* (1562: Beim Schiltenbaum): gehört wohl zu schilt, Schild, wobei Schild soviel wie nach oben gekehrter Schild, also erhöhtes Gelände bezeichnen mag. Deutung unsicher

Im *Schmeräcker* (1562): Schmer kann Bezeichnung für besonders fettes, ertragreiches Land, aber auch für zähes, sumpfiges Gelände sein

Im *Schoile* (1562): wie bereits bemerkt Bezeichnung für versumpftes Gelände. 1562 erscheint auch als Schoilesghau, wobei »ghau« soviel wie Waldstück bedeutet

Am *Schelmengarten* (1562): Schelm ist alte Bezeichnung für den Abdecker, der den gefallenen Tieren die Decke (Haut) abzieht und die Tiere dann im Schelmengarten oder Schelmenwasen verlocht

In der *Sommerhalde* (1562): nach Süden gelegenes, also günstiges Gelände

In *Stachesengries* (1562): ein Stück Gries im Ried, dessen Inhaber einmal Staches = Eustachius hieß

Auf der *Steige* (1562): leicht ansteigendes Gelände unmittelbar hinter dem Dorf, altes Fruchtland

Im *Steingärtle* (1562): dem Roßgärtle benachbart, wohl einmal eingehegte Roßweide mit steinigem Untergrund

In der *Steppe* (1562): tiefer Einschnitt im Gelände am Westhang des Käppelesberg, wo man stoppen und Vorspann einsetzen mußte

Im *Stockach* (1562): Gelände, wo Wald ausgestockt wurde, wobei auch die Stöcke d. h. die Stumpen samt Wurzelwerk herausgemacht wurden, also eindeutig Rodungsgelände

In den *Stockäckern* (1824): Ackergelände auf ursprünglichem, später ausgestocktem Waldland

Im *Storken:* wohl ursprünglich dem Storken-(Storchen-)bauern gehöriger Acker

Im *Überbett* (1562): Bezeichnung für Gelände, das oberhalb eines Talgrunds, eines Talbetts gelegen ist

In *Vögeleswies:* entweder Bezeichnung eines Eigentümers oder eine Art Modewort, vgl. Lerchenhau u. ä. (1697: Joseph Vögele)

In den *Weiden:* nach den Weiden benannt, die die Bäche und Gräben im Ried säumten

In der *Ziegelhütte:* nach der Lage bei der ehemaligen Ziegelhütte am Pfraunstetter Weg.

Im *Zwirnen:* Bedeutung ungeklärt, möglicherweise zu zwerch, also querliegende Äcker

Einige abgegangene Flurnamen

Im *Baindlin:* Baind, Beunt meint einen eingehegten, eingezäunten Grund, der einer Sondernutzung vorbehalten ist, lin = frühere Form für »le«
Auf dem *Berg:* Berg hier = Käppelesberg
In *Ditters Winkel:* abgelegene, nach dem Inhaber benannte Stelle
Die *Frühmeßwiese:* Wiese, die zum Gut des Frühmessers gehörte
Bei den *Hasenbachen:* da wo die Hasen bachen (= kochen), im nebligen Waldesgrund
Am *Safranberg:* Safran = Krokus
Am *Schüttenlehlin:* Lehlin meint kleiner Wald (loh = Wald), der erste Teil mag mit Anschüttung, Anschwemmung zusammenhängen, das ganze also Anschwemmungswald, bewaldete Flußinsel
Am *Sulgen:* gehört zu suhlen, also Stelle wo sich Tiere (Wildschwein) suhlen, also Wälzlache, sumpfiges Gelände
Auf dem *Wörth:* hochdeutsch Werd = Insel in einem Fluß, in unserem Fall in der alten Donau gelegen, durch die Donaukorrektion beseitigt. Möglicherweise benutzten die alten Donaubrücken diesen Werd als Stützpunkt

Geschichtlicher Überblick

Name und Entstehung des Dorfes

Oberdischingen ist ein altes Dorf. Es gehört der sog. Landnahmezeit an, der Zeit, da unsere Vorfahren, die Schwaben oder Alamannen, aus ihren Stammsitzen in Norddeutschland östlich der Elbe kommend, das heutige Schwabenland in Besitz nahmen (ca. 300–550 n. Chr.). Sein hohes Alter ist vor allem durch seinen Namen bezeugt: er gehört zu den sog. -ingen-Namen (Öpfingen, Griesingen, Ehingen usw.), die zum allergrößten Teil auf jene Zeit zurückgehen. Diese -ingen-Dörfer haben als Gründer einen Adeligen oder angesehenen Sippenführer, der in unserem Fall wahrscheinlich Tisco hieß. Die Angehörigen seiner Sippe und deren Nachfahren nannten sich die Tiscinge, und wenn man sie fragte: zu wem gehört Ihr?, so antworteten sie: ze den Tiscingen. Daraus wurde später der Name Dischingen. (Die Bezeichnung Oberdischingen kommt erst im 18. Jahrhundert auf, zur Unterscheidung von dem damaligen Unterdischingen, dem heutigen Dischingen auf dem Härtsfeld. Im 18. Jahrhundert gehörten die beiden Dischingen den Schenken von Castell, daher war die Unterscheidung nötig geworden.)
Quellenmäßig erscheint der Ort allerdings erst im 12. Jahrhundert, und zwar zweimal in den Urkunden des Kloster Wiblingen, das damals Besitzungen in Dischingen hatte. 1144 und 1194 bestätigte der Papst dem Kloster seine Besitzungen, darunter auch die in »Ticchingen« d. h. Tiscingen, Dischingen. Aber diese späte Nennung ist Zufall, sie hat mit dem wirklichen Alter des Dorfes nichts zu tun.
Bestätigt wurde das hohe Alter der Siedlung durch Funde, die bei Grabungsarbeiten im Jahr 1961 am Hang des Galgenbergs gemacht wurden. Damals wurden dort Reste von Skeletten sowie ein Schwert, beides den alamannischen Landnehmern zugehörig, ausgegraben. Das Schwert war eine Grabbeigabe für einen angesehenen Alamannen, wie sie sich in jedem der sog. alamannischen Reihengräberfriedhöfe gefunden haben.
Schließlich kann man als Beleg für das hohe Alter des Dorfes auch dessen Hanglage anführen. Unsere landnehmenden Vorfahren hatten einen guten Blick für das Gelände und dessen Eignung für eine Siedlung. Sie wählten für ihre Niederlassungen mit Vorliebe Hanglagen; da konnte man das Wasser von oben zuleiten, und nach unten lief es ab. In der Talsohle selbst wäre die Siedlung dem Hochwasser und der Versumpfung ausgesetzt gewesen. (Ein -ingen-Ort wie Ersingen im Überschwemmungsgebiet der Donau und der

Riß ist eine Ausnahme; der Ort dürfte wohl einer späteren Siedlungsperiode angehören.)
Diese alamannischen Urdörfer waren naturgemäß klein; sie bestanden nur aus ganz wenigen Höfen, vor allem dem des Ortsgründers. Das Land war im Anfang Niemandsland, die Landnehmer nahmen es einfach in Besitz. Durch die Aufteilung an Kinder und Enkel nahm die Zahl der Höfe laufend zu. Dementsprechend mußte durch Rodung und Entwässerung ständig neues Kulturland gewonnen werden. Doch ist anzunehmen, daß dem Sippenführer von Anfang an eine gewisse Vormachtstellung zukam. Im Mittelalter bildete sich durch Abgrenzung gegen die teils ebenso alten (Ringingen, Öpfingen), teils jüngeren Siedlungen (Donaurieden, Niederhofen, Pfraunstetten) die endgültige Dorfmarkung heraus. Das Wort Markung gehört zu Mark = Grenze; die Markung ist also das umgrenzte, durch Marksteine bezeichnete Gebiet.

Der Weg zum Ortsadel, Bauern und Seldner

Im Lauf der Zeit hob sich der Hof des Dorfgründers und seiner Nachfahren immer stärker von den übrigen Höfen ab; er wurde zum Herrenhof. Von allem Anfang an ist er ausgezeichnet durch seine Lage, die Größe des Hofraums und des Grundbesitzes. Zu ihm gehören in der Regel die besten Äcker und Wiesen. Diese Herrenäcker heißen heute noch vielfach die Breiten, die Wiesen Brühl. Sie liegen meist in nächster Nähe des Dorfes. Sie sind großflächig und günstig zu bewirtschaften und zu beweiden. Schon früh werden sie aus dem Flurzwang herausgenommen, d. h. sie unterstehen nicht den sonst gültigen Zeiten des Saat- und des Erntebeginns. Der Herrenhof nimmt für sich mit der Zeit auch eine bevorzugte Nutzung des Waldes in Anspruch. Er teilt wohl auch Grund und Boden zur Anlage neuer Höfe zu, wirkt bei den dazu nötigen Arbeiten mit, wodurch diese Höfe von ihm abhängig werden und wofür er von diesen auch Arbeitsleistungen fordert. Dazu gehören vor allem die sog. Frondienste (fro = Herr). Schließlich bebaut er seinen Hof gar nicht mehr selbst; er setzt einen Verwalter (Maier) ein, weswegen diese alten Herrenhöfe oft heute noch Maierhöfe, Fronhöfe, gelegentlich auch Bauhöfe genannt werden. (Für Oberdischingen käme hier in erster Linie der Baushof in Betracht; nach seiner Lage, der Größe des Hofplatzes, der Lage und der Qualität seiner Felder sowie seines Namen (Baushof = Bauhof) dürfte er auf den alten Herrschaftshof zurückgehen.)
Ergebnis: aus dem Besitzer des Herrenhofes ist der *Dorfherr*, der Dorfadelige geworden, der eine klare Herrenstellung in wirtschaftlicher, sozialer und rechtlicher Hinsicht einnimmt. Die *Bauern* sind bereits abhängige, dienstverpflichtete Leute geworden. Sie bilden eine eigene, fest umrissene Gruppe mit bestimmten Rechten und Vorrechten, wie wir noch sehen werden.
Daneben bildet sich im Lauf der Zeit eine weitere Gruppe heraus, die der *Seldner*, oft fälschlicherweise Söldner geschrieben, mit denen sie aber gar

nichts zu tun haben. Das Wort geht auf ein altes Wort salida = kleines Haus, Wohnstätte zurück. Die Seldner sind ursprünglich die Hintersassen, d. h. die Arbeitsleute der Bauern. Sie besitzen zunächst auch nur eine Wohnstätte. Im Lauf der Zeit kommen sie zu etwas Grund. Aber sie bleiben immer klein, und sie sind auch rechtlich den Bauern nachgesetzt. Sie haben keinen oder nur einen geringeren Anteil am sog. Bürgernutzen (Holzzuteilung usw.), sie haben keine Vertretung im Ortsgericht; sie leisten dafür auch nur Handfronen, während die Bauern zu Gespannfronen verpflichtet sind.

Auf diesem Weg kam es also zur Ausbildung des Ortsadels. Auch für Oberdischingen läßt sich ein solcher nachweisen, wenn auch nur ein paar Namen erhalten sind. So lassen sich urkundlich fassen:

im Jahr 1245 ein Bawaerus von Tischingen,
im Jahr 1246 ein Henricus de (von) Tischingen,
im Jahr 1295 ein Johannes de Tischingen; dieser erscheint im Jahr 1296 noch einmal in einer Urkunde, in der er auf seine Anrechte auf eine von seinem Vater an das Kloster (Ober-)Marchtal verkaufte Wiese verzichtet. Er erscheint hier als Ministeriale, d. h. adeliger Dienstmann des Pfalzgrafen von Tübingen. Des weiteren begegnen wir

im Jahr 1301 einem Konrad der Baier von Tiszingen,
im Jahr 1323 einem Heinrich der Baiger (= Baier) von Tiszingen.

Es haben sich nur wenige Urkunden aus jener Zeit erhalten, so daß die Angaben notwendig lückenhaft sind.

Wir dürfen nicht annehmen, daß diese Herren von Dischingen bereits ein schönes Schloß besessen hätten. Sie waren, verglichen mit den Grafen der Umgebung, kleine, d. h. wenig begüterte Adelige, und die Behausungen dieser Herren waren in jener Zeit feste, aber nach unseren Begriffen noch recht unwohnliche Turmhäuser, wie sich solche da und dort erhalten haben (der Hatzenturm bei Wolpertswende, der Wohnturm in Fronhofen). Der dazu gehörige Herrenhof dürfte, wie bereits bemerkt, der in der Mitte des Dorfes gelegene Baushof gewesen sein. Aber urkundliche Belege dafür haben wir nicht. Mit der Zeit ging die Abhängigkeit vom Ortsherrn so weit, daß die neuen Höfe gar nicht mehr Eigentum der Bauern waren; er gab die Höfe nur noch als *Lehen* aus, d. h. der Herr betrachtete sich selbst als Eigentümer, der Bauer bekam den Hof nur geliehen (daher Lehen), und er mußte sich dafür zu Abgaben und Dienstleistungen verpflichten. Der Adelige war der Lehensherr, der Inhaber des Hofes nur der Lehensmann. Auf diese Weise entstand das sog. Lehenswesen, das laufend ausgebaut wurde und bis in das 19. Jahrhundert bestand. Das ganze Reich war damals ein großer, vielgestufter Lehensverband.

Lehensherren und Lehensinhaber im Spätmittelalter

Für die Folgezeit lassen die Urkunden erkennen, daß immer wieder Güter und Höfe an benachbarte und entfernte *Klöster* vermacht werden. Das Mittelalter war eine fromme Zeit, und viele adelige Grundbesitzer haben damals zum Heil ihrer Seele Äcker, Wiesen, Wälder, ja ganze Höfe den Klöstern vermacht. Wir hörten bereits oben, daß um die Mitte des 12. Jahrhunderts das Kloster Wiblingen Besitz in Dischingen hatte. Wir hörten auch bereits, daß ein Dischinger Adeliger dem Kloster Marchtal Grundbesitz zukommen ließ. Im Jahr 1310 vermacht ein Adeliger, der einen Hof in Dischingen besaß, diesen den Klosterfrauen von Urspring. Auf dem gleichen Weg kam wohl auch das damals berühmte Kloster Reichenau, das einen großen Pfleghof (Klosterhof, der einem Pfleger unterstand) in Ulm besaß, zu Besitz in Dischingen. Auch die Barfüßer in Ulm hatten ein kleines Dischinger Seldgut inne, ebenso war das benachbarte Ulmer Stift St. Michael zu den Wengen (Wengenkloster) in Dischingen begütert. Auch das Zisterzienserinnenkloster in Heggbach, Kr. Biberach, besaß Güter in Dischingen.

Das Dorf als Ganzes unterstand in jener Zeit wohl den Grafen vom benachbarten Berg bei Ehingen, später auch den Grafen von Helfenstein bei Heidenheim, zu Zeiten auch den Herzögen von Bayern und den Erzherzögen von Österreich. Sie waren die eigentlichen Ortsherrn (Landesherren), die einzelnen Klöster waren nur für ihren Grundbesitz zuständig.

Später stoßen die Klöster ihren Besitz wieder ab; es dürfte sich weitgehend um Streubesitz gehandelt haben, der sich verhältnismäßig schwer überwachen und nutzen ließ. Als Käufer treten nunmehr die durch den Handel, vor allem durch den Fernhandel reich gewordenen *Bürger und Handelsherren* der Freien Reichsstadt *Ulm* auf.

Für die schwäbischen Reichsstädte war das 14. und vor allem das 15. Jahrhundert eine Zeit wirtschaftlicher Blüte. Seit den Tagen der Staufer hatten sich enge politische und vor allem auch wirtschaftliche Beziehungen zu Italien, vor allem zu den blühenden oberitalienischen Städten angebahnt, die laufend ausgebaut wurden. In gleicher Zeit entfaltete sich auch die Wirtschaft in unseren schwäbischen Städten. Zum Handwerker gesellte sich der Kaufmann, der Handelsherr, der die fernsten Märkte beschickte und vor allem mit Italien rege Handelsbeziehungen unterhielt. Die durch den Fernhandel erworbenen reichen Gewinne trachteten die Kaufleute in Grundbesitz anzulegen (das waren sichere, wertbeständige Anlagen). Mit der Zeit erwarben einzelne von ihnen große Herrschaften und stiegen sogar in den Adel auf. Großartigstes Beispiel sind die Fugger, die als einfache Weber anfingen, dann, reich geworden, ihr Geld gegen Grundbesitz und Herrschaften an Kaiser und Könige ausliehen und heute noch als Grafen und Fürsten auf diesen Herrschaften sitzen.

Von den Ulmer Bürgern, vor allem aus Kaufmanns- oder Patriziergeschlechtern, die damals in Dischingen Grundbesitz erwarben, müssen die Käßbohrer, die Besserer, die Krafft und vor allem die Greck genannt werden.

Bereits im Jahre 1370 vergleichen sich Ulrich von Bach und Heinrich Krafft von Ulm über ihre Hölzer, d. h. Wälder, in Dischingen. Im Jahre 1373 wird Heinrich Krafft mit einem Haus in Dischingen belehnt. 1377 erwirbt Hans Käßbohrer einen halben Hof vom Kloster Reichenau, 1412 die andere Hälfte. 1401 wird derselbe Mann mit einem Hof und 1404 mit zwei Höfen und drei Selden (Seldnerhöfe), alle in Dischingen, belehnt. Im Jahre 1425 erwirbt Hans Käßbohrer einen Lehenshof in Dischingen von dem »Gotteshaus« (Kloster) zu den Wengen in Ulm. Den größten Grundstückserwerb in Dischingen tätigte die Ulmer Patrizierfamilie der Greck. Von der Mitte des 15. Jahrhunderts an erwerben sie laufend Güter, bringen sie den Pfarrhof, das Ortsgericht und schließlich den Herrschaftshof an sich und steigen damit zu wirklichen Orts- und Lehensherren auf. Im Jahre 1460 stiftet die Sippe der Greck eine Frühmeß-Pfründe, d. h. sie stattet einen zweiten Ortsgeistlichen, der vor allem die Frühmesse zu halten hat, mit so viel Gütern und Einkommen aus, daß er davon leben kann. Diese Frühmeß-Pfründe wurde von den Castell erneuert und ging erst im 19. Jahrhundert in der Kaplaneistelle auf.
Gegen Ende des 15. Jahrhunderts setzt eine Art Gegenbewegung ein. Die Städte haben ihren wirtschaftlichen Höhepunkt überschritten. Durch die Entdeckung Amerikas 1492 verlagern sich die großen Handelsstraßen an den Atlantik, Reformation und Bauernkriege bringen Unruhe und geschäftliche Rückschläge, die alten Handelsstraßen veröden langsam. Die Folge: die Patrizier stoßen ihre ländlichen Liegenschaften wieder weithin ab. Als Käufer tritt in Dischingen das Geschlecht der Freiherrn von Stotzingen auf. Diese treten das Erbe der reichsstädtischen Herren an.

Die Freiherren von Stotzingen als Grund- und Ortsherren

Das Geschlecht stammt von Niederstotzingen bei Ulm. Es war um jene Zeit bereits reich begütert, die Stotzingen besaßen die Herrschaften Rißtissen und Dellmensingen. Offenbar strebte das Geschlecht mit dem Erwerb der Dischinger Herrschaft eine Art Secundogenitur, d. h. eine Herrschaft für einen nachgeborenen Sohn, an. Wie zielstrebig die Stotzingen dabei vorgingen, läßt sich aus den Urkunden klar erkennen:
Im Jahr 1485 erwirbt Wilhelm von Stotzingen von Peter Umgelter, einem Ulmer Patrizier, den halben Großen Zehnten sowie einen Hof zum Gesamtpreis von 1410 Gulden. Zwei Jahre darauf erwirbt derselbe Wilhelm von Jakob Krafft, Patrizier in Ulm, einen Hof und drei Selden. Im Jahre 1493 verkauft David Greck einen Hof, den Zehnten aus dem »Widum« (Pfarrhof), das Recht zur Ernennung des Frühmessers und den »Kirchensatz« (das Recht zur Bestellung des Ortspfarrers) an Ulrich von Stotzingen. Im Jahr 1499 verkaufen die Besserer, Ulm, an denselben Ulrich drei Höfe und vier Selden um 3250 Gulden. Zwei Jahre darauf verkauft David Greck die örtliche Gerichtsbarkeit, den »Hofbau« (wohl der Herrenhof), den Ochsen-

zehnten (Blutzehnten), den Heuzehnten, den Kleinen Zehnten, dazu vier Höfe, zehn Selden samt allen eigenen Leuten (Leibeigene) und die Badstube um 4900 Gulden an die Freiherren von Stotzingen. Seitdem nennen sich diese Herren von Dischingen. In den folgenden Jahren verkauft David Greck weitere Güter in Dischingen an die Herren von Stotzingen. Im Jahre 1506 erwerben die Stotzingen einen Hof und eine Selde in Dischingen von der Pfarrei St. Lorenz in Donaustetten, im nächsten Jahr zwei Selden von Berchtold Vischer, Bürger zu Ulm. Im Jahre 1508 verkauft Jakob Unsaeld, Müller zu Ersingen, seinen Acker in Dischingen an die Stotzingen. Ebenso verkaufen 1510 die Geschwister Costenzer, Ehingen, ihre Güter zu Dischingen an die Stotzingen, im gleichen Jahr die Brüder Graeslin und Jakob Rieger, Bürger zu Ehingen, ihre Dischinger Güter an die Herren von Stotzingen. Auch in den folgenden Jahren erwerben die Stotzingen immer noch Güter in Dischingen.

Auf diese Weise gelangen die Stotzingen in den Besitz des größten Teiles der Gemeinde Dischingen. Ihnen untersteht jetzt die örtliche Gerichtsbarkeit, sie beziehen die Zehnten, wie wir bereits gehört haben, sie besetzen die Pfarrstelle und vergeben das Amt des Frühmessers. Sie sind damit praktisch die Grund- und Ortsherren von Dischingen.

Der Bauernkrieg im Jahre 1525

Zu den wichtigsten Ereignissen während der Herrschaft der Stotzingen gehört der Bauernkrieg. Seit langem waren die Bauern ja nicht mehr Herren auf ihren Gütern. Sie waren nur noch Lehensleute und fühlten sich von den wachsenden Anforderungen ihrer Herren immer mehr beschwert. Viele von ihnen waren Leibeigene, d. h. die Herren verfügten nicht nur über ihre Habe sondern auch über ihren Körper. Der Leibeigene hatte keine freien Entscheidungsmöglichkeiten, er durfte ohne Erlaubnis seines Herrn nicht von dessen Herrschaft weggehen; er durfte auch nicht ohne Erlaubnis heiraten, und bei seinem Tode fiel seine ganze Habe an den Leibherrn, zumindest je nach den Umständen, der größere Teil davon. Das war in der Tat ein erbarmungswürdiges Dasein; aber die Gutsherren hielten eisern daran fest, ja sie verschärften die Leibeigenschaft noch, indem sie laufend Leute, die vorher nicht unfrei waren, in den Stand der Leibeigenschaft hinabdrückten. Es gab zwei Arten von Leibeigenschaft: die Personal- und die Realleibeigenschaft. In die erstere wurde man hineingeboren, wenn beide Eltern oder ein Elternteil leibeigen war; in die zweite trat man ein, wenn man einen Hof oder ein Seldgut von einem Grundherrn übernehmen wollte. Für diese war die Leibeigenschaft von hoher Bedeutung; denn auf diese Weise fesselten sie die Leute an ihren Grund, sonst wäre ihnen der größere Teil wahrscheinlich davongelaufen.

In den Beschwerden der Bauern, in denen es vor allem um Erniedrigung der Abgaben, Verringerung der Frondienste, freiere Benutzung der Wälder und der Weiden ging, spielte die Aufhebung der Leibeigenschaft daher eine besondere Rolle.

Die Herren, die im Schwäbischen Bund in Ulm vereinigt waren, nahmen die Beschwerden der Bauern entgegen und sagten, nach Überprüfung derselben, Unterhandlungen und Abhilfe zu. In Wirklichkeit ging es ihnen nur darum, die Bauern hinzuhalten, bis sie ein Heer beisammen hatten, mit dem sie die aufrührerischen Bauern niederwerfen konnten. Diese hatten sich inzwischen zu bewaffneten Haufen formiert, von denen die Gegend von Dischingen dem Baltringer Haufen zugehörte. Im Frühjahr 1525 rückte der Feldherr des Schwäbischen Bundes, Jörg Truchseß von Waldburg, später nur noch der Bauernjörg genannt, mit einem Heer gegen den Baltringer Haufen aus. Er überschritt die Donau auf der Brücke nach Wiblingen – die andern Brücken wären für seine Artillerie zu schwach gewesen – und trieb die Bauernhaufen im Donauried vor sich her. Die Bauern wagten es nicht, sich zum Kampf zu stellen; insbesondere vor der Reiterei und den Geschützen des Truchsessen hatten sie eine mörderische Angst. So war der Truchseß mit seinem Heer das Donauried hinauf bis in die Gegend von Zwiefalten gelangt, als ihn eine eilige Nachricht erreichte: ein Gewalthaufen der Bauern war von Leipheim her im Anmarsch auf Ulm und bedrohte die Stadt. Zunächst mußte diese Gefahr beseitigt werden. Nachdem der Bauernjörg dieses Bauernheer vernichtend geschlagen hatte, setzte er sich wiederum gegen die Baltringer Bauern in Bewegung. Aber bald zeigte sich, daß sich der Baltringer Haufe aus Angst völlig aufgelöst hatte, so daß es für den Bauernjörg ein leichtes war, südwärts durch Oberschwaben hindurch den andern Bauernhaufen entgegenzuziehen.

Dischingen wurde also schlimmstenfalls vom Bauernkrieg gestreift. Erreicht haben die Bauern nichts; diejenigen aber, die an ihm teilgenommen hatten, mußten an die 5 oder 6 Gulden Kriegsschatzung bezahlen, eine für die damalige Zeit ganz beträchtliche Summe; denn um einen Gulden konnte man in jener Zeit etwa einen Ochsen kaufen.

Das Salbuch vom Jahre 1562

Aus Anlaß der Übernahme der Herrschaft Dischingen durch den Freiherrn Ludwig von Stotzingen wurde ein sog. Salbuch angelegt, d. h. eine genaue Bestandsaufnahme seiner Besitzungen und Rechte in Dischingen. Dieses Salbuch hat sich wunderbarerweise erhalten und ist für das Heimatbuch deshalb von besonderem Wert, weil es einen genauen Einblick in die damaligen Verhältnisse in Dischingen gibt. Aus ihm geht z. B. hervor, daß im Jahre 1562 die Herrschaft 20 Höfe und 33 Seldgüter besaß, die alle bis auf einen Hof als Fall-Lehen ausgegeben waren. Davon sei zunächst die Rede. Zum Begriff Fall-Lehen: diese Höfe und Selden waren ihren Inhabern jeweils nur auf Lebenszeit überlassen; nach deren Tod fiel der Hof, bzw. das Seldgut an den Lehensherrn zurück, der völlig frei darüber verfügen konnte. Daneben gab es noch sog. Erblehen, bei denen der Hof ohne weiteres an den Sohn vererbt wurde, und noch sog. Schupf- oder Gnadenlehen, die nur gnadenweise, d. h. auf unbestimmte Zeit verliehen wurden und deren Inhaber jederzeit vom Hofe weggeschupft, abgeschoben werden konnten.

In diesem Salbuch sind alle Höfe und Selden aufgeführt, leider aber nur mit den Namen der Inhaber, nicht die alten Hofnamen, was natürlich die Identifikation mit den heutigen Höfen sehr erschwert. Bei jedem Hof bzw. Seld ist die Größe, sind die einzelnen Grundstücke und deren Lage in der Markung, sowie die Leistungen an den Grund- und Ortsherrn und an die Kirche festgehalten. Zugleich wird ersichtlich, wie sorgfältig die Herrschaft Buch führte. Jedem der genannten Bauern und Seldner wurde der ihn betreffende Teil des Salbuches bei der Übernahme des Hofes vorgelesen, und er mußte sich damit einverstanden erklären. Außerdem findet sich bei jedem Hof, jedem Seldgut die Anmerkung: ist vogtbar, botbar, gerichtbar, steuerbar, raisbar. Im einzelnen bedeutet dies: jeder Bauer und Seldner anerkennt damit den herrschaftlichen Vogt als Vertreter des Herrn und verpflichtet sich, seinen Anordnungen Folge zu leisten; jeder Bauer und Seldner kann jederzeit zu Dienstleistungen aufgeboten werden: weiterhin unterwirft er sich dem Ortsgericht, das unter dem Vorsitz des Ortsherrn, bzw. seines Beauftragten, des Vogts, tagt. Außerdem: jeder Bauer kann zur Leistung von Steuern herangezogen werden. In jener Zeit gab es zwei Arten von Steuern: eine direkte Steuer, die vom Landesherrn ausgeschrieben, auf die Gutsherren übertragen und von diesen an die Bauern weitergegeben wurde, und eine sog. indirekte Steuer, das Umgeld oder Ungeld, das auf Verbrauchsgüter aller Art gelegt wurde. Schließlich muß der Bauer sich verpflichten, gegebenenfalls auch Kriegsdienste zu leisten; denn das Wort »raisen«, das heutige Wort Reise, reisen, bedeutete damals in den Krieg ziehen (vgl. die »Reisigen« als berittene Kriegsleute und die »Reisläufer« der Schweiz).

Im einzelnen handelt es sich um folgende
a) *Lehensbauern*

1. Grab Paul, Fall-Lehen. Der Hof liegt zwischen dem Schneider, der gemeinen (hinteren) Gasse und Matthias Unseld.
Leistungen: als Grundgült (Abgabe) 70 Imi Vesen, 20 Imi Haber, 17 Schilling Heugeld (offenbar Heuzehnten), 1 Mittlen Lein oder 10 Schilling Heller (Haller Münze), 1 Gauß (Gans), 4 Hühner, 8 Hennen (Huhn meint Junghenne), 120 Eier, den Kleinen Zehnten dem Pfarrer und der Herrschaft (der Kleine Zehnten bezieht sich vor allem auf Gartenfrüchte), aus dem oberen Ösch 5 Imi, 2 Mittlen Vesen (Korn, Dinkel) oder Haber und 4 Hühner, aus dem mittleren Ösch 3 Imi 2 Mittlen Vesen oder Haber und 4 Hühner, aus dem unteren Ösch 7 Imi 2 Mittlen Vesen oder Haber und 12 Hühner. Dazu ist er »samt seinen Rossen und Wagen zu allen täglichen und fürfallenden Diensten« verpflichtet. Dazu kommt noch die »Auffahrtgebühr« bei der

Übernahme des Hofes; von dem weichenden Inhaber des Lehens wird noch die »Abfahrtgebühr«, gewöhnlich »Weglösung« (Ablösung) genannt, erhoben. Größe des Hofes: 50 Jauchert Äcker, 15 Tagwerk Wiesmahd.

Dazu einige Erläuterungen: das Flächenmaß Jauchert meint ursprünglich die Fläche, die man mit einem Joch Ochsen an einem Tag umpflügen konnte. Gewöhnlich entsprach die Jauchert etwa 1½ Morgen, also etwa 0,45 ha. Das Tagwerk entsprach ursprünglich der Fläche, die ein Mann an einem Tag abmähen konnte. Es wird flächenmäßig etwa mit der Jauchert gleichgesetzt. Das Imi war ein Fruchtmaß und faßte 18,3 Liter, das Mittlen etwa 22 Liter und entsprach damit etwa dem späteren württembergischen Simri.

In gleicher Weise werden auch die andern Höfe behandelt. Sie seien hier nur kurz aufgeführt unter Angabe der Größe der Höfe.

2. Simon Schlechlin, Fall-Lehen. Der Hof liegt zwischen Konrad Ilsen Acker, Hans Puecher (= Bucher) und Jakob Breckle. Dieselben Dienstbarkeiten und Leistungen entsprechend der Größe des Hofes. Der Hof umfaßt 29 Jauchert Acker, 11 Tagwerk Wiesmahd.

3. Oswald Schugkh, Fall-Lehen. Größe: 44½ Jauchert Acker, 17 Tagwerk Wiesmahd. Abgaben und Leistungen der Größe des Hofes entsprechend.

4. Jörg Setelin (= Sättele), Fall-Lehen. Größe: 28½ Jauchert, 8½ Tagwerk Wiesmahd.

5. Hans Puecher, Fall-Lehen. Größe: 54 Jauchert, 12½ Tagwerk Wiesen. Dazu Anmerkung: nachmals B. Schick.

6. Konrad Ilss (Ils), Fall-Lehen. Größe: 41½ Jauchert, 11½ Tagwerk Wiesen. Anmerkung: nachmals Chr. Glöckler.

7. Hans Setzer, Fall-Lehen; 29½ Jauchert, 8 Tagwerk Wiesen. Anmerkung: nachmals Jakob Stetter.

8. Hans Grab, Fall-Lehen. Größe: 30 Jauchert, 24½ Tagwerk Wiese. Anmerkung: nachmals G. Rempp.

9. Hans Khönig (König), Fall-Lehen. Größe: 31½ Jauchert, 7½ Tagwerk Wiesen.

10. Jörg Schuller (später Erhard Küng), Fall-Lehen, 48½ Jauchert Ackerland, 15 Tagwerk Wiesland.

11. Jörg Nieberlin, Fall-Lehen, Größe: 30 Jauchert Acker, 8½ Tagwerk Wiesland.

12. Peter Mayer (nachmals Georg Wertz), Fall-Lehen, Größe: 31 Jauchert Acker, 12½ Tagwerk Wiesland.

13. Konrad Schremm, (»itzo Jürg Haffner«), Fall-Lehen, 38½ Jauchert Acker, 12 Tagwerk Wiesen.

14. Hans Betz, Hof zwischen Thomas Frank und dem Wald (wohl Grafenwald) gelegen, Fall-Lehen. Größe: 35 Jauchert, 6 Tagwerk.

16. Ruland König, Fall-Lehen. Größe: 31½ Jauchert, 7½ Tagwerk Wiesen

18. Kosmas Unseld, nachmals Michael Ott, baut den Widumshof zwischen dem Pfarrhaus und dem Nieberle gelegen, ohne Angabe des Lehensverhältnisses. Er gibt der Herrschaft den Kleinen Zehnten, dem Pfarrer Zinsen und Gült. Größe: 38 Jauchert, 7¼ Tagwerk Wiesen.
19. Jörig (Georg) Hermann, Fall-Lehen. Größe: 30 Jauchert, 4½ Tagwerk Wiesen.
20. Bläsen Kenig (= Blasius König), nachmals Martin Stetter. Dieser Hof wird, eine große Ausnahme, als freies Eigentum geführt.

Anmerkung im Salbuch: »Vor dreißig Jahren wurden ihm, seiner Frau und seinen Erben der Hof für frei eigen, ohne alle Gült, von Wilhelm von Stotzingen übergeben. Er gibt dem Pfarrer den Kleinen Zehnten und auch diesen nur von einigen Äckern und Wiesen, die andern sind ledig, d. h. leistungsfrei.« Was den Freiherrn von Stotzingen bewogen hat, diesen Hof als freies Eigentum zu übergeben, geht aus den Quellen nicht hervor.

Ergebnis: Dischingen zählte damals 20 Bauernhöfe, die alle, bis auf einen, als Fall-Lehen ausgegeben sind. Die Bauern selber sind, wie auch die Seldner, sicher leibeigen im Sinne der obg. Realleibeigenschaft. Personale, d. h. vererbte Leibeigenschaft, lag wohl nicht vor. Im Hinblick auf die Verteilung des Kulturbodens fällt der geringe Anteil an Wiesenland auf, in der Regel ⅕ bis ⅓; das Donauried war damals eben noch nicht kultiviert. Die Viehhaltung muß noch recht bescheiden gewesen sein, zumal es noch keine eigentliche Stallfütterung gab.

b) *Die Seldner*

1. Jakob Diemer, hat ein »Schaubhaus« (d. h. mit Roggenschaub gedecktes Dach), Hofstatt und Garten, Fall-Lehen. 2 Jauchert Acker, 1 Tagwerk Wiesen, leistet der Herrschaft den Kleinen Zehnten, gibt an Hauszins und Gült 2 Imi Vesen oder Haber, 1 Henne, 6 Hühner, 120 Eier und als Weglösung 1 Gulden. Er ist der Herrschaft »vogtbar, bottbar, gerichtbar, steuerbar, raisbar.« Diese Bestimmungen gelten, mit geringen Abwandlungen, für alle übrigen Seldner.
2. Benedikt Moosmayr, Fall-Lehen. Größe: 3 Jauchert Ackerland.
3. Jakob Unseld, nachmals J. Glöggler, Fall-Lehen, 2 Jauchert Acker.
4. Ulrich Kner, der Binder (Faßbinder, Besenbinder), Fall-Lehen, hat ein Ziegelhaus. 3 Jauchert Acker, 1 Tagwerk Wiesmahd.
5. Konrad Aubelin (= Abele), Fall-Lehen, hat ein Ziegelhaus, einen Garten am Bach, 3 Jauchert, 1 Tagwerk Wiesen.
6. Hans Edel, Fall-Lehen, Schaubhaus, Hofstatt und Garten, 5 Jauchert, 1½ Tagwerk Wiesen.
7. Konrad Schuller (Schuler), Fall-Lehen, hat ein Ziegelhaus, 6 Jauchert, 2 Tagwerk Wiesmahd, zahlt ½ Gulden Weglösung.
8. Mattes Weinmayer, nachmals Hans Setzer, Fall-Lehen, hat ein Schaub-

haus, 6 Jauchert Acker, ½ Tagwerk Wiesmahd, zahlt 1 Gulden Weglösung.

9. Mattes Feinsterlin (Fensterle), nachmals Georg Grab, hat ein Schaubhaus, 7½ Jauchert, 1 Tagwerk Wiesen, zahlt 12 Schilling Weglösung.
10. Hans Schrem, nachmals Hans Hafner, Fall-Lehen, hat ein Ziegelhaus zwischen Mattheis Kurlin und dem Gemeindegalgen (also offenbar am Galgenberg), 3 Jauchert, 2 Tagwerk.
11. Laurenz Setelin (= Sättele), Fall-Lehen, 4½ Jauchert Acker.
12. Klaus Renz, nachmals Hans Spleiß, hat ein Fall-Lehen, Schaubhaus, Hofstatt und Garten, zwischen der Müllerin von Ersingen und der Gemeinde gelegen, also offenbar dem Ried zu, 2½ Jauchert Acker, 2 Tagwerk Wiesen, zahlt 1 Gulden Weglösung.
13. Hans Bloching, Fall-Lehen, 3 Jauchert Acker.
14. Thomas Betz, Mesner, bewohnt einen Neubau, der ihm aber nur auf 1 Jahr verliehen ist (also Schupflehen!), zahlt Hauszins und Kleinen Zehnten (vom Garten).
15. Thomas Franckh, Fall-Lehen, hat ein Schaubhaus, 3¼ Jauchert Acker.
16. Peter Unseld, nachmals Jakob Grab, Fall-Lehen, 3 Jauchert, von Beruf Beck (Bäcker), hat ein Schaubhaus, zahlt 1 Gulden Weglösung.
17. Jakob Hebbich, Fall-Lehen, zwischen Thomas Edel und der »Taffern« (Taverne, Schenke) gelegen, zahlt 15 Schilling Ab- und 15 Schilling Auffahrt, 4 Jauchert, 1 Tagwerk Wiesen.
18. Michel Kechelin (Kächele), Fall-Lehen, hat ein Schaubhaus, 4 Jauchert.
19. Michel Mayer, Fall-Lehen, hat ein Schaubhaus, 1½ Jauchert, 2 Tagwerk Wiesen.
20. Hans Puecher (Bucher), nachmals Peter Meicht, Fall-Lehen, hat ein Ziegelhaus, 8½ Jauchert, 4 Tagwerk Wiesen.
21. Mattes Unseld, nachmals Hans Nieberlin, hat ein Schaubhaus, 2 Jauchert, Fall-Lehen.
22. Michel Kechele, nachmals Hans Missel, Fall-Lehen, 2 Jauchert.
23. Jakob Becklen (Böckle), Fall-Lehen, nachm. Simon Schmuck (Schmukker?), hat ein Schaubhaus, 5 Jauchert, zahlt 12 Schilling Weglösung.
24. Veit Maysch, Fall-Lehen, nachmals Hans Maysch, Mauser, hat ein Schaubhaus, aber keine Güter. Er liefert der Herrschaft 1 Henne, 3 Hühner, 60 Eier und zahlt 15 Schilling Weglösung.
25. Mattes Bronnenmayer, Fall-Lehen, hat ein Ziegelhaus, zwischen der Herrschaft und der Gemeinde (Bauerndorf) gelegen, 2½ Jauchert Acker und 1 Tagwerk Wiesen.
26. Jörig (Jörg) Becklin (Böckle), Fall-Lehen, nachmals Hans Krumb (Krumm), hat ein Ziegelhaus und 2 Jauchert Äcker.
27. Hans Setelen, Fall-Lehen, nachmals Matthäus Schnitzer, zwischen Jörig Becklin und der Badestube gelegen, keine Grundstücke, zahlt 1 Gulden Hauszins.
28. Jörig Schefler, Fall-Lehen, zwischen Hans Küng und der gemeinen (hinteren) Gasse gelegen, 1½ Jauchert.

29. Matthäus Bloching, Fall-Lehen, hat ein Schaubhaus und 1 Tagwerk Wiesen, zahlt Kleinen Zehnten aus Hof und Garten.
30. Barbara Betzin, Konrad Betzens Witwe, Fall-Lehen, hat ein Schaubhaus, 3 Jauchert Acker.
31. Hans Maysch, hat ein Ziegelhaus als Erblehen verliehen, zahlt 10 Gulden Weglösung und 10 Gulden Auffahrt. (Der Grund für diese Sonderstellung ist nicht angegeben).
32. Klaus Edell (Edel), hat ein Ziegelhaus, 2 Jauchert Acker, Fall-Lehen.
33. Hans Stoll, hat ein Ziegelhaus, keine Güter, Fall-Lehen.

Ergebnis: Die Gemeinde Dischingen zählte damals 33 Seldner bzw. Seldgüter, die im Durchschnitt mit 2 bis 4 Jauchert Acker und etwa 1 bis 2 Tagwerk Wiesmahd ausgestattet sind. Davon sind 31 Fall-Lehen, eines ist Erblehen und eines ein nur auf ein Jahr verliehenes Schupf-Lehen. Die meisten Seldner haben bereits Güter, doch nicht so viel, daß diese eine Ackernahrung abgäben, d. h. eine Familie voll und ganz ernähren könnten. Wohl alle diese Seldner sind zugleich Taglöhner bei der Herrschaft oder bei den Bauern.

Zur Herrschaft gehören noch Eigenleute (Hintersassen) fremder Herrschaften, die aber auch der Herrschaft Dischingen den Zehnten zu geben haben. Sie reichen noch in die Zeit zurück, da Dischingen hauptsächlich in der Hand geistlicher Herrschaften war. Das Salbuch führt auf:

1. Lenz (Lorenz) Hafner, dem Abt von Blaubeuren dienstbar, gibt dem Pfarrer den Kleinen Zehnten.
2. Baltus Bucher, der Äbtissin von Urspring dienstbar, gibt der Herrschaft den Kleinen Zehnten und den gemeinen Zehnten (Korn- und Heuzehnten) aus Äckern und Wiesen.
3. Thomas Edel, der Sammlung (Frauenkloster) Ulm dienstbar, gibt dem Pfarrer den Kleinen Zehnten, aus den Gütern den gemeinen Zehnten.
4. Peter Rempp, Schneider, dem Abt von Blaubeuren dienstbar, gibt dem Pfarrer den Kleinen und von den Gütern den gemeinen Zehnten.
5. Urban Setelin, österreichisches Lehen, gibt der Herrschaft den Kleinen Zehnten.
6. Barbara Beckhin, Müllerin zu Ersingen, der Äbtissin von Urspring dienstbar, gibt dem Pfarrer den Kleinen und aus Äckern und Wiesen den gemeinen, d. h. großen Zehnten.

Die Aufstellung ergibt, daß Dischingen damals schon ein recht stattliches Dorf gewesen sein muß, das den größten Teil des heutigen Bauerndorfes umfaßte. Das Dorf erstreckte sich die gemeine (hintere) Gasse entlang, zog sich zwischen Baus- und Rappshof durch den Hohlweg zur Holzgasse hinaus. Des weiteren lagen Höfe und Selden zu beiden Seiten der zwei Bäche, die sich mitten im Dorf vereinigen; sie zogen sich am Hang des Kapellenbergs hin, erstreckten sich auf eine Hauszeile hinter Grafenwald und gewiß schon ein Stück am Galgenberg hinauf, unter Einschluß der Banzen-(Binsen-)gasse. Ein Vergleich mit einer späteren Aufstellung aus den Jahren 1824/26 ergibt, daß die Zahl der Höfe und Selden nicht mehr wesentlich zugenommen hat. Das gilt noch für unsere Zeit. Interessant ist, daß einige Selden noch keinen Grundbesitz aufweisen. Deren Inhaber sind offenbar entweder Tagelöhner oder Handwerker oder Gemeindeangestellte. Diese Tatsache zeigt, daß die Selden nicht von vornherein mit Gütern ausgestattet waren. Ebenso erstaunlich ist, daß im Salbuch schon der größte Teil der heute noch lebendigen Flurnamen erscheint.

Die damalige Herrschaft Dischingen

Sie umfaßte nach Ausweis des Salbuchs
a) das Schloß Dischingen, neu erbaut, nachdem das alte im Jahr 1547 »verbronnen« (abgebrannt) war. Es muß am nordöstlichen Ende des heutigen Schloßgartens, in unmittelbarer Nähe der heutigen Pfarrkirche, gestanden haben.
b) die Vogtsbehausung und das Badstüblein, Ziegelstadel samt Stallung und Garten, zwischen Lenzen Hafner und der Gemeinen Gasse gelegen. Interessant, daß Oberdischingen damals schon ein »Badstüblein« hat!
c) einen Zehntstadel, der die Zehntfrüchte, die an die Herrschaft abzuliefern waren, aufnahm.
d) Hölzer (Wälder)
e) Ehehäften, d. h. Gerechtsame: die Wirtschaft als Erblehen ausgeliehen an Barbara Küngin, Hansen Schmids Witwe; ferner
f) die Schmidstatt, die an Hans Dritzen (Dreutz?), den Schmid, auf »Leib und Leben«, d. h. als Fall-Lehen, verliehen ist; ferner
g) die Badstub, ist Hans Hueber (Huber) als Fall-Lehen verliehen. Er gibt dafür jährlich 3 Gulden Zins; ferner
h) das Mesneramt, das von Jahr zu Jahr verliehen wird; ferner
i) das Eschhayamt (Feldhüter), für das die Bauern jeder einen Laib Brot, die beiden größten je drei Laibe geben; ferner
k) Hutschaft und Hirtenstab, gemeint ist das Amt des Dorfhirten. Die Herrschaft erstellt das Hirtenhaus, die Gemeinde wählt den Hirten im Beisein des herrschaftlichen Amtmanns. Die Gemeinde zahlt der Herrschaft jährlich 18 Schillinge und 9 Heller.
l) die Pfarre, eine neuerbaute Behausung, samt Stadel und Baumgarten, zwischen dem Frühmesser (heute Schreiner Ziegler), dem Widumbauern (heute Semeshof) und der Gemeinen Gasse gelegen.
m) die Frühmeßpfründe, bestehend aus Ziegelhaus, Hofstatt, Stadel und Garten, zwischen dem Pfarrhof und der Gemeinde gelegen.
Sowohl zur Pfarre wie zur Frühmeßpfründe gehören Äcker und Wiesen, die an den Widumbauern bzw. an Seldner als Fall-Lehen ausgeliehen sind.

33

Zur damaligen Verfassung der Gemeinde

Im Salbuch verlautet an und für sich nichts über die damalige politische Verfassung der Gemeinde. Wir hören weder von einer Gemeindeversammlung und deren Rechten, noch von einem Gemeindegericht, gewöhnlich Ruggericht (zu rügen) genannt. Ein solches hat es damals in Dischingen sicher auch gegeben. Der Grundherr war zugleich Gerichtsherr, er hielt durch seinen Vogt in gewissen Abständen Gericht, bei dem alle Bürger anwesend sein mußten. Es behandelte Gerichtssachen, aber auch Vergehen gegen die Sonntagsheiligung usw.

An Gemeindebeamten treten uns entgegen: der Schultheiß als Beauftragter des Grundherrn. Er ist steuerfrei, ist Gerichts- und Steuerbeamter, er hat die Aufsicht über die Wege und die öffentlichen Gebäude. Der Name bedeutet ursprünglich: der die Schulden heischt (einzieht). Das Wort Schuld meint hier jedoch Zahlungsverpflichtungen jeder Art. Ferner begegnen zwei Bürgermeister, die von der Gemeinde gewählt und von der Herrschaft bestätigt werden. Sie vertreten die Gemeinde gegenüber der Herrschaft, wachen über den Rechten und Pflichten der Bürger, bestellen Pfleger für Witwen und Waisen, stellen Leumunds- und Vermögenszeugnisse aus. Weitere Ämter (Nebenämter): der Brotwäger (der das Brot kontrolliert), der Waisenvogt (dem die Waisen anvertraut sind), die Untergänger (die bei der Feststellung der Gemeindegrenzen mitwirken), der Akziser (Steuereinnehmer), der Feuerschauer, der Heiligen-(Kirchen)pfleger.

Gemeindebedienstete sind: der Amts- oder Polizeidiener, der Amtsbote, der Totengräber, der Feld- und Waldschütz (Esch- und Holzhay), die Hirten, der Gemeindemauser, der Orgeltreter und der Kirchendusler. Dieser hatte den Auftrag, die Kirchenbesucher, die während des Gottesdienstes eingeschlafen waren, durch einen leichten Schlag (Dusel) mit einer langen Gerte aufzuwecken.

Im Jahr 1575 stirbt Freiherr Christoph Wilhelm von Stotzingen, in den besten Jahren. Ihm folgt sein Sohn Johann Wilhelm, dem als Freund und Erzieher der nachmals berühmte Fidelis von Sigmaringen beigegeben war, der im Jahr 1622 in Seewis im Prätigau (Schweiz) erschlagen wurde. In diese Zeit fällt das große, folgenschwere Ereignis, das ganz Deutschland erschüttern und auch Dischingen schwer in Mitleidenschaft ziehen sollte:

Der Dreißigjährige Krieg (1618—48)

Praktisch wirkte sich der Krieg bei uns allerdings erst seit dem Jahre 1631 aus, nachdem im Jahr zuvor der Schwedenkönig Gustav Adolf an der pommerschen Küste gelandet und in raschem Siegeszug bis nach Süddeutschland vorgedrungen war. Die Freie Reichsstadt Ulm hatte ihm die Tore geöffnet, und von da an wurde das Land die Schweden nicht mehr los. Entlang der Donaulinie operieren die Heere von Ost nach West wie von West nach Ost. Dadurch erfährt auch Dischingen die Schwere des Krieges in vollem Ausmaß. Bereits im Jahr 1632 dringt eine plündernde Horde in Dischingen ein. Die Witwe des inzwischen verstorbenen Freiherrn Johann Wilhelm flieht daraufhin nach Konstanz und stirbt dort noch im gleichen Jahr an einer Seuche (Pest?). Der Nachfolger Johann Wilhelms, der Freiherr Sigmund Wilhelm, zieht sich mit seiner Familie nach Radolfzell zurück und tritt in österreichische Dienste. Im Jahr 1634 zeichnet er sich bei der Verteidigung der Reichsstadt Überlingen gegen die Schweden aus und wird dafür zum Oberstleutnant und später zum Kaiserlichen Rat ernannt. Die blutige Niederlage der Schweden bei Nördlingen im Jahr 1634 verschafft auch Oberschwaben eine Atempause; dafür suchen Hunger und Pest das verarmte Land heim. Sigmund Wilhelm wird im Jahr 1635 kaiserlicher Obervogt in Blaubeuren, zunächst freilich ohne Gehalt. In seiner Not versetzt er nicht nur seine ganzen Wertsachen, er verpfändet auch kirchliche Geräte und Paramente (Kirchengewänder); später, in besseren Zeiten, legt er dann wieder 900 Gulden für die nötigen Neuanschaffungen aus. 1635 wütet auch in Dischingen die Pest, nach einer Mitteilung des Freiherrn sollen 60 Menschen an ihr gestorben sein. Da die Zeiten immer unsicherer werden, erwirbt Sigmund Wilhelm für sich und seine Familie die Schutzbürgerschaft der festen Stadt Ulm, so daß er dort im Notfall mit den Seinen Aufnahme finden kann. Im Jahr 1640 kehrt er mit seiner Familie endgültig nach Dischingen zurück. Er findet das Dorf in üblem Zustand vor: das Schloß verwüstet, alle Fenster ausgeschlagen, die meisten Häuser sind eingefallen oder verwahrlost, die Bevölkerung total verarmt und halb verhungert. Er überlegt, die herabgekommene, verschuldete Herrschaft zu verkaufen, aber die Oberlehensherrschaft (das Haus Habsburg) genehmigt den Verkauf nicht. Der Krieg schleppt sich weiter, die Brandstiftungen und Plünderungen nehmen kein Ende. Ab 1646 wird der Pfarrer im Schloß verpflegt, offenbar ist das Pfarrhaus nicht mehr bewohnbar. Immerhin erhält er noch jeden Tag eine halbe Maß Wein. Am Ende des Krieges sind 40 Höfe und Selden völlig zerstört, die übrigen alle sehr mitgenommen. Wenn wir die Zahlen von 1562 zu Grunde legen, so bedeutet das mehr als zwei Drittel. Wie sehr das Dorf und die Herrschaft gelitten hatten zeigen auch folgende Zahlen:

Im Jahr 1618 waren Schloßgut und Herrschaft noch auf 150 000 Gulden geschätzt worden.

Im Jahr 1650, also kurz nach dem Krieg, betrug der Schätzwert noch ganze 15 000 Gulden; allerdings war damals das Geld gewiß noch sehr rar. Dabei werden als zur Herrschaft gehörig aufgeführt: Schloß und Schloßgut mit 77 Jauchert Acker, 47 Tagwerk Wiesen, 196 Jauchert Wald, außerdem eine Taverne, 1 Mühle (neu erstellt), 2 Brauhäuser, 1 Badhaus, 10 Bauernhöfe und 15 Selden. Deren Zahl ist also unter die Hälfte abgesunken.

Zehn Jahre später wird die Herrschaft Dischingen auf 88 000 Gulden veranschlagt, dabei werden jetzt 11 Höfe und 20 Selden genannt. Daß es danach wieder rasch aufwärts geht, wird später noch dargelegt werden. Bei der letzten Schätzung wird auch die Wohnung des Schulmeisters erwähnt, allerdings mit der Bemerkung: derzeit nicht vorhanden. Auch seine Besoldung ist dabei vermerkt: 4 Imi Vesen, 4 Imi Roggen und 4 Imi Gerste.

Die Wiederaufbauarbeiten hatten inzwischen so viel Geld verschlungen, daß die Herrschaft immer tiefer in Schulden geriet. So entschloß sich Sigmund Wilhelm, das Gut Dischingen zu verkaufen und sich auf seine zweite Herrschaft Heudorf am Bussen zurückzuziehen. Weinend nahm seine Frau Emerenzia von Dischingen Abschied, so lieb war ihr trotz allem der Ansitz geworden. Käufer der Herrschaft waren die Schenken von Castell. An die 160 Jahre hatten die Herren von Stotzingen die Herrschaft Dischingen inne. Während dieser Zeit war die Herrschaft von Kaiser Karl V. mit dem Blutbann belehnt worden. Sie erhielt damit das Recht, über Leben und Tod zu richten, auch einen Galgen aufzurichten. Seitdem begegnet in den Urkunden auch der Galgenberg, der sich als Flurname bis heute gehalten hat. Außerdem erwarben die Herren von Stotzingen das Recht, Mühlen, Weiher, Tavernen und Badestuben zu errichten. Das alles ergibt ein ziemlich klares Bild vom Dischingen des 16. und 17. Jahrhunderts.

Die Verkaufsurkunde von 1661 hat sich bis jetzt nicht gefunden; doch liegt ein Voranschlag vom März 1660 vor, in dem die Besitzungen, die Rechte und die jährlichen Einnahmen auf etwas über 78 000 Gulden taxiert wurden. Der Verkaufspreis selbst blieb dann allerdings weit darunter, wie wir gleich sehen werden.

Die Schenken von Castell als Inhaber der Herrschaft Dischingen

Im Jahre 1661 verkaufte Sigismund Wilhelm Freiherr von Stotzingen zu Heudorf die Herrschaft Dischingen an Fürstbischof Marquard zu Castell in Eichstätt zu dem Kaufpreis von 40 814 Gulden und 49 Kreuzer. Damit wurden die Schenken von Castell auf beinahe 200 Jahre Grund-, Orts- und Gerichtsherren von Dischingen.

Zur Herkunft und Geschichte des Geschlechts

Die Castell sind im Thurgau in der Schweiz beheimatet; noch stehen die Ruinen der Stammburg in der Nähe von Gottlieben am Bodensee. (Das Wort Castell kommt von lat. castellum = Burg.) Die Familie ist alt. Ihre Wurzel verliert sich im Dunkel des frühen Mittelalters. Schon in frühen Urkunden, die allerdings nicht sehr beweiskräftig sind, werden die Herren von Castell liberi barones, d. h. freie Herren, Freiherrn genannt. Früh auch muß das Geschlecht in enge Beziehungen zu den Bischöfen von Konstanz getreten sein. Die erste Gestalt, die urkundlich greifbar wird, ist Ulrich II. von Castell, der von 1127 bis 1138 den Bischofsstuhl von Konstanz innehat, 1138 offenbar wegen Unstimmigkeit mit dem Domkapitel zurücktritt und 1140 in St. Blasien stirbt. Während seiner Regierungszeit wird auch die Stammburg des

Hauses, die um 1128 in örtlichen Fehden zerstört worden war, wieder aufgebaut; der Vorgang wiederholt sich dann im 13. Jahrhundert.

Im Jahre 1242 wird Ulrich von Castell mit dem Amt des Mundschenken des Bischofs von Konstanz belehnt. Von da ab führt das Geschlecht den Beinamen Schenk. Nach anderen Überlieferungen soll das Schenkamt auf Rudolf von Habsburg zurückgehen, der damit Albrecht von Castell belehnt habe. Jedenfalls erscheint im Jahre 1270 ein Heinrich Schenk von Castell als Abt des Klosters Muri im Aargau. Ein Castell kämpfte auch in der Schlacht bei Göllheim im Jahre 1298 mit, bei der Albrecht von Österreich und der Gegenkönig Alfred von Nassau sich bekämpften. Dabei sind die Schenken von Castell sogar in die Weingartner Liederhandschrift eingegangen. In einem Lied über diese Schlacht heißt es:

» ... von Chastel und von Chalingenberch
die sah man stiften Heldenwerch ... «

Ein Castell war auch dabei, als Albrecht I., der Sohn Rudolfs von Habsburg, von seinem Neffen ermordet wurde. Dieser Castell verfolgte die Mörder und überbrachte der Königin die Trauernachricht. Als Dank dafür wurden dem Geschlechte einige Vogteien über Klöster und Propsteien in der Schweiz übertragen. Zu Beginn des 14. Jahrhunderts erscheint ein Diethelm von Castell als Abt des Klosters Reichenau. Im Jahre 1450 erhält Burkard Schenk von Castell Burg und Herrschaft Hagenwil sowie Roggwil als Lehen des Klosters St. Gallen. Auf dem Pfandweg wächst ihnen noch der Burgstall Mammertshofen am Bodensee zu. Im Jahre 1512 erwirbt Ulrich Schenk von Castell die halbe Herrschaft Oberbüren von dem letzten Schenken von Sandegg, sein Sohn dann die andere Hälfte. Im Jahre 1606 erscheint Heinrich Schenk von Castell als Comtur des Deutschordensschlosses auf der Insel Mainau; er ist Vorsteher der Ballei (Verwaltungsgebiet) Elsaß und stirbt als Großcomtur.

Bereits im 16. Jahrhundert war ein Zweig des Geschlechtes nach Deutschland ausgewandert und hatte offenbar rasch Beziehungen zu den Fürstbischöfen von Eichstätt aufgenommen. (Diese Schenken von Castell haben nichts zu tun mit dem heute noch blühenden fränkischen Adelsgeschlecht von Castell; dieses geht auf eine andere Wurzel zurück.) Um 1630 erscheint auch schon ein Marquard von Castell als Fürstbischof von Eichstätt. Dieser ernennt im Jahre 1637 seinen Vetter Schenk Johann Willibald von Castell zum Erbmarschall des Hochstifts Eichstätt. In Zukunft führen die regierenden Mitglieder des Hauses diesen Titel mit.

Im Jahre 1655 wurde das Geschlecht in den Reichsfreiherrnstand erhoben. Ein Menschenalter später (1681) rückt es durch Belehnung mit der österreichischen Herr- und Grafschaft Berg und Schelklingen in den Reichsgrafenstand und damit in den Hochadel auf. Diese Erhebung verdankt das Geschlecht dem Fürstbischof Marquard von Castell, der beim Kaiser in hohem Ansehen stand. Zu der Grafschaft Berg-Schelklingen gehörten auch die Orte Kirchbierlingen, Altbierlingen, Volkersheim, Schaiblishausen, Wernau und Grafenwald, ein kleiner Ort im südlichen Zipfel des ehemaligen Kreises Ehingen.

Die Schenken von Castell als Inhaber von Dischingen

Übernahme der Herrschaft: Gegenstand des Kaufvertrags vom Jahr 1661 waren »das Freiherrliche Gueth Tischingen und die dazugehörigen Stuck und Güether, Rechte und Gerechtigkeiten, malefizische Hoch- und Niedere Herrlichkeiten (hohe und niedere Gerichtsbarkeit), der Große, Kleine und der Blutzehnten, Höfe und Selden, leibeigene Leute, Nutzungen und Gefällen, Fronen, Steuern, Diensten, Wunn und Waid.«

Die Untertanen, also die Bewohner von Dischingen, wurden bei der Übernahme der Herrschaft zusammengerufen und verpflichtet, dieser mit erhobenen Fingern den Treueid zu schwören, »getreu, hold (dienstbar), gehorsam, vogtbar, steuerbar, gerichtsbar und bottbar zu sein, mit gemessenen und ungemessenen täglichen Diensten ihrer natürlichen Herrschaft und von Gott vorgesetzten Obrigkeit« verbunden und dienstbar zu sein. Dieses Handgelöbnis beschworen Hans Schpleiß (Spleiß) als Schultheiß und Jakob Grab sowie Peter Mayr als Bürgermeister. Unter den weiteren Schwörenden sind namentlich aufgeführt: Hans Glunß, Jakob Ott, Peter Noll(e), Caspar Göbel, Hans Hess, Hans Edel, Georg Hafner, Hans Nisch (?), Hans Freudenreich, Josef Dolpp, Hans Epplin (Epple), Lutz Enderlin (Enderle), Martin Ulrich, Jakob Brem, Michael Soch (?), Jakob Schmid, Georg Stötter (Wirt), Peter Schpleiß, Lipp Stötter, Hans Dolpp, Jakob Rauch (Müller), Georg Günle, Hans Bauer, Georg Seifert, Martin Lohr (Holzwarth), Hans Pöller, Jakob Renz (Mesner), Enderlin (Andreas) Egenhofer, Christian Stetter.

Sie alle schwören der Herrschaft Treue mit den Worten: »So wahr mir Gott helfe und alle seine lieben Heiligen.« Dafür sollen sie in allen »billigen Dingen eine gnädige Herrschaft und Obrigkeit haben.« (Das Wort billig meint hier so viel wie rechtmäßig, von Rechts wegen beanspruchbar.) Sie sollen väterliche Huld und Beistand erfahren, Schutz und Schirm haben, und die Herrschaft wolle sie bei ihren alten und guten Gebräuchen erhalten.

In dieser Versicherung der Herrschaft bekundet sich das Doppelverhältnis von Dienst und Leistung bzw. Fürsorgepflicht. Nach altem Recht waren die Untertanen und Lehensleute wohl zu Diensten und Leistungen verpflichtet; aber der Herrschaft oblag auch, den Untertanen Schutz und Hilfe angedeihen zu lassen. Wenn die Herrschaft ihren Verpflichtungen nicht nachkam, waren auch die Untertanen zu weiteren Diensten nicht verpflichtet. Schon im »Schwabenspiegel«, einer berühmten Rechtssammlung um 1275, heißt es ganz eindeutig: »Wir sullen den herren darumbe dienen, daz si uns beschirmen. Beschirmen si uns nit, so sind wir in (ihnen) nit dienstes schuldic nach rechte.«

Interessant ist, daß es damals in Dischingen auch Schutzjuden gab. Diese mußten einen besonderen Eid, den Judeneid, ablegen. (Sie hießen Schutzjuden, weil sie unter dem besonderen Schutz der Herrschaft standen, die sie deswegen aufgenommen hatte, weil sie sich wirtschaftliche Vorteile davon erhoffte.)

Im einzelnen umfaßte die Herrschaft Dischingen an Besitz, Rechten und Einkünften
a) das Schloß und was die Schloßmauern umschließt,
b) ein Hofgut mit 47 Tagwerk Wiesen und 90 Jauchert Ackerland und 196 Jauchert Wald,
c) die Tafern (Taferne, Schenke), 2 Bräuhäuser, eine Mühle, eine Badstube und den Hirtenstab,
d) den Kirchensatz, d. h. das Recht, den Pfarrer und den Frühmesser zu ernennen und über das Widum (den zur Pfarrei gehörigen Hof) zu verfügen,
e) die Gespannfronen der 21 Bauern und die Handfronen der 30 Seldner und Tagwerker zu den »täglichen Diensten«,
f) an Gülten, d. h. Sachleistungen, 817 Imi Vesen (Dinkel, Korn), 546 Imi Haber, dazu an Geldleistungen 344 Gulden, an Küchengefällen (Ablieferungen in die herrschaftliche Küche) 32 Kapaunen, 52 Hennen, 260 Hühner, 6 480 Eier,
g) den Großen, den Kleinen Zehnten und den Blutzehnten zum halben Teil (die andere Hälfte stand dem Pfarrer zu),
h) die Einkünfte aus Brautläufen (Heiratsgebühr), Frevelstrafen, Bußen, Umgelder, Ehrschatz, Kaufgelder, Leib- und Todesfälle von leibeigenen Leuten, »deren sich junge und alte bei den hundert Personen befinden«.
i) Fischenzen, d. h. Fischereirechte.

Dazu nun einige Hinweise:
Die Schloßmauer umschloß sicher schon den Park, der wohl in ein Waldstück ausmündete; denn ein Hof liegt schon zwischen dem Dorf und dem Wald. Sicherlich stand auch am Eingang in den Park schon ein Torwartshaus, der Vorläufer des heutigen Mesnerhäuschens, das gewiß an der gleichen Stelle steht.
Die »Tafern« war ausnahmsweise als Erblehen ausgegeben, wohl um den Inhaber stärker an sie zu binden. Ob diese mit dem »Alten Wirt« (Rappshof) gleichzusetzen ist, muß vorläufig offenbleiben. Ebenso läßt sich über die beiden Bräuhäuser nichts Näheres aussagen. Die Mühle, wohl die sog. Höllmühle, die von dem Bach, der von den »Fuchsbäu« herkommt, getrieben wurde, war eine »Bannmühle«; die Bauern waren an diese Mühle »gebannt«, d. h. es war ihnen bei Strafe verboten, auswärts mahlen zu lassen. Die Badstube war wohl als Fall-Lehen ausgegeben. Der jeweilige Inhaber hatte eine jährliche Pacht zu zahlen.
Der »Hirtenstab« bedeutete die Verfügung über das Hirtenamt. Die Gemeinde schlug dem Grundherrn die einzelnen Hirten vor. Dieser ließ dann in der Regel durch seinen Vogt die Genannten bestätigen.
Die Frondienste, zu denen die Bauern und Seldner sich verpflichten mußten, waren in gemessene und ungemessene Fronen eingeteilt. Die gemessenen waren genau festgelegt; sie machten etwa zwei Wochen im Jahr aus (Saat, Einfuhr der Ernte, Beischaffung des Holzes usw.); sie waren durchaus maßvoll,

außerdem stand dem Fronenden ein kleiner Imbiß zu. Die ungemessenen Fronen dagegen konnten sich ungebührlich ausdehnen, vor allem bei Hausbauten, Straßenbau usw. Sie gaben öfters Anlaß zu Auseinandersetzungen und offenen Widersetzlichkeiten.
Die Verteilung der Zehnten ist ungewöhnlich: ursprünglich stand der Große Zehnten (Kornzehnten) dem Pfarrer zu. Er ist bereits in der Bibel geboten. Der Kleine Zehnten dagegen (aus den Erträgen der Gärten, des Flachsbaus, der Bienenzucht) hat sich erst im Lauf der Zeit ausgebildet, er wurde als besonders drückend und ungerechtfertigt empfunden; dasselbe galt von dem Blut- oder Ochsenzehnten, einer Abgabe, die von jedem lebend geworfenen Jungtier zu leisten war. Schließlich gab es nichts mehr, wovon der Bauer nicht zehnten mußte.
Das Einkommen aus den Brautläufen meint die Hochzeitsgabe beim Einzug der Braut und des Brautwagens. Unter Frevelstrafen verstand man die Bestrafung schwerer Vergehen, die der Hohen Gerichtsbarkeit unterstanden. Die Herrschaft Dischingen war ja schon seit 1532 im Besitz der Hohen Gerichtsbarkeit. Mit Bußen waren Geldstrafen gemeint, die bei kleineren Vergehen, die der Niederen Gerichtsbarkeit unterlagen, eingehoben wurden.
Das Umgeld, eine indirekte Steuer, wurde auf die Verbrauchsgüter gelegt und vom »Umgelter« eingezogen.
Der Ehrschatz war eine Abgabe, die beim Antritt eines Lehens geleistet werden mußte; er sollte, wie der Name nahegelegt, eine Art Verehrung an die Herrschaft darstellen.
Kaufgelder: bei Erwerb und Verkauf von Gütern und beweglicher Habe, die vor dem Gericht des Ortsherrn getätigt werden mußten, wurde jeweils eine Gebühr erhoben.
Leib- und Todesfälle: nach Ausweis der Urkunde gab es damals in Dischingen an die 100 Leibeigene. Über den Begriff der Leibeigenschaft haben wir bereits gesprochen. Die Leibeigenen konnten auch Lehen erhalten; sie mußten aber über Zins und Gülten hinaus jährlich die sog. Leibhenne als symbolisches Zeichen der Abhängigkeit abliefern. Lag die Frau eines Leibeigenen gerade im Kindbett, dann brauchten nur Kopf und Hals der Henne gegeben werden, das übrige wurde der Wöchnerin zu einer guten Suppe überlassen. Wir haben auch bereits gehört, daß beim Todesfalle theoretisch der ganze Besitz des Leibeigenen der Herrschaft zustand. Der Sinn dieser harten Maßnahme: durch den Tod des Leibeigenen hat die Herrschaft eine Kraft verloren. Sie hält sich dafür an dessen Habe schadlos. Später wurde diese Maßnahme von Fall zu Fall geregelt. Die Abtretung wurde bis zu einem Drittel herunter ermäßigt, oder es mußte beim Tode des Mannes das sog. Besthaupt (das beste Pferd, die beste Kuh), beim Tode der Frau das beste Gewand abgegeben werden.
Angesichts dieser Sachlage mag es erstaunen, daß es auch Leute gab, die sich freiwillig in die Leibeigenschaft begaben. In der Regel geschah dies bei drückender Not oder gesteigerter Unsicherheit. Da mochte ein freier Mann etwa sein Gut einem Kloster übergeben und dieses dann als Leibeigener des

Klosters weiter bearbeiten. Er genoß dafür den Schutz des Klosters. Man konnte sich auch aus der Leibeigenschaft loskaufen oder von dem Leibherrn freigesprochen werden, z. B. wenn der Sohn leibeigener Eltern Geistlicher wurde.
»Wunn und Waid« bedeutet dasselbe, nämlich das Weiderecht.

Zur Geschichte der Schenken von Castell auf der Herrschaft Dischingen

Bereits im Jahr 1662 kommt durch Heirat die Herrschaft (Unter-)Dischingen mit Schloß Trugenhofen an Graf Johann Willibald Schenk von Castell (1619–1697). Sitz der Herrschaft wird nunmehr Trugenhofen. Allerdings verkauft der Enkel Marquard Willibald diese Herrschaft bereits im Jahr 1734 an den Fürsten von Thurn und Taxis weiter. Durch die Vereinigung der beiden Dischingen in einer Hand wurde die Unterscheidung Ober- und Unterdischingen notwendig.
Im Jahr 1688 hob Graf Johann Willibald die Leibeigenschaft «für die ganze Gemeinde» auf. Eine ungewöhnliche Maßnahme, deren Gründe und Hintergründe nur vermutet werden können. Er tut es allerdings nur – das ist in der Urkunde klar ausgesprochen – für seine Person, d. h. auf seine Lebenszeit. Den Nachkommen stellt er frei, wie sie es damit halten wollen. Wie diese es dann gehalten haben, wird zunächst nicht ersichtlich.
Im Jahr 1721 erwirbt sein Sohn Marquard Willibald Antoni (gest. 1724) das Rittergut Bach von den Freiherrn von Ulm-Erbach um 25 000 Gulden. In Bach haben die Schenken fortan einen Maierhof, zu dem wohl auch das »Maierholz« als Herrschaftswald gehörte; heute ist dieses längst gerodet.
Im Jahr 1735 erwirbt sein Sohn Marquard Willibald (gest. 1764) die Herrschaften Hausen im Donautal und Stetten am Kalten Markt; später überläßt er beide Herrschaften pfandweise dem Kloster Salem.
Dazu fällt wenig später dem Geschlecht die Herrschaft Waal und Schwab-Diessen als sog. Sekundogenitur, d. h. als Rittergut für einen nachgeborenen Sohn zu. Domherr Kasimir in Eichstätt, ein Onkel des Malefizschenken, hatte sie von einem der Fürstbischöfe von Eichstätt für das Geschlecht erworben. Zur Zeit des Malefizschenken hatte sie sein jüngerer Bruder Anton inne. Nach dessen kinderlosem Abgang ging sie an den Grafen Kasimir, einen jüngeren Sohn des Malefizschenken, über.
Zweifellos hatte das Geschlecht zu der Zeit, da der Malefizschenk die Herrschaft antrat (1764), seinen Höhepunkt bereits überschritten. Auch finanziell stand es nicht gut da. Jedenfalls urteilt Graf Franz Joseph, der älteste Sohn und Nachfolger des Malefizschenken, einmal sehr ungünstig über Vater und Großvater: »Mein Großvater leitete durch seine großen Ausgaben den Niedergang des Hauses ein, welcher durch das schlechte Betragen seines ältesten Sohnes Ferdinand und die Unordnung seines zweiten Sohnes Franz Ludwig, meines Vaters, noch fortgesetzt wurde. Er, der Großvater, verkaufte die Besitzungen in der Schweiz ebenso wie Unterdischingen.«

Graf Franz Ludwig Schenk von Castell (1736-1821)

Mit Graf Franz Ludwig, dem Malefizschenken, trat eine überragende Persönlichkeit eigener Prägung die Herrschaft an. Er hat nicht nur durch seine Bauten dem Dorf sein bis heute unverlierbares Gepräge gegeben; sein Beiname, »Malefizschenk«, ist nicht nur für Oberdischingen, sondern für ganz Oberschwaben noch heute ein Begriff.
Über seine Jugend ist wenig bekannt; das Tagebuch, das er führte, fiel einem Bombenangriff des Zweiten Weltkriegs zum Opfer. Er genoß gewiß eine gute Ausbildung, wahrscheinlich Universität, vielleicht Göttingen. An diese schloß sich die damals übliche Bildungsreise des jungen Adligen an, die ihn nach Italien, mindestens bis nach Neapel führte, wie wir gelegentlich aus seinem Munde hören. Er hatte drei Brüder, neben dem bereits genannten Ferdinand noch Anton (gest. 1808) und Casimir (gest. 1810) sowie eine Schwester Maria, die mit einem Grafen Fugger vermählt war. Mit 28 Jahren (1764) übernimmt er die Herrschaft, bereits sehr selbstsicher und selbstbewußt, ein geistreicher Plauderer und guter Gesellschafter, der auch des öfteren Gast am württembergischen Herzogshof ist. Wie die meisten seiner Standesgenossen war er passionierter Jäger, kräftiger Esser und Trinker. Von Gestalt groß und stattlich, mit brandrotem Haar und kräftig ausgebildeter Nase; seine Stimme klang wie Donnergrollen, wenn er zürnte. So versichert uns ein alter Oberdischinger, der sich aus seiner Bubenzeit des Grafen noch wohl entsinnen konnte. Verheiratet war er mit Gräfin Philippine von Hutten, einer hochadeligen Dame, die wir noch näher kennenlernen werden.
Mit dem Antritt der Herrschaft trat der Graf auch in den Besitz aller Titel des Geschlechtes ein. Er führte sie selbst einmal auf: »Wir, Franz Ludwig, Schenk, des Heiligen Römischen Reiches Graf von Castell, Herr der Graf- und Herrschaften Schelklingen, Berg und Gutenstein, Oberdischingen, Bach, Wernau, Einsingen und Hausen und Stetten am kalten Markt, Seiner Röm. Kaiserl. Königl. Apostolischen Majestät Kämmerer, Seiner Kurfürstl. Gnaden zu Mainz Wirklicher Geheimer Rat, des Hochfürstlichen Hochstifts Eichstätt Erbmarschall«.
Wir sprechen im folgenden zuerst von dem Grafen als Herrn von Dischingen, also dem Grund-, Gerichts-, Leib- und Ortsherrn, dann von seiner Bekämpfung des Gaunerwesens, schließlich von seiner Bautätigkeit.

Über den Besitzstand und die Einkünfte der Herrschaft Dischingen liegen aus der Zeit des Grafen keine zusammenhängenden Aufstellungen vor. Aber kurz nach seinem Tod, in den Jahren 1824-16, wurden – offenbar im Zusammenhang mit der genauen Feststellung der Erbmasse – eingehende Erhebungen gemacht, deren Ergebnisse wir auch auf die Zeit des Malefizschenken zurückdatieren dürfen.

Demnach umfaße das Besitztum der Herrschaft im Jahr 1824, d. h. kurz nach dem Tod des Malefizschenken

a) als volles Eigentum den Flecken (Ober-)Dischingen, das Dorf Bach und das Dorf Berg; als Kronlehen, d. h. als Lehen des Hauses Habsburg, die Herrschaften Schelklingen und Berg. Dies war ein Zinslehen, für das die Herrschaft jedes Jahr 600 Gulden Zins zu erbringen hatte.
b) an Gebäuden: das sog. Neue Schloß, den sog. Neuen Bau, das Amtshaus (Kanzlei), das Jägerhaus, das Doktorhaus, das Priester-(Pfarr-)haus, das Frühmesserhaus, die Kapelle, das Haus des Stiftungskaplans neben der Kapelle, das Gasthaus (= Gästehaus), die Rentamtswohnung. Dazu den Fruchtkasten, die Stallungen, das Schweizerei- und Maiereigebäude, das Bräuhaus, eine oberschlächtige Mahlmühle (am Ende der Allee), eine »Taferne«, offenbar das Gasthaus zum »Löwen«, eine Wirtschaft am Kapellenberg (»Krone«), eine neu aufgekommene Bierschenke (»Zur Bierschenke«).
c) schließlich das Schloßgut mit den dazugehörigen Waldungen, die als Lehen ausgegebenen Bauernhöfe und Seldgüter, die Häuser in der Herrengasse, die ebenfalls als Lehen (Fall-Lehen) ausgegeben waren, eine Anzahl kleiner Häuser, in denen Häusler, d. h. Leute ohne Besitz, also Knechte, Taglöhner wohnten.

Einkünfte der Herrschaft:

a) die Erträgnisse aus ihrem Eigengut, also aus Ökonomie und Gärtnerei, Waldungen und Fischwässern,
b) das Umgeld, die indirekte Steuer,
c) Ertrag aus dem Hausbesitz,
d) Brautläufe: Wenn ein Bauer heiratete, mußte er 10 Gulden als Brautlauf (Hochzeitssteuer), ein Seldner 2, ein Häusler 1 Gulden entrichten,
e) Ertrag aus den Krautländern, von denen die Herrschaft mehrere innehatte und die sie verpachtete,
f) die Fronen, eine indirekte Einnahme, da sie unentgeltlich geleistet werden mußten. Nur die fronenden Häusler erhielten eine Entschädigung in Gestalt von gedroschener Frucht,
g) Zinsen und Gülten, d. h. Geld- und Sachleistungen aus den Lehensgütern.

Damit kommen wir zu unserem ersten Punkt:

Der Graf als Grundherr

Der gesamte Grund und Boden, den die Bauern und Seldner bewirtschafteten, war Eigentum der Herrschaft. Sie lieh diesen nach altem Herkommen aus. Dabei berufen sich die Aufstellungen von 1824/26 auf ein Lagerbuch von 1692, das jedoch nicht mehr erhalten ist. Die Herrschaft wollte damit dartun, daß sie die Leistungen und Forderungen nicht willkürlich ansetzte, sondern daß diese von alters her niedergeschrieben und damit rechtens waren. Der gesamte Grund und Boden gehörte zum sog. »allodialen Fideikommiß«, d. h.

er war echtes, volles Eigentum, als solches aber nicht der freien Verfügung des jeweiligen Besitzers bzw. Inhabers überlassen, sondern nur als »fidei commissum«, auf Treu und Glauben übergeben. Besitzer ist die gräfliche Familie als Ganzes. Nur sie kann Veränderungen am allodialen Besitzstand vornehmen.

Die Höfe und Selden sind nach wie vor Fall-Lehen, werden aber praktisch als Erblehen behandelt: sie werden im Regelfall dem Sohn überlassen. In der Aufstellung von 1824/26 sind die Verpflichtungen für jeden Hof genau aufgezeichnet. So lautet etwa die Beschreibung des Hofes, den zu dieser Zeit Vinzenz Ott, Bausbauer, innehatte: Haus, Scheuer mit Stallungen, Hofraite (Hofplatz), Schweinestall, Pumpbrunnen, Gras- und Baumgarten, 50 Joch (Jauchert) Acker, 14 Tagwerk Wiesen, 1 Krautteil. Leistungen: Grundzinsen 9 Gulden, 27 Scheffel und 1 Simri Dinkel, 21 Scheffel und 5 Simri Haber (1 Scheffel = etwa 90 Liter oder ein halber Malter), 1 Gans, 1 Kapaun, 2 Hühner, 2 Hennen, 120 Eier. Dazu kommen noch die Zehnten, die die Herrschaft mit dem Pfarrer teilt, das Auffahrtsgeld und die Weglösung, d. h. die Zahlung, die der aufziehende und die der weichende Bauer zu leisten hatten. Beide Beträge waren beträchtlich, je nach der Größe des Hofes, in unserem Fall 600 Gulden Auffahrt und 200 Gulden Weglösung. Die Herrschaft sah streng auf die Erfüllung der auf den Höfen liegenden Verpflichtungen. Gemessen an den Steuerleistungen der Gegenwart sind sie gleichwohl als erträglich zu bezeichnen; nur darf man nicht vergessen, daß die damaligen Erträgnisse der Äcker und Wiesen ganz wesentlich geringer waren als die heutigen. Erst mit der Einführung der Kartoffel, des Klees und der anderen Hackfrüchte, alles vom letzten Viertel des 18. Jahrhunderts an, sind die Erträge laufend gestiegen.

Grund zur Klage gab immer wieder das Ausmaß der ungemessenen Fronen, die bei der Baulust des Grafen häufig über die Grenze des Zumutbaren ging. Aus dieser Sachlage heraus verstehen sich die nachstehend geschilderten

Beschwerden der Oberdischinger Bauern im Jahr 1796

Mitten in der Französischen Revolution, im Jahr 1796, machte sich der Geist der Freiheit, der von dieser ausging, auch in Oberdischingen bemerkbar. Die Bauern lehnten sich lautstark gegen die vielfachen, nach ihrer Meinung unzumutbaren Anforderungen der Herrschaft auf. Mit andern Worten: es kam zu einem Bauernaufstand, der ziemlich turbulente Formen annahm. Junge Heißsporne leisteten sich offenbar allerhand Übergriffe. Anscheinend tat sich ein gewisser Libor Ott, Sohn des damaligen Schultheißen, Stefan Ott, besonders hervor. Der Graf ließ ihn jedenfalls ergreifen und ins Gefängnis stecken; ja, er drohte, ihn zum Militär zu überstellen, das wäre sein sicherer Tod gewesen.

Die Bauern nahmen sich einen Rechtsbeistand, der ihre Forderungen und Beschwerden formulierte, und legten diese dem Grafen vor. Sowohl das Beschwerdeschreiben der Bauern wie die Antwort des Grafen sind erhalten.

Die Bauern beklagen sich über die Jagdfronen, d.h. über die Verpflichtung, als Treiber bei der Jagd mitzuwirken. Ebenso lehnen sie die Frondienste für das Bräuhaus ab, desgleichen die Zuchthausfronen (Beistellung von Baumaterialien usw.) Sie beklagen sich über die Karrendienste beim Wegebau und die Botengänge über Land. Ebenso lehnen sie die Fronfuhren über die Markungsgrenze hinaus ab. Schließlich stellen sie den Antrag auf Ablösung der Frondienste durch eine einmalige Geldsumme. Sie fordern ferner eine Neuregelung des Schulgeldes (»wie in den anderen Gemeinden«). Und als Letztes und Gewichtigstes: sie stellen den Antrag auf grundsätzliche Überprüfung der Eigentumsrechte. Offenbar ging es ihnen um die Umwandlung von Fall-Lehen in Erblehen.

Der Graf nahm die Beschwerden entgegen und legte sie der vorderösterreichischen Regierungsbehörde zur Überprüfung und Begutachtung vor. Diese lehnte die Beschwerden als unrechtmäßig und ungerechtfertigt ab. Auf dieses Gutachten gestützt stellte natürlich auch der Graf fest, daß die Forderungen rechtlich unbegründet seien und mit den Übernahmebestimmungen der Höfe im Widerspruch stünden. Andererseits zeigte er auch klares Entgegenkommen, wohl auch im Hinblick auf die Französische Revolution und um seine Bauern nicht dauernd zu vergrämen. So hob er die Jagdfronen auf, und für die Frondienste beim Bräuhaus sollen Entschädigungen gewährt werden. Bei den Karrendiensten und Botengängen sagte er Verringerung und ebenfalls Entschädigung zu. Die Gartenfronen werden ganz erlassen, die ungemessenen Fuhrfronen sollen eingeschränkt und Fronfuhren über die Markungsgrenze hinaus ebenfalls entschädigt werden (Zehrgeld, Haber für die Pferde). Der Antrag auf Ablösung der Frondienste sei noch nicht spruchreif, er wird daher zurückgewiesen und den Nachfolgern überlassen. Ebenso wird eine grundsätzliche Überprüfung der Eigentumsverhältnisse abgelehnt.

Der Graf empfing auf seinem Schloß den Schultheiß und die Vertreter der Gemeinde. Er legte ihnen dringend ans Herz, Mäßigung zu bewahren. Er sei im Recht, das gewährte Entgegenkommen sei Ausdruck seiner väterlichen Milde und seines Wohlwollens. Damit übergab er dem Schultheiß sein Antwortschreiben. Darin kam er auch auf den genannten Liborius Ott zu sprechen, der ja im Augenblick gefangen saß und um dessen Freilassung die ganze Gemeinde gebeten hatte. Er führte dabei u. a. aus:

Dies ist unsere Resolution (Entschließung) auf die angeführten Beschwerdeschriften der Oberdischinger Bauern, welcher wir noch unsere Entschließung wegen der den Stefan Ott allein betreffenden Angelegenheit beizufügen haben. Nicht nur die Gemeindedeputierten (Vertreter), an ihrer Spitze Stefan Ott, auch der Sachwalter der Gemeinde, Syndicus Koch von Ehingen baten unsern Beauftragten sehr angelegentlich, uns durch seine Fürsprache zu vermögen, dem Stefan Ott seinen Sohn Libor zurückzugeben und diesem seine Strafe zu erlassen.

Diese Bitte, die bei der gestrigen Konferenz in Gamerschwang an unsern Beauftragten gestellt wurde, wiederholte nachhin auf den Abend Stefan Ott mit allen Gemeindedeputierten bei uns untertänig und baten zugleich mehrmals um Verzeihung. Selbst Unser Beauftragter unterstützte diese Bitte mit seinem Fürwort.

Obgleich die Beleidigung, die Stefan Ott in seiner alleruntertänigst eingereichten Klageschrift Uns zuzufügen zu seinem Vergnügen machte, alles erschöpfet, was je ein Untertan im Sturm der bestialischen Leidenschaften wider seine Herrschaften sich herausnehmen kann, so haben Wir diese erheblichen Beleidigungen ihm schon lange verziehen und die Erinnerung derselben wird nie mehr in Unserm Herzen Platz haben. Wie Wir vorher dem Stefan Ott diese Verzeihung und Vergessenheit seines Betragens gegen Uns und ob es gleich noch nie von Unsern Untertanen wird gehört worden sein, zusicherten, so können Wir auch, indem Wir kein innigeres Verlangen haben, als alles Vorhergegangene zu vergessen und Unsern gesamten Untertanen die redendsten Beweise Unserer Liebe, aufrichtigen Zuneigung und Wohlwollens zu geben, Uns durch keine Erwägung abhalten lassen, daß dem Stefan Ott sein Sohn Libor wird zurückgegeben und dieser von der Strafe eines sechsjährigen Kriegsdienstes ganz freigestellt sei.
Wir hoffen, beide, Stefan Ott wie auch sein Sohn, werden diese Unsere Erklärung als ein Merkmal Unserer Großmut und väterlichen Liebe gegen sie um so mehr und um so dankbarer anerkennen, daß jener (er, der Graf) den Beweis bei Händen hat, daß das Allerhöchste Reichsoberhaupt vermöge erlassenen Reichshofratsconclusium (Entschließung) .... ihn, Ott, mit seiner wider Uns angestellten Klage ver- und von da abgewiesen hat.
Wir hoffen, beide, Vater und Sohn, werden nun wieder auf den Vertrag ihrer Pflichten zurückkehren und Uns den vorigen Gehorsam, die vorige Treue und Unterwürfigkeit wieder bezeigen.
Aus Unserer bisherigen Resolution und gegebenen Erklärung wird nun Unsere liebe Gemeinde Dischingen nicht nur Unsere väterliche Liebe, Zuneigung und Wohlwollen gegen sie einsehen, sondern daraus auch den stärksten Beweggrund hernehmen, für die Zukunft wieder ihre geschworenen Pflichten, Treue und Gehorsam zu erfüllen, die Beschwerden, die sie noch künftig etwa haben könnten, wie Kinder ihrem Vater anzuvertrauen und ohne alle Strafen zu eröffnen und sich durch keine fremde Hilfe mehr zu Widersetzlichkeiten verleiten zu lassen.
Wir glauben, diese Hoffnung von Unserer Gemeinde mit Zuversicht schöpfen zu können und müssen derselben nur noch die ausdrückliche Erklärung machen, daß diese Unsere Resolution, insofern sie Unsere Rechte, Befugnisse und Zuständigkeiten betrifft, Wir nur auf Unsere noch übrigen Regierungsjahre beschränken, nur für Uns, nicht aber für Unsere Erben und Nachkommen verbindlich machen, denen das Recht zusteht, die von Uns der Gemeinde nachgelassenen Familienrechte und erteilten Vergünstigungen aufzuheben, zu widerrufen und jene in den Salbüchern und andern Dokumenten gegründeten Rechte wieder geltend zu machen. Und dieser Erklärung müssen Wir noch diese Worte beisetzen, daß sie Unsere letzte und endliche sei und daß Wir keine weiteren Vorstellungen mehr entgegennehmen werden.
Resolution, Oberdischingen, den 17. Heumonat 1798

Diese Resolution ist als Kopie erhalten. Das Original ist offensichtlich verlorengegangen.
Inhalt und Ton dieser Erklärung sind in vieler Hinsicht interessant. Sie strömt über von väterlichem Wohlwollen und Liebe und Zuneigung, läßt aber deutlich erkennen, daß die gemachten Zugeständnisse durchaus freiwilliger Art sind: der Graf läßt sich nichts abringen. Zugleich legt er Wert darauf, festzustellen, daß die gemachten Zugeständnisse nur für seine Person

gelten. Auch war es mit der Verzeihung dem Schultheißen gegenüber nicht weit her. Dieser hielt es vielmehr für angezeigt, für einige Zeit dem Grafen nicht mehr unter die Augen zu kommen. Mit Genehmigung des Grafen begab er sich daher ins »Ausland« – in das benachbarte Dellmensingen! Er erscheint auch in Akten aus jener Zeit als »zur Zeit in Dellmensingen befindlich«. Dagegen ließ der Graf den Libor Ott noch am selben Tage frei.

Bauern, Seldner und Häusler zur Zeit des Malefizschenken

Wie bereits bemerkt, liegen genaue und vollständige Erfassungen aus der Zeit des Malefizschenken nicht vor. Dagegen wurden in den Jahren 1824–26, im Gefolge der Erbschaftsauseinandersetzungen wie der beginnenden Bauernbefreiung (Ablösung der grundherrlichen Lasten), umfassende Erhebungen angestellt. Die dabei gewonnenen Ergebnisse dürfen wir auch für die späte Zeit des Grafen, zum mindesten für seine letzten Jahre, in Anspruch nehmen. Auf Grund dieser Erhebungen ergibt sich, nach Bauern, Seldnern und Häuslern geordnet, folgendes Bild:

Bauern

1. Vinzenz Ott, jung, Bauer, Haus, Scheuer mit Stallungen, Hofraite (Hofplatz), Schweinestall, Pumpbrunnen, Gras- und Baumgarten, 50 Joch Acker, 14 Tagwerk Wiesen, 1 Krautteil. Grundzinsen: 9 Gulden, Gült: Dinkel 27 Scheffel, 1 Simri, Hafer 25 Scheffel 5 Simri. Küchengefälle: 1 Gans, 2 Hennen, 2 Hühner, 2 Kapaunen, 120 Eier. (Küchengefälle = Abgaben für die Küche)
2. Vinzenz Ott, alt (durchgestrichen und darunter gesetzt: Philipp Ott), Haus usw., Wurzgarten, 30 Joch Acker, 7¾ Tagwerk Wiesen, 1 Krautland. Leistungen entsprechend der Größe des Hofs.
3. Josef Schlick Haus usw., Schöpfbrunnen, 36 Joch Acker, 11½ Tagwerk Wiesen, 1 Krautteil, Leistungen entsprechend.
4. Georg Sommer, 39½ Joch Äcker, 10½ Tagwerk Wiesen, 1 Krautteil.
   Anmerkung: 1838 wird der Hof aufgelassen, die Güter im einzelnen verkauft.
5. Fr. Josef Hermann, laufender Brunnen, 29¾ Joch Acker, 9 Tagwerk Wiesen, 1 Krautteil, Leistungen entsprechend.
6. Martin Munding (durchgestrichen und ersetzt durch Josef Munding), alles (Haus, Scheuer, Stall) unter einem Dach, 23 Joch Acker, 11 Tagwerk Wiesen, 1 Krautteil.
   Anmerkung: 1828 werden 9 Joch Acker und 3½ Tagwerk Wiesen verkauft.
7. Norbert Denkinger (ersetzt durch J. Georg Denkinger), alles unter einem Dach, 31 Joch Acker, 7⅞ Tagwerk Wiesen, 1 Krautteil.
   Anmerkung: 1840 werden 15 Joch Acker und 2⅝ Tagwerk Wiesen verkauft.
8. Gottfried Geiselmann (ersetzt durch Josef G.), 20 Joch Acker, 8¾ Tagwerk Wiesen.
   Anmerkung: ursprünglich umfaßte der Hof 31½ Joch Acker, 15¼ Tagwerk Wiesen.
9. Kaspar Mack, 28 Joch Acker, 12½ Tagwerk Wiesen, Leistungen entsprechend.

10. Matthäus Ströbele (ersetzt durch Michael Str.), 28½ Joch Acker, 7½ Tagwerk Wiesen.
11. Alois Ott, 32 Joch Acker, 16¾ Tagwerk Wiesen.
    Anmerkung: der Hof wurde »dismembriert« (aufgelöst) und die Güter einzeln verkauft.
12. Gilbert Strahl (ersetzt durch Joseph Veeser), 41½ Joch Acker, 12¾ Tagwerk Wiesen, 1 Krautland, Leistungen entsprechend.
13. Josef Mack, 29¾ Joch Acker, 7 Tagwerk Wiesen.
    Anmerkung: der Hof wurde aufgelassen, Gebäude abgebrochen, die Grundstücke werden einzeln verkauft.
14. Josef Egle, 26½ Joch Acker, 6¾ Tagwerk Wiesen.
    Anmerkung: Hof wird 1838 aufgelassen, Grundstücke einzeln verkauft.
15. Lukas Ott, 39½ Joch Acker, 9½ Tagwerk Wiesen, 2 Krautländer.
16. Sebastian Glöckler (ersetzt durch Anton G.), 25 Joch Acker, 8½ Joch Wiesen, 1 Krautland, Leistungen entsprechend.
17. Franz Anton Häusler, Widumbauer, 38 Joch Acker, 4½ Tagwerk Wiesen.
    Anmerkung: giltet (gibt als Gült) mit Haber zur Pfarre, auch das Küchengefälle geht an die Pfarre.
18. Robert Schuster, Wirt (ersetzt durch I. G. Freudenreich), 21 Joch Acker, 8 Tagwerk Wiesen, Leistungen entsprechend.
19. Anton Sommer (ersetzt durch Gottfried S.), 18 Joch Acker, 9½ Tagwerk Wiesen, Leistungen entsprechend.
20. Franz Engelhardt, alles unter einem Dach, 29½ Joch Acker, 11 Tagwerk Wiesen, Leistungen entsprechend.
21. Josef Freudenreich, 14½ Joch Acker, 10⁶/₈ Tagwerk Wiesen.
22. Meinrad Amann, 31 Tagwerk Acker, 10 Tagwerk Wiesen.
    Anmerkung: Hof umfaßte vormals 48 Joch Acker, 16 Tagwerk Wiesen, in der Zwischenzeit wurden Grundstücke verkauft.
23. Josef Treutz, 29¾ Joch Acker, 9½ Tagwerk Wiesen.

Gegenüber den 20 Höfen des Salbuchs von 1562 ist die Zahl der Höfe wie auch deren Durchschnittsgröße nicht wesentlich gewachsen. Auch laufen die Höfe immer noch als »Fall-Lehen zum allodialen Fideikommiß gehörig«, sind also immer noch volles Eigentum des Grundherrn. Nur zwei Grundstücke werden merkwürdigerweise als »Erb- oder Handschuhlehen« geführt, nämlich 1 Jauchert dem Vinzenz Ott, nachmals Philipp Ott und 1 Jauchert dem Eustach Ott gehörig. Der Begriff »Handschuhlehen« beinhaltet, daß für die genannten Grundstücke dem Grafen nur eine Art Oberaufsicht zustand, die damit anerkannt wurde, daß anstelle von Zinsen und Gülten jährlich ein Paar Handschuhe an die Herrschaft abgeliefert wurde. Aus welchen Gründen diese beiden Grundstücke Erblehen und damit praktisch Eigentum der beiden Bauern waren, wird aus den Akten nicht ersichtlich. Auffallend ist die »Dismembrierung« (Zerschlagung) mehrerer größerer Höfe. Verschaffte sich die Herrschaft Geld, indem sie einzelne, wohl durch Todesfall freigewordene Höfe zerschlug und die einzelnen Stücke gegen Bargeld verkaufte?

1 Alter Federriß der Oberdischinger Dorfmarkung, um 1850, mit ursprünglichem Lauf der Donau

Seldner

1. Karl Hermann, nachmals Eustach Strobel, nachmals Lorenz Denkinger, Haus, Scheune mit Stall, 1 Krautland (gilt für alle Seldner), 6 J. Acker, 2½ Tw. Wiesen, Leistungen: 3 Scheffel Dinkel, 2 Scheffel Haber, Küchengefälle: 1 Henne, 4 Hühner, 120 Eier.
2. Martin Gog, alles unter einem Dach, 2¾ J. Acker, ½ Tw. Wiesen, Leistungen: je 1 Scheffel Dinkel und Haber, 1 Kapaun, 1 Henne, 8 Hühner, 120 Eier.
3. Matthäus Held, nachmals Josef Held, 3 J. Acker, ¼ Tw. Wiesen, je 1 Scheffel Dinkel und Haber, Hühner, Eier usw. wie bei 2.
4. Josef Pupp, nachmals Josef Berger, Haus, Scheune und Stall, Leistungen: 1 Scheffel Dinkel, ½ Scheffel Haber, Hühner und Eier wie oben.
5. Jakob Hermann, alles unter einem Dach, 4 J. Acker, 1½ Tw. Wiesen, 2 Scheffel Dinkel, 1 Scheffel Haber, Küchengefälle wie oben.
6. Franz Schmied, alles unter einem Dach, 1¾ J. Acker, 1½ Tw. Wiesen, je ½ Scheffel Dinkel und Haber, Küchengefälle wie oben.
7. Leonhard Enderle, alles unter einem Dach, 3 J. Acker, 1 Tw. Wiesen, 2 Scheffel Dinkel, 1 Scheffel Haber, Küchengefälle wie oben.
8. Kasimir Nolle, alles unter einem Dach, 4 J. Acker, 2 Tw. Wiesen, 2 Scheffel Dinkel, 1½ Scheffel Haber, Küchengefälle wie oben.
9. Blasius Ströbele, nachmals Paul Str., alles unter einem Dach, je 1 Scheffel Dinkel und Haber, Küchengefälle wie oben.
10. Jakob Maucher(t), alles unter einem Dach, 2½ J. Acker, 1½ Tw. Wiesen, je 1 Scheffel Dinkel und Haber, Küchengefälle wie oben.
11. Matthäus Sommer, nachmals Hans S., 6 J. Acker, ? Tw. (unleserlich) Wiesen, 3 Scheffel Dinkel, 2 Scheffel Haber, Küchengefälle wie oben.
12. Josef Mayer, alles unter einem Dach, 3 J. Acker, ½ Tw. Wiesen, je 1 Scheffel Dinkel und Haber, Küchengefälle wie oben.
13. Fidely Treutz, alles unter einem Dach, 3½ J. Acker, ¼ Tw. Wiesen, je 1 Scheffel Dinkel und Haber, Küchengefälle wie oben.
14. Josef Wilderotter, alles unter einem Dach, 3¼ J. Acker, ¼ Tw. Wiesen, je 1 Scheffel Dinkel und Haber, Küchengefälle wie oben.
15. Josef Braig, alles unter einem Dach, 3 J. Acker, 4 Tw. Wiesen, je 2 Scheffel Dinkel und Haber, Küchengefälle wie oben.
16. Matthias Petrull, alles unter einem Dach, 3 J. Acker, 1 Tw. Wiesen, je 1 Scheffel Dinkel und Haber, Küchengefälle wie oben.
17. Johann Albrecht, alles unter einem Dach, 7¼ J. Acker, 1½ Tw. Wiesen, je 3 Scheffel Dinkel und Haber, Küchengefälle wie oben.
18. Josef Eberle, jung, alles unter einem Dach, Schöpfbrunnen, Hanf- und Baumgarten, 2½ J. Acker, 1 Tw. Wiesen, je 1 Scheffel Dinkel und Haber, Küchengefälle wie oben.
19. Manfred Edel, nachmals Josef Wüst, alles unter einem Dach, Obst- und Hanfgarten, 2 J. Acker, ½ J. Wiesen, je 1 Scheffel Dinkel und Haber, Küchengefälle wie oben.
20. Andreas Schmid, alles unter einem Dach, Hanf- und Würzgarten, 4½ J. Acker, 1 Tw. Wiesen, 2 Scheffel Dinkel, 1 Scheffel Haber, Küchengefälle wie oben.
21. Isidor Schmid, nachmals Christian Zugmaier, Hanf- und Obstgarten, 7 J. Acker, 1½ Tw. Wiesen, 3 Scheffel Dinkel, 2 Scheffel Haber, Küchengefälle wie oben.
22. Johann Ott, nachmals Simon Schneider, alles unter einem Dach, 4 J. Acker,

2 Tw. Wiesen, 2 Scheffel Dinkel, 1 Scheffel Haber, Küchengefälle wie oben.
23. Josef Jutz, alles unter einem Dach, 3 J. Acker, 1 Tw. Wiesen, je 1 Scheffel Dinkel und Haber, Küchengefälle wie oben.
24. Salus Obermayer, nachmals Anton Schmucker, 9 J. Acker, ³/₄ Tw. Wiesen, 4 Scheffel Dinkel, 3 Scheffel Haber, Küchengefälle wie oben.
25. Georg Moll, nachmals Alois Eberle, 4½ J. Acker, 2½ Tw. Wiesen, 2 Scheffel Haber, Küchengefälle wie oben.
26. Kreszenz Ott, nachmals Stanislaus Sommer, 3½ J. Acker, 4¼ Tw. Wiesen, je 1 Scheffel Dinkel und Haber, Küchengefälle wie oben.
27. Konrad Dolpp, nachmals Stephan Dolpp, 2 J. Acker, 1 Tw. Wiesen, je 1 Scheffel Dinkel und Haber, Küchengefälle wie oben.
28. Josef Eberle, alt, nachmals Kaspar Maier, alles unter einem Dach, Obst- und Hanfgarten, 5 J. Acker, 1 Tw. Wiesen, je 2 Scheffel Dinkel und Haber, Küchengefälle wie oben.

Gegenüber der Zahl der Seldner im Salbuch von 1562 ist diese um 5 abgesunken. Die Größe der Selden hat sich nicht sehr geändert, im ganzen ist sie etwas angestiegen. Die heutigen Seldner haben durchweg mehr Grund, ein Zeichen dafür, daß der Stand der Seldner in stetem Aufstieg begriffen war. Die Leistungen, die dem kleinen Seldner abverlangt werden, sind verhältnismäßig hoch. Zu den hier aufgeführten Leistungen kommt noch ein allerdings nicht sehr hoher Grundzins von jährlich 3—4 Gulden. Erstaunlich hoch aber, kaum glaubhaft, erscheint das sog. Auffahrtsgeld. Beträgt dieses bei den großen Höfen bis zu 700 Gulden, so hat ein Seldner deren 200—300 zu entrichten, das bedeutete jeweils eine kräftige Belastung für den neuen Lehensmann.

Interessant ist auch, daß von den Getreidearten nur Dinkel und Haber erscheinen; in der Tat wurden Roggen und Gersten damals noch wenig angebaut. Der Dinkel war die Hauptbrotfrucht, der Haber wurde nicht nur den Pferden verfüttert, sondern auch stark für die Volksernährung herangezogen (Haferbrei, -grütze, -kuchen). Der Kartoffelanbau ist damals noch im Anlaufen begriffen. Die Leute haben sich nur zögernd mit der Kartoffel angefreundet. Gelegentlich begegnen bei den Küchengefällen auch Wicken. Klee und Rüben erscheinen noch vereinzelt. Aber im ganzen hat sich die Stallfütterung bis zu den Jahren 1820—30 hin durchgesetzt.

Zur Unterscheidung noch zwischen Hennen und Hühnern: mit den Hühnern sind wahrscheinlich Jungtiere gemeint.

Die Leistungen der Lehensleute, Bauern und Seldner, beliefen sich, auf Grund der amtlichen Zusammenstellung vom Jahr 1826, in Gulden (=fl.)
a) für Oberdischingen
b) für die Lehensleute in den andern Gemeinden, Bach, Einsingen, Berg usw.
c) insgesamt

	Grundzinsen	Bestandsgelder	Dinkel Scheffel	Haber Scheffel
a)	675 fl.	32 301	450	349
b)	268 fl.	12 419	285	285
c)	943 fl.	44 720 fl.	735	634

	Gänse	Kapaunen	Hennen	Hühner	Eier
a)	16	41	62	413	6 240
b)	9	–	39	147	2 140
c)	25	41	101	560	8 380

Dabei ist zu beachten, daß die Bestandsgelder jeweils nur bei Antritt des Hofes bzw. des Selds zu entrichten waren. Der o. g. Betrag stellt die Gesamtsumme aller Auffahrts- bzw. Bestandsgelder dar. Zu den Ablieferungen an Getreide und Küchengefällen ist zu bemerken, daß davon ein größerer Teil an die Beamten und Angestellten der Herrschaft abgegeben wurde.

Häusler und Handwerker

Die Häusler haben keinen Grundbesitz. Sie bewohnen ein der Herrschaft gehöriges Haus, in der Regel mit einem kleinen Garten, gelegentlich auch Scheune und Stall, um ein Schwein oder Ziegen halten zu können. Der Grundzins beträgt 2 bis 4 Gulden, das Bestands- oder Auffahrtsgeld beim Beziehen des Hauses beträgt je nach Größe und Zustand 50 bis 200 Gulden. Da sich unter diesen Häuslern und Handwerkern viele Familien befinden, die heute noch in Oberdischingen ansässig sind, seien auch sie namentlich aufgeführt:

Schmaus Michael, nachm. Simon Schmaus, Haus- und Wurzgarten
Wolf Paul, Scheuer und Stall, alles unter einem Dach.
   Anmerkung: erwirbt 3 Jauchert
Stetter Josef, vorm. Matthias Fischer, Haus- und Wurzgarten
Wetzer Josef, nachm. Sebastian Wetzer, Haus- und Wurzgarten
Mack Karl, vorm. Michael Kneer, Weber, Haus, Stallung, Garten
Schaible Johann, nachm. Moritz Sch., Haus- und Wurzgarten
Tritschler Josef, nachm. David Sauter, Haus, Stall und Garten
Fuchs Wendelin, Haus, Scheuer mit Stall, Baumgarten, 1 J. Acker
Fischer Konrad, Haus mit Scheuer und Stall, 1 J. Acker
Huber Daniel, Haus, Scheune, Stall
Hepp Konrad, Haus mit Wurzgarten
Waldmann Sebastian, Haus und Garten
Gog Thaddäus, Haus und kleiner Stadel
Fundel Andreas, Haus mit Wurzgarten
Bloching Anselm, vorm. Johann Eberle, Haus und Wurzgarten
Kneer Sebastian, Haus mit Garten
Walter Georg, Haus mit Garten
Schmied Bartholomäus, Haus mit Garten
Braunsteffer Franz Josef, Haus
Knoll Sebastian, nachm. Xaver K., Haus mit Wurzgarten
Kästle Josef, nachm. Johann K., Haus
Holl Karl, nachm. Ludwig Bölzle, Haus mit Garten

Schwarzmann Hans, Haus, Stallung, Holzremise, Auffahrtsgeld 150 Gulden
Tschaffon Leonhard, Haus, offenbar neu; denn Bestandsgeld 200 Gulden
Bölzle Matthias, nachm. Alois B., Haus
Schmutzer Michael, Haus
Merkle Josef, Haus mit Garten
Himmelspacher Xaver, nachm. Simon Stauß, Haus
Glöckler Johann, nachm. Alois Braun, Haus und Baumgarten
Walser Josef, nachm. Matthias Geiselmann, Haus mit Garten
Epple Michael, Haus mit Garten
Stetter Aloys Anton, Haus mit Garten
Schmucker Anton, Haus mit Garten
Braun Johannes, Haus mit Garten
Merkle Josef, Haus mit Garten
Oberndorfer Matthias, nachm. Johann Preichart (Breucha?), Haus mit Garten
Hermann Michael, nachm. Leonhard H., Haus mit Wurzgarten
Löffler Georg, Haus
Liberat Luitgard, nachm. Matthias L., Haus mit Stadel und Stallung, Auffahrtsgeld 200 Gulden
Enderle Johann, nachm. Xaver E., Metzger, Haus mit Scheuer und Stall, Auffahrtsgeld 300 Gulden
Götz Andreas, nachm. Andreas Kronenthaler, Haus
Rauh Josef, Haus, offenbar neu und in der Herrengasse, Auffahrtsgeld 300 Gulden
Nörpel Aloys, Haus mit Wurzgarten
Kleiner Josef, Haus mit Wurzgarten
Hilz Matthias, nachm. Josef Freudenreich, Haus
Velter Johannes, Maurer, Haus mit Wurzgarten
Wanner Matthias, Haus mit Garten
Schmucker Michael, Haus mit Garten
Kneer Johann, Weber, Haus
Heuschmid Johannes, Hafner, Haus mit Garten
Geyer Anton, Hutmacher, Haus
Umbrecht Simon, nachm. Balthasar Freudenreich, Haus
Werner Willibald, Haus, Scheuer mit Stall
Schilling Josef, Schneider, Haus
Mayer Philipp, nachm. Karl M., Mesner, Haus, Scheune mit Stallung
Kögel Josef, nachm. Josef Merkle, Schneider, Haus
Löffler Anton, nachm. Josef L., Haus
Häusler Johann Georg, nachm. Xaver H., Haus, offenbar geringwertig, Auffahrtsgeld nur 40 Gulden
Schmutz Josef, nachm. Jakob Weiser, Schneider, Haus mit Wurzgarten, Auffahrtsgeld 222 Gulden
Jungel (Jüngel?) Zacharias, nachm. Philipp Ziegler, Haus mit Garten
Götz Leopold, nachm. Josef Braun, Haus mit Baumgarten
Schmied Josef, Maurer, Haus mit Wurzgarten

Walser Josef, nachm. Matthäus Geiselhardt, Haus mit Wurzgarten
Epple Michael, Haus mit Wurzgarten
Schmied Franz Karl, nachm. Aloys Sch., Haus mit Garten
Fundel Tiber, Haus mit Garten
Buschor Franz, Lehrer, Scheune mit Stübchen, Bestandsgeld 35 Gulden
Ott Konrad, offenbar nur ganz kleine Wohnung, Bestandsgeld 6 Gulden
Edel Michael, nachm. Gottlieb bzw. Joseph Seitz, Haus, Scheune mit Stallung
Schmusser Kaspar, Schneider, nachm. Jakob Matheis, Haus mit Garten
Huber David, Haus mit Wurzgarten
Kleiner Peter, Schuhmacher, Haus mit Wurzgarten
Vilgertshofer Sebastian, nachm. Sebastian Waldmann, Haus mit Wurzgarten
Bader Konrad, nachm. Georg Walser, Haus, Baum- und Wurzgarten
Mack Johannes, nachm. Georg Walser, Haus
Schmied Bartholomäus, Haus, Bestandsgeld 50 Gulden. *Anmerkung:* aus Gnaden frei angesetzt (= ohne Auffahrtsgeld)
Schopf Josef, Haus
Schmied Johann Baptist, Wagner, nachm. Karl Sch., Haus, Scheuer, Stall
Strobel Eustach, nachm. Karl St., Schmied, Haus mit Holzremise, Garten
Landherr Ludwig, Schreiner, Haus mit Holzremise
Bölzle Konrad, nachm. Matthias Wanner, Holzremise, Haus
Mikoda Anton, Schlosser, Haus mit Holzremise
Henne Xaver, Dreher, Haus mit Holzremise, Wurzgarten
Madame Bonvalet, Haus mit Wurzgarten
Sommer Anton, Sattler, nachm. Christian S., Haus mit Wurzgarten
Huber Karl, Säckler, Haus und Wurzgarten
Moraller Jakob, Uhrmacher, Haus mit Wurzgarten
Schilly Josef, Sailer, nachm. Johann Sch., Haus, Remise, Wurzgarten, Auffahrtsgeld 300 Gulden
Linsenmann Thaddäus, Glaser, Haus, Remise, Wurzgarten
Ameringer Alois, Bauinspektor, Haus mit Wurzgarten
Unter den Häuslern werden auch aufgeführt:
Baus Adam, nachm. Philipp B., Apotheker, Haus mit Garten, Bestandsgeld 300 Gulden
Seelig Anton, Chirurg, Haus mit Wurzgarten, *Anmerkung:* ohne Bestandsgeld erhalten

Unter den Namen fallen einige auf, die sich als Fremdlinge erweisen, so Bonvalet (frz.), Preichart (Breucha?, tschech.), Mikoda (slaw.), Tschaffon (ladin., Südtirol), Moraller (wohl aus der Schweiz), Vilgertshofer (aus Vilgertshofen, bayer. Lechrain).

Im ganzen sah, wie bemerkt, die Herrschaft darauf, daß Grundzinsen und Auffahrtsgelder voll entrichtet wurden. Aber gelegentlich findet sich doch die Anmerkung: »aus Gnaden erlassen«. Das muß anerkannt werden.
Mit Nachsicht wurden auch die wenigen Schupflehen-Bauern behandelt. So

überläßt die Herrschaft einmal ein erledigtes Schupflehen nach Ableben des Inhabers dessen Schwiegersohn »auf Leib und Leben«, es wird also praktisch zum Fall-Lehen. Trotzdem legt die Herrschaft Wert auf die Bezeichnung Schupflehen, um gegebenenfalls ihre Rechte wahrnehmen zu können (bei Auflehnungen usw.). Es heißt dann dort weiter: das Bestandsgeld wird von 100 auf 75 Gulden ermäßigt, die restlichen 25 Gulden kann er bei der Herrschaft mit seiner »Zimmermannsprofession« abdienen. Für die Witwe, also die Schwiegermutter, wird ein Leibgeding (Pfründe) sowie eine Geldabfindung festgelegt. Das Leibgeding umfaßt ein ausreichendes Maß an Kernen (aus dem »Korn« gewonnen), Roggen, Gerste, Schmalz, Fleisch, Milch »von der Kuh weg«, Flachs, Erdäpfel und zum »Unterschlupf« die Nebenkammer. Der Vertrag ist durch Unterschrift bzw. Handzeichen – vom Bürgermeister beglaubigt – rechtskräftig gemacht. Dieser Fall ist nicht vereinzelt. Er läßt eine echte Fürsorge des Grundherrn für den kleinen Lehensmann erkennen; von sich aus wären Tochter und Schwiegersohn mit der Witwe wahrscheinlich gar keinen festen Vertrag eingegangen, der sie verpflichtet hätte, und die alte Frau wäre sicherlich wesentlich schlechter dran gewesen. Hier wird noch die ursprüngliche Schutzpflicht der Herrschaft gegenüber ihren Untertanen sichtbar, was man in der Regel übersieht.

Zum Abschluß dieses Kapitels noch eine Zusammenstellung der damals in Oberdischingen beschäftigten *Handwerker:*

Weber 5	Schmiede 2	Schlosser 2
Maurer 5	Zimmerleute 2	Schreiner 3
Bäcker 2	Metzger 2	Schuster 3
Schneider 4	Sattler 2	Wagner 2
Uhrmacher 2	Säckler 1	Hafner 1
Sailer 1	Hutmacher 1	Küfer 1
Siebmacher 1	Glaser 1	Dreher 1
Goldschmied 1	Wirte 3	

Die Aufstellung zeigt, wieviel Handwerker es damals in Oberdischingen gab. Wenn wir dazu bedenken, daß Oberdischingen zu jener Zeit auch Arzt und Apotheker besaß, so wird klar, daß es damit allen Dörfern in der Nachbarschaft weit voraus war – eine Vorrangstellung, die es freilich mit der Zeit eingebüßt hat.

Das Gesamteinkommen der Herrschaft

Die genauen Erhebungen und Zusammenstellungen in den Jahren 1824-26 ermöglichen auch eine zuverlässige Erfassung des Gesamteinkommens der Herrschaft zu Lebzeiten des Malefizschenken. Die hiefür eingesetzte Kommission kam zu folgenden Ergebnissen:

		Gulden
a)	die Einnahmen aus dem lehensweise verliehenen Grund- und Hausbesitz in Gulden umgerechnet	3 860
b)	Einnahmen aus Rechten und Gerechtigkeiten (Umgeld usw.)	676
c)	aus Gütern in freier, eigener Bewirtschaftung 1. das Schloßgut mit 61½ J. Acker und 21 Tw. Wiesen 2. die Brauerei. Beide zusammen werden angesetzt mit	5 990
d)	Zehnten: Großer (Korn), Kleiner (Obst, Hanf, Flachs, Erdbirnen), Heuzehnten, Blutzehnten (Fohlen, Kälber, Lämmer)	86
	Gesamtbetrag	10 612

Dem stehen laut Aufstellung Ausgaben in Höhe von 5 554 Gulden gegenüber. Das ergibt einen Überschuß von etwas über 5 000 Gulden.

Nicht aufgeführt sind die Erträgnisse der herrschaftlichen Wälder. Der Ertrag des herrschaftlichen Waldbesitzes in Oberdischingen, Bach usw. wird mit 4 558 Gulden veranschlagt.

Der Geldwert der Frondienste ist nirgends angesetzt. Bei der Ablösung der Frondienste errechnete die Herrschaft 1 399 Gulden Ablösungsbeitrag.

Gemäß dieser Zusammenstellung standen dem Grafen an Einnahmen nach Abzug der Unkosten jährlich rund 10 000 Gulden zur Verfügung.

Abschließend noch die *Zahl der Untertanen* der Herrschaft Dischingen:

Orte	Familien	Köpfe
Oberdischingen	154	915
Bach	47	300
Berg	60	310
Altbierlingen	34	197
Grafenwald	6	36
Schelklingen	197	952
Wernau	6	39
Einsingen (einzelne Höfe)	9	44
Gesamtzahl	513	2 793

Der Graf als Gerichts- und Leibherr

Als Reichsgraf hatte Franz Ludwig natürlich auch die Gerichtsbarkeit inne. Sie gehörte von Anfang an zum Grafenamt. An sich ist die Errichtung eines Gerichts in Dischingen bereits für das Jahr 1418 urkundlich bezeugt. 1513 erhält Eitel von Westernach, Angehöriger eines Adelsgeschlechtes in der Nähe von Dischingen, das »Halsgericht und den Blutbann« in Dischingen, d. h. das Recht, über Leben und Tod zu urteilen und damit — in der Rechtssprache der Zeit — die Hohe Gerichtsbarkeit. Auch die Herren von Stotzingen hatten diese inne. Von ihnen übernehmen sie die Schenken von Castell. Dabei muß jeweils beim Regierungsantritt eines Kaisers erneut um die Bewilligung angesucht werden. So erhält sie auch Graf Franz Ludwig im Jahre 1767 zuerkannt und 1791 und 1793 erneut zugesprochen. Dabei mußte er jeweils eine nicht geringe Gebühr dafür bezahlen. Auch der Kaiserhof brauchte Geld!

Daneben gab es noch die sog. Niedere Gerichtsbarkeit, die über kleinere Vergehen und Streitigkeiten zu befinden hatte. Sie stand dem sog. Dorf- oder Ruggericht zu. (Das Wort gehört zu »rügen«.) Den Vorsitz in diesem führte der Vertreter der Herrschaft (Vogt oder Amtmann). Beisitzer waren Bauern als Vollbürger, an ihrer Spitze der Schultheiß, dann die beiden Bürgermeister und wohl noch einige weitere angesehene Bürger.

In Oberdischingen gab es beim Antritt des Malefizschenken noch Menschen, die auch mit ihrem Leib der Herrschaft zu eigen waren, die sog. Leibeigenen. Wir hörten zwar, daß im Jahre 1688 Graf Johann Willibald die Leibeigenschaft aufgehoben hatte, aber nur für seine Person. Offenbar sind ihm seine Nachkommen darin nicht nachgefolgt; denn zur Zeit des Grafen Franz Ludwig gab es in Oberdischingen noch Verhältnisse, die denen der Leibeigenschaft mindestens stark ähnelten. Gewiß waren diese, wie wir ebenfalls hörten, schon stark gemindert. Später wurde die Verfügung über das Besthaupt, bzw. das beste Gewand nochmals in dem Sinne geändert, daß die Herrschaft den ihr zustehenden Anteil der »Freundschaft«, d. h. den Verwandten des bzw. der Verstorbenen zukommen ließ. Aber den Heiratskonsens (Erlaubnis) erteilte nach wie vor die Herrschaft, die Eheverträge wurden vor dem gräflichen Gericht getätigt, ebenso natürlich die Hofübergaben, Kaufverträge jeder Art usw.

Glücklicherweise hat sich in den Akten ein stattlicher Band von »Verhörs- und Gerichtsprotokollen« aus den Jahren 1798-1801 erhalten, die einen guten Einblick in die Gegenstände und die Verfahrensweisen an diesem Dischinger Grafengericht vermitteln.

Wie so ein Ehevertrag damals aussah, mag der folgende Fall dartun, den wir diesen Protokollen entnehmen. Da erschien im Frühjahr 1798 der ledige Josef Vogel, herrschaftlicher Maurer, und die ledige Magdalene Holl, mit der er die Ehe eingehen will. Sie erscheinen mit den beiden Bürgermeistern Johann Schlick und Cyprian Fischer als »Beiständern«, d. h. als Zeugen und Rechtshilfen. Die Herrschaft erteilt hiezu »hochgnädigst« die Erlaubnis, wobei vor allem festgestellt wird, was die beiden in die Ehe mitbringen: das Mädchen von seinem Stiefvater 100, von seinem verstorbenen Bruder 75 Gulden; der Hochzeiter sein »von herrschaftlicher Gnade erhaltenes Haus« (das ihm als Fall-Lehen überlassen war) und seine Besoldung (als herrschaftlicher Maurer), dazu seine erlernte »Profession« (Beruf). Die wesentlichen Bestimmungen des Heiratsvertrags: bei Ableben der Hochzeiterin vor ihrem Mann und ohne Kinder zu hinterlassen, soll der Ehemann an die nächsten Freunde (Verwandte) 30 Gulden und den besten »Einschlauf« (Gewand) geben. Sollte unter gleichen Umständen der Ehemann sterben, so hat die Wittib den nächsten »Freunden« 75 Gulden und ebenfalls das beste Gewand zu geben. Unterschrieben wird mit Handzeichen (da die beiden ja nicht schreiben können). Die Echtheit der Handzeichen wird von den anwesenden Bürgermeistern bestätigt. Anmerkung: Brautlauf (Heiratsgebühr) 1 Gulden, bezahlt.

In gleicher Weise wird der Ehevertrag bei einer zweiten Ehe zwischen dem Witwer Konrad Dolpp und der Katharina Droitzin (Dreutz) mit gnädiger Bewilligung der Herrschaft vor dem gräflichen Gericht geschlossen. Die Bedingungen entsprechen denen von vorhin. Brautlauf bezahlt.

Auch Kaufverträge aller Art wurden vor dem Grafengericht abgeschlossen. So verkauft der Frühmesser Franz Xaver Delon (aus Lothringen gebürtig) einen Acker an den Seldner Blasius Ströbele. Der Kaufvertrag wird vor dem Gericht von »obrigkeitswegen« protokolliert und von dem Frühmesser unterschrieben. Blasius Ströbele unterschreibt mit Handzeichen.

Auch die Erlaubnis, von Dischingen wegzuziehen, mußte beim herrschaftlichen Gericht eingeholt werden. So erhält Johann Stetter die Erlaubnis, nach auswärts zu heiraten (Gamerschwang) und sein Vermögen in Höhe von 260 Gulden mitzunehmen, nachdem er die »Weglösung« (Abzugsgebühr) bezahlt hatte.

Ebenso müssen Kaufgenehmigungen eingeholt werden, sogar beim Kauf eines Pferdes, wie der Fall des Bauern Johann Egle dartut, der von dem »Schutzjuden« Nathan aus Laupheim ein Pferd erwirbt.

Wegen eines Bannvergehens wurde der Seldner Thaddäus Maier bestraft, weil er auswärts statt in der herrschaftlichen Mühle hatte mahlen lassen.

Wegen Veruntreuungen und sonstiger strafbarer Handlungen wird Anton Stetter zu sechsjähriger »Kapitulation« (Verpflichtung zum Soldatendienst) verurteilt. Er wird vom Amtsboten Johannes Hilz an den »Assentierungsplatz« (Sammelplatz) Günzburg überstellt und dort dem Transportkommando übergeben. Seine Kleider und Schuhe, sowie seine Pfeife, werden seinem Bruder zugesprochen. Nachschrift: Nach zwei Jahren im Lazarett in Mailand gestorben.

Wegen gröblichen Betrugs wird Heinrich Maier angeklagt und verurteilt, weil er beim Kegeln eine mit Blei ausgegossene Kugel benützt und dadurch betrügerisch gehandelt hatte.

Um dieselbe Zeit kommt ein zweites Bannvergehen zur Verhandlung: dem Eustach Ott, von dem noch unten die Rede sein wird, wird vorgeworfen, daß er auswärts und nicht in der Bannmühle mahlen lasse. Zur Rede gestellt, erklärte er, in dieser schlechter bedient zu werden. Darauf wird der Fall einer unparteiischen juristischen Stelle vorgelegt. Grund: der Vater des Angeklagten (Schultheiß Stefan Ott, siehe vorne) hatte, wie wir bereits gehört, eine Beschwerde gegen die Herrschaft eingereicht, und um nicht in den Verdacht zu kommen, sich dafür am Sohn zu rächen, enthält sich bemerkenswerterweise das gräfliche Gericht des Urteils.

Wegen Gehorsamsverweigerung haben sich mehrere Oberdischinger Bauern zu verantworten. Sie waren einem Auftrag – einen flüchtigen Gefangenen zu verfolgen und einzubringen –, den ihnen die Herrschaft durch den Bürgermeister Schlick erteilt hatte, nicht nachgekommen. Sie reden sich mit fadenscheinigen Ausflüchten heraus. Urteil: eine eindringliche Verwarnung.

Ein anderes Mal fällt das Grafengericht einen Schiedsspruch zwischen dem Schupflehenbauern Franz Josef Hermann und dessen klagendem Knecht. Der Knecht beschwerte sich wegen ungenügenden Essens und schlechter Behandlung. Bauer und Bäuerin wurden vorgeladen und eindrücklich verwarnt.

Um dieselbe Zeit bewilligt die Herrschaft auf Ansuchen der Gemeinde die Aufnahme des ledigen Bartholomäus Braig aus Ringingen als Roßhirt und erteilt ihm die Erlaubnis zur Heirat mit der ledigen Hirtentochter Josefa Betz. Im Hinblick auf das geringe Vermögen der beiden verzichtet die Herrschaft auf die Brautlaufgebühr.

Daß die Herrschaft die wenigen Schupflehen, die es um 1800 in Dischingen noch gab, praktisch als Fall-Lehen behandelte, d. h. das Lehen dem Sohn bzw. Schwiegersohn überließ, daß sie sich um die Sicherstellung eines ausreichenden Leibgedings kümmerte, haben wir bereits dargelegt. Wie sehr das Gericht auch darauf bedacht war, die Ansprüche der Kinder aus einer ersten Ehe zu sichern, erhellt aus dem Übernahmevertrag des Witwers Johann Glöckler, Inhaber eines Schupflehens, anläßlich seiner zweiten Eheschließung mit Magdalene Schmucker. Dabei wird zunächst das Leibgeding für diese im Fall des Ablebens des Ehemanns festgelegt, das dem Nachfolger auf dem Hof auferlegt wird. Dabei werden der Witwe neben den Lebensmitteln ein Anteil an Werg (Hanf, Flachs) und Obst sowie bares Geld, »quartaliter« 40 Kreuzer, sowie jährlich ein Paar Schuhe und ein Paar »Bantoffeln« ausgesetzt. Danach werden die Ansprüche der vier Kinder aus der ersten Ehe für jedes genau festgelegt.

Kurz danach wurde eine als Schupflehen geführte Herberge, die offenbar in schlechter Hand und übel beleumundet war, an einen andern Interessenten verliehen, wobei diesem zur Auflage gemacht wird, daß er jedes Jahr genaue Rechnung vorzulegen habe.

Im Frühjahr 1800 wird ein Ehemann vorgeladen, über den sich dessen Frau beklagt hatte, daß er sie wiederholt mißhandelt und geschlagen habe. Der Ehemann machte geltend, daß das Weib »durch ihr böses Maul« ihn zum Zorn gereizt habe. Urteil: für dieses Mal muß der Mann »aus Gnade« nur für 24 Stunden in den Ortsarrest, bei weiteren Fällen werden ihm jeweils 25 Stockhiebe angedroht!

Der ledige »Steckenbub« (Unterknecht) Anton Bettenhofer hatte sich mit der ledigen Anna Dolppin vergangen. Die Kindsmutter wird mit einer Strafe von 15 Gulden belegt, die sie natürlich nie bezahlte, da sie ja kein Geld hatte. Der »Fornicant« (Kindsvater) ist flüchtig und bei Ergreifung dem Gericht vorzuführen und zu bestrafen. Die ledige Kindsmutter wäre verpflichtet gewesen, die Schwangerschaft unter Angabe des Kindsvaters dem Gericht anzuzeigen. Anmerkung: Strafe 15 Gulden, unbezahlt.

Die ledige Franziska Dolppin beschuldigt vor Gericht den Glasermeister Thaddäus Linsenmann, der Vater ihres totgeborenen Kindes zu sein. Vor dem Pfarrer aber, in die Enge getrieben, erklärt sie, der Kindsvater sei ein lediger Webergeselle. Sie wird wegen übler Nachrede zu acht Tagen Zwangsarbeit verurteilt.

Der ledige Johann Ott klagt gegen die gleichfalls ledigen Johann Mack und Georg Hafner, die ihn der Nichtbezahlung einer angeblich zugesagten Zeche beschuldigen. J. Mack gibt an, er wisse das von dem Schustergesellen Peter Kleiner, der es im Haus des Johann Ott von dessen beiden Knechten Johannes Schmid und Sebastian Kner gehört habe. Darauf werden die beiden vernommen, und beide stellen die Anschuldigung in Abrede. Urteil: die beiden Beklagten leisten vor dem Gericht Abbitte und bezahlen die angelaufenen Kosten (1 Gulden 50 Kreuzer).

Mietvertrag: dem herrschaftlichen Ziegler Matthias Sommer wird eine Wohnung »bestandsweise« (als Lehen) auf »Leib und Leben«, also als Fall-Lehen, überlassen. Bestandsgeld: 100 Kreuzer und jährlicher Zins ½ Gulden.

Im August 1799 erscheint Franz Engelhard vor dem Gericht und teilt mit, daß ihm von den Franzosen ein rotes »Leible« gestohlen wurde und daß er dieses bei dem Sohn des Thomas Eberle wieder gesehen habe, und klagt auf Herausgabe. Entscheidung des Gerichts: das Leible ist dem Eigentümer zurückzugeben, und der unrechtmäßige Inhaber hat sich an dem schadlos zu halten, von dem er es erworben hat.

Im März 1800 erscheint Lambert Maucher und klagt gegen Josef Hörmann, daß dieser ihm die geliehenen 79 Gulden samt Zinsen nicht zurückerstattet habe. Der vorgeladene Schuldner anerkennt die Schuld, schützt aber Zahlungsunfähigkeit vor. Urteil: der Schuldner hat bis Georgitag zu bezahlen, andernfalls Exekution (Zwangsvollstreckung).

Im April 1800 wird dem ledigen Bäcker Eustach Ott von der Herrschaft dringend ans Herz gelegt, ein »stabiles Unterkommen und Verbleiben« hier am Ort zu suchen und darauf zu heiraten, andernfalls die Herrschaft einen andern Bäcker zu bestellen gedenke. Gleichzeitig erscheint Schultheiß Stefan Ott und bittet, daß seinem Auswanderungsgesuch nach Dellmensingen stattgegeben werde. Ebenso bittet er, seinen bisher »leibfällig« (als Fall-Lehen) innegehabten Hof seinem Sohn Lukas zu verleihen. Bei sonst gleichen Übernahmebedingungen wird ein Bestandsgeld von 700 Gulden festgelegt, wovon bei der Hofübernahme durch Lukas Ott 600 Gulden zu bezahlen sind. Stefan Ott anerkennt diese »hohe Gnade« mit untertänigem Dank.

Im Juni 1801 erhält Josef Schilly auf Lebenszeit ein Haus in der Neuen Gasse (Herrengasse), zwischen Josef Schwarzmann, Handelsmann und Uhrmacher Jakob Moraller gelegen, nebst dem dabei befindlichen Garten und Krautteil. Bestandsgeld: 170 Gulden, jährlicher Hauszins 8 Gulden. Als »Fürsprecher« werden genannt: der künftige Schwiegervater Joachim Kräutle, Munderkingen, und Karl Weitzmann (der Dichter!), »der Schwäbischen Landstände Kanzlist« in Ehingen.

Um dieselbe Zeit übergibt die Herrschaft den Hof des Johannes Kästle auf Lebenszeit, also als Fall-Lehen, an Josef Mack aus Groß-Laupheim. Von dem Bestandsgeld erhält einen Anteil der Freiherr von Welden, Groß-Laupheim, als der frühere Orts- und Leibherr. Der Rest geht an die Dischinger Herrschaft.

Etwas später erhält Josef Schilly als »Frauenzimmerschneider« das hiesige

Bürgerrecht und eine Wohnung »zwischen dem neuen Schulhaus und dem Haus des Baumeisters Paul Wolf gelegen«, das bisher von der Schlehen (?) bewohnt war, auf Lebenszeit. Bestandsgeld: 150 Gulden, Jahreszins 8 Gulden. Besondere Verpflichtung: Zuchthauswachen. Da noch ein zweiter Frauenzimmerschneider, Josef Schwarzmann, vorhanden ist, muß sich Schilly verpflichten, diesem nicht Kunden abzuwerben, sondern solche an Schwarzmann zurückzuverweisen, vor allem den Herrn Lizentiaten, den Registrator, den Apotheker Sontheimer, außerdem Standes- und Amtspersonen in Donaurieden (»Frau Gräfin«), in Ersingen (Herrn Pfarrer), in Erbach (Herrn Baron Ulm, Obervogt; Gräfin Wittib, Landvögtin).

Mitte Juli 1801 schließt leider das Protokollbuch. Die spätere Tätigkeit ist aus einzelnen, zufällig erhaltenen Urkunden zu Hofübernahmen usw. zu ersehen, so z. B. die im Wortlaut erhaltene Bestandsübernahme und Heiratsurkunde des obengenannten Eustach Ott, Sohn von Schultheiß Stefan Ott, vom 5. August 1807, die im Auszug folgt:

Reichsgräflich Schenk von Castellisches Oberamtsprotokoll:
Auf gehorsames Bitten des ledigen Bäckermeisters Eustach Ott haben sich des regierenden Reichsgrafen Excellenz entschlossen, demselben die neuerbaute Wohnung in der Neuen (Herren-)Gasse zwischen Ignaz Ampf und Josef Mikoda samt der Bäckergerechtigkeit in lebenslänglichem Bestand gegen einen Handlohn (Auffahrtsgeld) von 100 Gulden in Gnaden zu überlassen. Dagegen hat der neue Bestäander (Lehensmann) jährlich und jedesmal zu Martini Gnädiger Herrschaft zu bezahlen:
Hauszins 8 Gulden
Wegen Bäckerrecognition (= das Recht zu backen) 15 Gulden
Wegen dem aus der Tafferne (= Gaststätte) genommenen und ihm beigelegten
Backen 4 Gulden (offenbar war bisher in der Tafferne gebacken worden)
Diesem nächst erteilen hochgräfliche Herrschaft dem gedachten Eustach Ott auf dessen Leib und Leben die Begünstigung, Branntwein zu brennen und zu schänken, wofür er jährlich 10 Gulden zu bezahlen, jedoch nichts zu erledigen (bezahlen) haben soll, wenn er dieses unterläßt ... Gleichzeitig haben Hochselbe (Seine Excellenz, der Graf) zu entschließen, festzusetzen und für eine beständige Verbindlichkeit zu bestimmen geruht, daß bei dem Bestäander Eustach Ott als (wie) bei jedem andern in der Neuen Gasse eintretenden Professionisten (Berufstätigen) nach dessen erfolgendem Ableben die Wohnung samt der Professionsgerechtigkeit der hinbleibenden Witwe, welche, wenn sie dann noch in guten Jahren und heiratsfähig ist, wieder darauf heiraten könne, oder aber einem vorhandenen Kind, welches, wenn es männlich, die nämliche Profession des Vaters darauf forttreiben könne, wenn es aber weiblichen Geschlechtes sein sollte, ein in dieser Profession wohl unterrichtetes Subjekt heiraten müßte, wieder in lebenslänglichen Bestand überlassen, diese auch keinen höheren Bestand als von 100 Gulden zu erlegen angehalten werden soll ...
Ferner machen sich Hochgedacht Seine Excellenz weiterhin verbindlich, solange Hoch Sie leben, keinen weiteren Bäcker einzunehmen und sich etablieren (niederlassen) zu lassen.
Auf diese Bestandsübernahme gedenket demnach der mehrgedachte Eustach Ott, sich mit der ehr- und tugendsamen Jungfer Franziska Maggin von Achstetten in ein eheliches Verbündnis einzulassen und haben beide Teile in Beisprache nachstehender Gezeugen folgende Heiratspacta verabredet und festgesetzt als

1. bringet die Hochzeiterin zu einem wahren Heiratsgut bare und abzugsfreie 700 Gulden samt einer standesgemäßen Ausfertigung (= Aussteuer), welches
2. der Hochzeiter mit besitzenden 1400 Gulden dergestalt widerleget, daß das gegenwärtig zusammenbringende und künftig zu erringende Vermögen ein gemeinsam und eingeworfenes Gut sein und bleiben soll, und
3. ist wegen dem unbehinderten Sterbefall bedungen worden, daß, wenn die Hochzeiterin vor dem Hochzeiter ohne vorhandene Leibeserben mit Tod abgehen würde, alsdann der hinterbleibende Wittiber an der Abgelebten nächste Freunde (Verwandten) 700 Gulden nebst dem besten Einschlauf (Gewand) herausgeben müsse. Sollte aber der Hochzeiter auf solchen Fall und ohne lebende Leibeserben versterben, so müßte die zurückgelassene Witwe an dessen nächste Freundschaft 400 Gulden und den besten Einschlauf aushändigen.

Womit vorstehende Heiratspakte
ratifiziert, in vim (in Kraft gesetzter) Contractus (Vertrag) erhoben und von beiden Teilen sowohl als anwesenden Freunden und Gezeugen eigenhändig unterzeichnet worden sind.

Unterschriften: Josef Mack, Gerichtsammann (Amtmann); Konrad Eble, Wirt in Achstetten; Franz Ruß von Hüttisheim; Anton Egle von Achstetten; Johann Veit Linder von Gamerschwang; Libory Ott, Eustach Ott, Franziska Mackin

Extrahiert (ausgezogen), Oberdischingen, den 5. August 1807

Reichsgräfliches Siegel   Reichshochgräflich Schenk von
                                                                              Castellische Oberamtskanzlei

(Das Original dieser Urkunde befindet sich im Besitz des »Herrgaßbecks« in Oberdischingen.)

Mit Eustach Ott hatte die Herrschaft ihre liebe Not. Er war offenbar ein ganz schlechter Zahler. Wiederholt muß er gemahnt werden, das längst fällige Bestands-(Auffahrts-)Geld zu bezahlen. Da dies nie geschah, erhielt der Amtsdiener Peter Hilz den Auftrag, die »Execution« in der Weise vorzunehmen, daß von dem Bäcker jeden Tag 45 Kreuzer einzuziehen waren, bis Bestandsgeld und Executionsgebühr beglichen waren.

Die Gerichtsakten sind sehr interessant. Sie geben ein farbiges Bild von dem Leben in dem damaligen Oberdischingen, von dessen Alltag, von vorgefallenen Vergehen und deren Bestrafung, vor allem aber von den wichtigen Rechtshandlungen, wie sie das Leben mit sich brachte. Die Akten lassen erkennen, daß das gräfliche Gericht bemüht war, unvoreingenommen und gerecht zu handeln. So streng der Graf auch sein mochte, zu einer unrechtlichen Handlung hätte er sich nie hergegeben. Wohltuend ist es zu sehen, wie sich das Gericht der weichenden Alten und Pfründner(innen) annahm, wie deren Ansprüche genau festgelegt wurden, die sie sonst nicht so leicht durchgesetzt hätten, während sie als »dingliche Last« (rechtsgültige, einklagbare Verpflichtung) rechtlich völlig abgesichert sind. Die vielen Schiedssprüche lassen das Bemühen um gerechten Ausgleich und den Frieden in der Gemeinde erkennen. Anderseits fällt die geringe Rechtsfähigkeit der Bauern auf, so daß sogar ein Pferdehandel vor dem gräflichen Gericht protokolliert werden mußte. Das zeigt, wie unfrei die Untertanen in Wirklichkeit waren.

Der Graf als Ortsherr

Als Ortsherr vertritt er das Dorf nach außen, den Obrigkeiten, dem Reich gegenüber; umgekehrt wirkt die Obrigkeit durch den Dorfherrn auf die Gemeinde. Auch das Reich stellte Ansprüche an den Dorfherrn, die dieser auf die Gemeinde umlegte. Vom Reich her kamen Auflagen, die über den Staat, in diesem Fall Schwäbisch Vorderösterreich, auf den Ritterkanton Donau mit Sitz in Ehingen und über diesen den Ortsherrn zugeleitet wurden.

Im einzelnen bedeutet das: der Staat erhebt Steuern, er fordert Frondienste, gelegentlich auch Soldaten an.

Bei den Steuern handelt es sich sowohl um direkte wie indirekte. Die direkte war die sogenannte Bede, wörtlich Bitte, in Wirklichkeit eine eindeutige Forderung, mit der der Staat jedes Jahr aufwartete. Der Betrag, der schließlich auf den einzelnen zukam, war natürlich gering. Es gab aber auch Sondersteuern, sogenannte Schatzungen, im Kriegsfall oder als sogenannte Türkenhilfe, bei den langwierigen Kämpfen gegen die Türken bis zu den glänzenden Siegen des Prinzen Eugen eine lästige, immer wiederkehrende Angelegenheit. Gelegentlich mußte auch eine Abgabe in Naturalien, in Form von Korn und Haber und Stroh, zur Betreuung durchziehender Truppen geleistet werden.

Von der indirekten Steuer, dem sogenannten Un- oder Umgeld, die von Wein, Bier, Salz usw. erhoben wurde, war bereits die Rede. Der Mann, der sie einzog, hieß der Umgelter, eine Bezeichnung, die als Sippenname, etwa in Ulm, heute noch fortlebt. Sein Nachfolger war der Akziser.

Die Frondienste in Gestalt der Landesfronen galten dem Straßen- und dem Brückenbau. Die Straßen, so miserabel sie in jener Zeit waren, mußten unterhalten werden, ebenso die Brücken. Die Last fiel den örtlichen Stellen zu, und je nach den Umständen konnte diese recht empfindlich sein. Als z. B. im Frühjahr 1770 die junge Kaisertochter, Erzherzogin Maria Antoinette, sich auf den Weg von Wien nach Paris zu ihrem zukünftigen Gemahl, dem französischen Thronfolger und späteren König Ludwig XVI., begab, mußte die ganze Strecke von Wien bis an den Rhein neu gerichtet werden. Der Weg führte auch durch unser Gebiet, von Ulm her über Ehingen nach Marchtal weiter. Der Graf, an sich schon ein leidenschaftlicher Bauherr, erbot sich, die ganze Strecke, von Ulm bis Ehingen und darüber hinaus, herzurichten. Als dann am 1. Mai der prächtige Brautzug durch Oberdischingen zog, da durchfuhr er zunächst die schöne, allerdings noch recht junge Allee, die der Graf zu Ehren des hohen Gastes hatte pflanzen lassen. Er selbst hatte den Zug an der Oberdischinger Markungsgrenze empfangen und geleitete ihn bis zum Kloster (Ober-)Marchtal, wo die hohe Frau Quartier nahm.

Wie sehr unserm Grafen der Wegebau am Herzen lag, zeigt auch sein nachdrückliches Eintreten für den Bau einer festen, leistungsfähigen Straße von Blaubeuren über Ringingen, Dischingen, Laupheim nach Biberach. An sich ging der Plan vom württembergischen Oberamt in Blaubeuren aus. Der Graf begrüßte ihn sehr und setzte sich mit Feuereifer für ihn ein: »Ich biete meinesteils zur Realisierung des gemeinnützigen Planes beide Hände und Arme.«

Er wies auf die elende Beschaffenheit des bisherigen Weges nach Ringingen und Blaubeuren hin, auf den starken Verkehr durch Holzfuhrwerke und Mühlwagen und die Gefährdung der Fahrstraße von Ulm nach Oberdischingen bei eintretendem Hochwasser der Donau. Der Plan konnte nicht sogleich verwirklicht werden, hauptsächlich auf Betreiben der Gemeinde Ringingen, die »in Rücksicht auf ihren entnervten Gemeindezustand« — so der dortige Schultheiß — darum bat, die Chaussierung zu verschieben. Schließlich zerschlug er sich für die nächste Zeit ganz.

Nebenbei bemerkt führte der alte Weg nach Ringingen durch die »Holzgasse« an den ehemaligen »Krautländern« vorbei, ließ Hausbäuerles Garten links liegen und mündete bei der Sandgrube in den Wald ein. Von dort führte auch ein Reitweg nach Schelklingen, den der Graf oft genug benützte. Die jetzige gerade Straße nach Ringingen wurde erst nach dem Tode des Grafen angelegt.

Ausgesprochen unangenehm war die gelegentliche Auflage, Soldaten zu stellen. An sich wurde das Reichsheer auch noch in den Zeiten der Regierung Maria Theresias (1740—80) und ihres Sohnes Josefs II. (1780—90) durch Werbungen zusammengebracht. Da diese aber nicht immer ausreichten, erhielten die Stände und Kreise die Auflage, Kontingente in bestimmter Höhe zu stellen, wobei es sich selbst bei Reichsstädten und großen Klöstern jeweils um kleine Zahlen handelte. Der Heeresdienst war in jener Zeit überaus verhaßt. Die Dienstzeit war unbestimmt lang, Wundfieber und Seuchen, vor allem in Ungarn, dezimierten die Truppe über die Maßen. Wenn dann der langgediente Soldat wieder nach Hause kam, war er meist für einen bürgerlichen Beruf verdorben. Es lag auf der Hand, daß die Städte und Gemeinden nicht die tüchtigsten jungen Leute an das Militär abgaben, sondern Taugenichtse, Tagediebe usw., die man gerne los sein wollte. Daß man mit einem Heer aus derart buntscheckigen und in den Soldatenrock gepreßten Elementen Siege erringen konnte, erscheint geradezu als ein Wunder. Wie weit Oberdischingen betroffen wurde, ist aus den Akten, abgesehen von den bereits genannten Fällen des Anton Stetter und des Libor Ott, nicht zu entnehmen.

Es versteht sich von selbst, daß der Ortsherr für seine eben geschilderte Tätigkeit auch Abgaben einhob. Dazu gehörte vor allem das sogenannte Rauchhuhn, d. h. von jedem Rauch — gemeint ist der Herd und die Familie um ihn — mußte jährlich ein Huhn gereicht werden.

Der Malefizschenk als Bauherr

Bauen war die große Leidenschaft der Barockzeit. Auf seiten der Kirche wurden vor allem durch die großen Reichsabteien prachtvolle Münster erstellt, Abbilder der himmlischen Herrlichkeit, Stätten des beständigen Gotteslobs. Darin sollte insbesondere der Dank für die endgültig abgewendete Türkengefahr zum Ausdruck gebracht werden. Fürsten erstellten prächtige Schlösser als äußere Darstellung ihres Selbstbewußtseins und Machtgefühls. Selbst der

Dorfadel schuf sich mit seinen Schlössern und ländlichen Residenzen (Laupheim, Oberstadion, Wurzach, Wolfegg) zeitgemäße Herrensitze.
Auch der Malefizschenk machte davon keine Ausnahme. Dabei ging es ihm nicht etwa um ein neues, schöneres Schloß, sein Denken richtete sich vielmehr von Anfang an auf eine kleine Residenz als Sitz und Ausdruck seiner reichsgräflichen Herrlichkeit. Was ihm vorschwebte, hat er auch ausgeführt. Er hat sich eine Residenz und damit Oberdischingen das Gesicht gegeben, durch welches es sich fortan von allen Dörfern der Umgebung abhob. Er hat es zu »Klein-Paris« gemacht. Er hat dem alten alemannisch-schwäbischen Bauerndorf das Residenzviertel angefügt und das Bauerndorf in ein »Baurastädtle« (Heinrich Hansjakob) umgewandelt. Vor ihm war Oberdischingen ein Ort wie die andern auch, in keiner Weise von ihnen unterschieden oder sonstwie ausgezeichnet. Durch ihn wurde es, was es heute noch ist, und es gereicht der Gemeinde zur Ehre, daß sie sich dieses einmaligen Erbes bewußt ist und dieses in jeder Weise hegt und pflegt.
Was alles hat der Graf gebaut? Wir können die Linie klar verfolgen. Angefangen von der Kastanienallee mit der schönen Kreuzigungsgruppe schuf er die Herrengasse, an deren oberem Abschluß links die Kirche und rechts die Kanzlei mit der Fronfeste. Das anschließende Pfarrhaus stammt von seinem Vater und das heutige Schloß gegenüber, von dem allerdings nur noch ein kleiner Rest steht, von seinem Sohn. Bergan zur Linken den Kavaliersbau und die Häuser im Stil der Herrengasse, schließlich auf der Höhe das erweiterte »Käppele« mit dem Paterhaus und den Nebengebäuden, von denen das rechte leider dem Zahn der Zeit zum Opfer gefallen ist. Fürwahr eine stolze, achtunggebietende Leistung, der wir uns nun im einzelnen zuwenden wollen.

Die Kastanienallee

Wir hörten schon, daß diese im Jahre 1770 zu Ehren der Prinzessin Marie Antoinette errichtet wurde. Das sind jetzt gut 200 Jahre her, und heute steht sie wieder jung und kraftvoll da wie zu des Malefizschenks Zeiten. Nur die schöne spätbarocke Kreuzigungsgruppe mußte dem Verkehr weichen; sie ist jetzt, etwas ungünstig, vor allem zu eng, seitwärts aufgestellt. Auch sie geht natürlich auf den Malefizschenken zurück und wurde wohl gleichzeitig mit der Anlage der Allee angebracht. Am Ende der Allee tut sich der Blick auf einen ungewöhnlich breit angelegten, völlig undörflichen Straßenzug auf:

Die Herrengasse

Zur Zeit des Malefizschenken die »Neue Gasse« genannt. Die Bezeichnung »Herrengasse« kommt ihr mit Recht zu, weil der Schenk hier seine »Herren«, d. h. Arzt und Apotheker, Bauherrn, Gerichtsherrn und Verwalter, aber auch

seine »Professionisten« (Handwerker, Kaufleute und Gewerbetreibende) ansiedelte. Da stehen zu beiden Seiten je fünf stattliche, schmucke Häuser im Mansardenstil der Zeit. (Der Name geht auf Mansard, einen Baumeister Ludwigs XIV. zurück. Daher auch die Bezeichnung Mansarde für Dachkammer.) Das Wirtshaus zum »Löwen« mit dem Fäßchen über dem Portal und ihm gegenüber die Apotheke mit dem arabischen Gewürzhändler und seinen Ballen lassen die jeweilige Bestimmung des Hauses erkennen. Sie sind als markante Eingangspunkte durch ihre Größe und die stattlichen Portale besonders herausgehoben. Für die Zeit der Erbauung gibt uns die über dem Portal der Apotheke angebrachte Jahreszahl 1783 den erwünschten Aufschluß. Um diese Zeit begann auch der Malefizschenk mit der Gaunerbekämpfung im größeren Stil, dazu brauchte er die »Herren« und die »Professionisten«. Anhand alter Listen können wir noch feststellen, wer alles in der Herrengasse wohnte. Da ist vor allem einmal der Medicus Dr. Amann, Leibarzt des Grafen und der gräflichen Familie, der Chirurg Seelig, der Justizrat Jägerhuber als der Fachjurist des Grafen und seine Mitarbeiter, dann der Wirt vom »Löwen«, der Hofapotheker, der Schmied Strobel, der Wagner Schmid, der Uhrmacher Moraller, dazu Kauf- und Handelsleute. Alle diese Häuser wurden als Fall-Lehen ausgegeben. Ist die Herrengasse schon am Eingang ungewöhnlich breit, wozu auch die breiten Gehwege beitragen, so weitet sie sich noch der Dorfmitte zu, als ob sie in einen breiten Platz ausmünden wollte. Der alte Dorfbach, der einst hier herunterfloß, mußte der Herrengasse weichen. Er wurde um diese herum und hinter ihr entlanggeführt, um fortan die oberschlächtige Mahlmühle am Eingang der Allee zu treiben. Das erwies sich freilich später als ein echter Schwabenstreich; denn das Wasser für den Mühlgraben mußte gestaut werden, und dieser Stau wirkte sich am Ende derart ungünstig aus, daß die Häuser entlang dem Bach mit der Zeit ernsthaft gefährdet waren. Heute ist die Mühle abgelöst, der Bach verdolt und seinem alten Lauf folgend unterirdisch der Donau zugeführt. Damit ist die Gefahr für immer gebannt, die alte Herrengasse präsentiert sich heute stattlicher als je zuvor. Als Ganzes eine großzügige, klare Anlage, die ihresgleichen in Oberschwaben nicht hat.
An die Herrengasse schließt sich rechts die ehemalige Fronfeste an.

Die Fronfeste mit Kanzlei

Der stattliche dreiflügelige Bau mit geräumigem Innenhof hatte einst in den Räumen des Erdgeschosses die Häftlinge aufgenommen. Im ersten Stock wohnten die Angestellten und die Zuchtknechte. Außerdem befanden sich hier die Räume für die Kanzlei, die Verhöre usw. Rückwärts stießen der Fruchtkasten, die Stallungen, das Schweizerei- und Meiereigebäude an. Über der breiten Durchfahrt zum rückwärtigen Hof ist das Wappen der Familie angebracht.
Vom Giebel grüßt heute noch segnend die schöne Barockmadonna herunter.

Auch sie zeugt von dem künstlerischen Sinn des Mannes, der zu seinen Lebzeiten und später noch als blutrünstiger »Henkersgraf« verschrien war. So einfach und nüchtern das ganze Gebäude gehalten ist, so wirkt es doch durch seine schönen Maße und die klaren Formen. Als die Gauner im Jahre 1807 das Schloß des Grafen anzündeten, bezog dieser mehrere Räume im Obergeschoß des linken Flügels des Kanzleigebäudes. Hier starb er auch. Später zog dort der Leibarzt des Grafen Franz Joseph, Sohn und Nachfolger des Malefizschenken, ein, und bis zur Übernahme des Gutes durch die Steyler Missionsschwestern blieb dieser Teil des linken Flügels Arztwohnung. Die Häftlingsräume wurden nach Aufhebung der Strafanstalt in Stallungen umgewandelt.

Gegenüber dem ehemaligen Kanzleigebäude stand in dem geräumigen Park, genauer an dessen Ostseite, das gräfliche Schloß, das der Vater oder Großvater des Malefizschenken erbaut hatte. Es muß unmittelbar der Hof- und Pfarrkirche, die der Malefizschenk ab 1800 erbaute, gegenüber gestanden haben, denn dieser hatte am rechten Kreuzesarm derselben einen Eingang auf der Höhe der Empore vorgesehen; hier sollte ein überdachter Gang aus dem ersten Stock des Schlosses in die Kirche hinüberführen. Von dem Schloß hat sich weder eine Abbildung noch eine Beschreibung erhalten. Das sogenannte Mesnerhäuschen, einstige Behausung des Torwarts, läßt ebenfalls einen eindeutigen Schluß auf die ehemalige Lage des Schlosses zu. Es bestätigt die obige Annahme. Es behielt auch diese Funktion, als nach dem Brand des alten Schlosses 1807 durch Graf Franz Joseph das neue Schloß erstellt wurde, von dem seit dem Brand im Jahre 1969 nur noch der nördliche Teil steht.

Nun aber zu dem ebenso erstaunlichen Bauwerk des Malefizschenken, der klassizistischen

Schloß- und Dorfkirche

Als der Malefizschenk die Herrschaft antrat, besaß Oberdischingen eine kleine spätgotische Pfarrkirche (Baujahr 1448) mit einem einschiffigen Langhaus und einem gotischen Chor mit Strebepfeilern, wie wir aus erhaltenen Grundrissen wissen. Der Turm war vorne links an den Chor angefügt und neben ihm befand sich auch die Sakristei. Die Kirche hatte drei Altäre, wobei die beiden Seitenaltäre an der Stirnwand des Chores angebracht waren. Das herrschaftliche »Oratorium« (eine Art Betraum und Loge) nahm die rechte Chorseite ein. Die Kirche war für die damalige Gemeinde bereits etwas zu klein geworden. Sie war offensichtlich auch reparaturbedürftig, aber keineswegs baufällig. Sie stand dem Pfarrhaus gegenüber im späteren »Doktorsgarten«, inmitten des alten Friedhofs. Die Kirchen- bzw. Friedhofsmauer reichte weit in die heutige Straße, den Dorfbach entlang, hinein, so daß bei deren Erweiterung für die Durchfahrt des Brautzugs der Marie Antoinette die Mauer abgebrochen und zurückverlegt werden mußte.

Dieses alte kleine Kirchlein entsprach keineswegs dem Standesbewußtsein des

Grafen Franz Ludwig. Er wollte sie größer und schöner haben. So nahm er bereits zwei Jahre nach seinem Regierungsantritt (1766) Verhandlungen mit dem Architekten Franz Anton Bagnato, dem Sohn des berühmten Baumeisters Johann Kaspar Bagnato, der das Deutschordensschloß auf der Mainau erbaut hatte, auf. Der Graf dachte zunächst an einen Umbau, eine Erweiterung der Pfarrkirche. Aus dem Frühjahr 1767 liegt ein Vertrag (»Accord«) zwischen dem Grafen und Bagnato vor, in dem sich dieser verpflichtet:

1. das Langhaus zu erhöhen und dementsprechend auch die Fenster, ebenso den vorderen Giebel, die Fassade nach dem vorgelegten Riß umzubauen. Der Riß hat sich erhalten.
2. den Chor gleich dem Langhaus zu reparieren, ein neues Oratorium vom Fundament aus zu errichten und das Dach zu versorgen.
3. den Chorbogen so zu erweitern und zu erhöhen, daß vom Oratorium aus Langhaus und Chor eingesehen werden können.
4. den Plafond (Decke) mit Stuck zu versehen und den Dachstuhl zu erneuern.
5. den Turm zu erhöhen und entsprechend der Kirche anzustreichen.
6. die Zimmermannsarbeiten für die Kuppel gleich dem Dachstuhl des Langhauses und des Oratoriums anfertigen zu lassen.

Die Kosten für Maurer, Zimmerleute usw. sollten den Betrag von 1800 Gulden nicht übersteigen. Davon sollen 300 Gulden als Vorschuß gegeben und der Rest im Laufe der Arbeit abbezahlt werden.

Der Vertrag wurde von Bagnato am 8. März 1767 in Oberdischingen unterzeichnet. Gleich danach wies der Graf auch den Betrag von 300 Gulden an. Dann kam die Sache ins Stocken. Aus dem Jahre 1770 liegt ein Schreiben des »Balliers« Bagnatos aus Schloß Kirchberg vor, in dem dieser darauf hinweist, daß er wiederholt in Oberdischingen vorgesprochen habe, aber offenbar sei dort die Lust zu bauen vergangen. Das war in der Tat der Fall. Der Graf hatte das Interesse an dem Projekt verloren. Das beweist auch sein Schreiben an Bagnato aus dem Jahre 1770 mit der Bitte, die 300 Gulden wieder zurückzugeben. Offenbar war dem Grafen inzwischen der Gedanke gekommen, anstelle des Umbaus, der für ihn doch immer eine halbe Sache geblieben wäre, einen Neubau zu erstellen.

Was dann in den nächsten Jahren in Sachen Kirchenbau geschah, geht aus einer Aufstellung des Grafen aus dem Jahre 1812 hervor, in der er anführt:
1780 für ein auf dem Gottesacker bei der Kirche errichtetes Glockenhaus
    82 Gulden
1782 zwei Glocken samt Glockenstuhl 123 Gulden
1785 für Erneuerung der Totenkapelle auf dem Gottesacker 4026 Gulden
1800 Reparaturen an der Pfarrkirche 205 Gulden.

Über Verhandlungen, die der Graf in der Zwischenzeit mit Architekten pflog, ist aus den Akten nichts zu ersehen. Bagnato kam offenbar nicht mehr in Betracht. Eine neue Zeit war im Anbruch: die des Klassizismus, eines sehr strengen Baustils, der von Frankreich herüberkam und vor allem in Michel d'Ixnard, der die klassizistischen Kirchen in St. Blasien, die Stiftskirche in Buchau und die Stiftskirche in Hechingen erbaute, einen anerkannten Vertreter hatte. Daneben kämen noch die beiden Stuttgarter Hofbaumeister Thouret und de la Guépière als Architekten in Betracht. Früher wurde allgemein angenommen, daß die Kirche ein Werk d'Ixnards sei. Urkundliche Beweise dafür ließen sich allerdings nicht erbringen. Die Bauakten scheinen verlorengegangen zu sein, nirgends fanden sich bis jetzt Verträge, Abrechnungen und dgl. Auch in den langen Auseinandersetzungen zwischen der Pfarrgemeinde und der Gutsherrschaft fällt, soweit ich feststellen konnte, der Name des Architekten nicht. Nach allem kommt am ehesten wohl Thouret in Betracht, der Erbauer der Eberhardskirche in Stuttgart*).

Im einzelnen liegt aus dem Jahre 1774 der Entwurf eines Antwortschreibens an den Kanzleiverwalter der Diözese Konstanz vor, in dem der Graf erklärt, daß er die Gelder, welche durch die Nichtbesetzung der Pfarrei in den letzten Jahren erübrigt wurden, für den Kirchenbau zur Verfügung stellen werde, dazu noch von sich aus denselben Betrag. Offenbar waren bereits Verhandlungen mit der Diözese wegen Abbruch der alten und Erstellung einer neuen Kirche vorausgegangen. Die Diözese war aber gegen den Abbruch der noch durchaus brauchbaren Kirche und verlangte offenbar auch Garantien für die Finanzierung des Neubaus. In gleichem Sinn wurde der Frühmesser und gegenwärtige Pfarrverweser Delon angewiesen, festzustellen, wieviel von den »pfarrherrlichen Revenuen« (Einkommen) — durch die Nichtbesetzung der Pfarrstelle — in den letzten Jahren erübrigt worden sei. Dabei ergab sich offenbar ein Betrag von 1700 Gulden, die ebenfalls für den Kirchenbau verwendet werden sollten. Außerdem wollte der Graf das Stiftungsvermögen der Dreifaltigkeitskapelle heranziehen, ebenso Schuldbriefe, die auf den Namen des Grafen in Konstanz hinterlegt waren. Darauf gab das Ordinariat in Konstanz offenbar nach.

Einen entschiedenen Gegner hatte der Kirchenbau aber auch in der Person des ältesten Sohnes des Grafen, des nachmaligen Erben, Graf Franz Joseph. Der sah einen gewaltigen Schuldenberg auf sich zukommen, wie es dann auch wirklich geschah. Bereits im Jahre 1800, noch ehe der Bau in Angriff genommen war, wandte er sich hinter dem Rücken des Vaters an das Generalvikariat in Konstanz, um den Kirchenbau zu hintertreiben und machte dabei geltend:

1. die alte Pfarrkirche ist »zwar garstig und dem Ort nicht angemessen, aber sie ist nicht baufällig und kann mit ein paar tausend Gulden repariert werden«
2. der Vater baut schlecht (das traf zu!), mit ungebrannten Steinen, mit Letten statt mit Mörtel und mit grünem Holz
3. von den Lehensleuen ist keine freiwillige Mitwirkung — in Form von

---

*) Der »Franzose«, den Frühmesser Delon zum Ärger des Grafen zur Reparatur der gotischen Pfarrkirche heranziehen wollte, hieß nach konstanzischen Akten Joisan. Als Erbauer der neuen Kirche kommt nur Nikolaus Thouret in Betracht. Freundliche Mitteilung von Anton H. Konrad.

Gespann- und Handdiensten — zu erwarten, da diese sich »seit vier Jahren [1796!] in völligem Aufruhr wider meinen Vater befinden«
4. Wenn die Einkünfte aus der Pfarrei gut verwendet werden sollen, dann für die Verbesserung der Schule und den Bau eines neuen Schulhauses, weil das alte eingerissen wurde, ohne ersetzt zu werden.
5. soll die durch den Tod des Ortspfarrers erledigte Stelle wieder besetzt und der Kirchenbau bestenfalls erst dann zugelassen werden, wenn genügend Kapital vorhanden ist.

Der Brief gibt einen tiefen Einblick in verschiedener Hinsicht. Einmal wirft er ein Schlaglicht auf das Verhältnis von Vater und Sohn, wobei die Vernunft durchaus auf seiten des Sohnes liegt. Sicher hatte dieser wiederholt versucht, auf den Vater einzuwirken; aber durch wen hätte sich der Malefizschenk von einem einmal gefaßten Plan abbringen lassen? Zum zweiten läßt er auch die Mittel erkennen, mit denen der Graf arbeitete: er besetzt jahrelang die verwaiste Pfarrstelle nicht, läßt diese durch einen minderbesoldeten Hilfsgeistlichen versehen; die völlig unzulänglichen Schulverhältnisse kümmern ihn offensichtlich keinen Deut.

Auf jeden Fall: der Graf baute. Die Grundsteinlegung fand im Jahre 1800 statt. Aber der Bau ging wesentlich langsamer voran, als er gehofft hatte. Beim Tod des Grafen war erst der Rohbau fertig. Aus dem Jahre 1812 liegt ein sehr bedeutsamer Vertrag zwischen der Herrschaft und der Kirchenpflege Oberdischingen vor, der folgende Bestimmungen enthält:

1. Die gräfliche Herrschaft baut diese Kirche auf alleinige Kosten vollends aus.
2. Das Bauwesen wird binnen zwei Jahren vollkommen vollendet, so daß alle pfarrlichen Verrichtungen darin vorgenommen werden können.
3. Dafür wird der Herrschaft die bisherige Pfarrkirche zur »freyen Disposition« überlassen.
4. Damit sollen die Schulden der Herrschaft an die »Kirchenfabrik« (Kirchenpflege) in Höhe von insgesamt 12 630 Gulden getilgt sein.
5. Darauf verzichtet die Herrschaft auf alle Gegenforderungen an die Kirchenpflege in Höhe von etwas über 15 000 Gulden.
6. Die Herrschaft verpflichtet sich, »das Bauwesen der neuen Kirche auf private Kosten, auch äußerliche und innerliche Einrichtung, herzustellen und diese Verbindlichkeiten auf alle Teile als Altäre, Beichtstühle, Kanzel, Stühle, kurz auf alle Bedürfnisse auszudehnen«.
7. Alle Gerätschaften der alten Pfarrkirche, nichts ausgenommen, werden der neuen Kirche überlassen, nur das leere Gehäuse behält sich die Herrschaft als Eigentum vor.
8. Auf diese Weise geht die neue Kirche als reines Eigentum mit allen Gerätschaften an die Kirchenpflege über.
9. Verbindet sich die Herrschaft für sich und ihre Nachkommen, die überkommenen Verpflichtungen getreu zu erfüllen.

In der Tat, ein hochbedeutsamer Vertrag, der beiden Partnern Vorteile brachte. Zunächst der Pfarrgemeinde, die sich durch ihn einer teuren Renovation der alten Kirche enthoben sieht und als Gegengabe eine völlig neue Kirche erhält, aber auch dem Grafen, dem durch die Überlassung der alten Kirche und der damit verbundenen Auflassung des alten Friedhofs ein großes, für ihn sehr wertvolles Grundstück kostenlos zufällt. Im Grunde übernahm er ja nichts, was er nicht durch den Kirchenbau bereits übernommen hatte; er hätte ja auch die Kirche als rein gräfliche Hofkirche ausbauen und ausstatten müssen, und wenn die Kirche nach ihrer Fertigstellung an die Kirchenpflege übergeht, so übernimmt diese damit auch die künftigen Baulasten. Jeder Teil hatte also Grund, mit dem Vertrag zufrieden zu sein.

Nur einem sollte er noch viel Kopfzerbrechen machen, dem Erbgrafen Franz Joseph, dem die Oberdischinger nachher immer wieder die sehr eindeutig formulierten Verpflichtungen vorhielten, die der Graf für sich und seine Nachkommen eingegangen hatte. Nach dem Vertrag sollte die Kirche in zwei Jahren »vollkommen vollendet« sein. Das erwies sich sehr rasch als unmöglich, es fehlte dem Grafen ganz einfach am Geld. Seitdem ihm die Bekämpfung des Gaunerunwesens aus der Hand genommen war und die Fronfeste leerstand, fehlten auch die Einkünfte daraus. Aber abgesehen davon verschlechterten sich die finanziellen Verhältnisse des Grafen laufend, wie wir noch hören werden. Der Graf war, ganz allgemein gesagt, ein schlechter Rechner. Das Bedürfnis an Repräsentanz ließ alle Bedenken zurücktreten, er übernahm sich einfach. Beim Tod des Grafen (1821) war die Kuppel noch nicht vollendet, es fehlten noch die durchgehenden Emporen, die den Schwung der Kuppel noch einmal aufnehmen sollten. Es fehlte ferner noch die ganze Innenausstattung und dazu der Glockenturm — Anlaß genug zu langwierigen, unerquicklichen Auseinandersetzungen zwischen der Kirchengemeinde und der Herrschaft. Wir werden darauf zurückkommen.

Die Dreifaltigkeitskapelle mit dem Paterhaus

Diese haben eine lange Vorgeschichte, auf die wir weiter unten eingehen werden. Jedenfalls hatte schon der Großvater des Malefizschenken im Jahre 1713 eine kleine Wallfahrtskapelle erstellen lassen. Der Malefizschenk ließ diese, weil zu klein geworden, bis auf den Chor abreißen und das Schiff verbreitert wieder aufführen. Für die Betreuung der Gruftkapelle und der Wallfahrer erbaute er das Paterhaus mit den beiden Nebengebäuden.

Der Graf als Bekämpfer des Gaunerunwesens

Bis in die Napoleonische Zeit hinein war Oberschwaben in politischer Hinsicht ein recht buntscheckiges, »kleinkariertes« Gebilde. Reichsstädte, Reichsabteien, reichsritterschaftliche, gräfliche, fürstliche und vorderösterreichische Gebiete wechselten in bunter, rascher Folge ab; so buntgefärbt sah die politische Landkarte nirgends aus wie im Südwesten des alten Reiches. Diese Herrschaften hatten natürlich auch die Gerichtsbarkeit, neben der »Niederen« zumeist auch die »Hohe«, inne, Rechte, die sie eifersüchtig wahrten, ohne sie auch immer wirksam wahrzunehmen. Dies hatte naturgemäß ein hohes Maß von Rechtsunsicherheit zur Folge, so daß Oberschwaben mit der Zeit zum Eldorado, einem wahren Goldland für Spitzbuben jeder Art wurde. War die örtliche Polizei irgendeinem solchen Gauner auf den Fersen, so genügte oft genug ein Sprung über einen Graben, um sich der Verfolgung zu entziehen, und bis die Nachbarpolizei verständigt war, hatte sich der Kerl längst davongemacht. Selbst wenn er gefaßt wurde, kam er meist mit einer Tracht Prügel oder ein paar Tagen Arrest davon. Dann ließ man ihn wieder laufen, um keine weiteren Schereien und Unkosten mit ihm zu haben. Zudem boten die großen, fast undurchdringlichen Wälder dem Gesindel willkommenen Unterschlupf. Den Besitzern der Einödhöfe und abgelegenen Wirtshäusern aber drohten die Gauner, ihnen den »roten Hahn« aufs Dach zu setzen, und vielfach mußten die Bedrohten noch Hehlerdienste leisten. Selbst die Konfession kam den Spitzbuben noch zugute: die vielen Wallfahrtskapellen z. B. boten reichliche Gelegenheit zum Erbrechen der Opferstöcke, und die vielen Wallfahrten, bei denen Hunderte und Tausende von Gläubigen zusammenkamen, waren auch Festtage für Diebe, »Sacklanger« und Gauner aller Art.

Das Land seufzte unter dieser Plage. Wohl unterhielt der Schwäbische Kreis seit dem Jahre 1721 ein Zucht- und Arbeitshaus in Buchloe zwischen Mindelheim und Landsberg, ein zweites stand seit 1725 in Ravensburg, wo jeweils ein paar hundert Gauner festgesetzt und zum Arbeiten angehalten wurden; aber diese Anstalten waren ständig überfüllt und reichten in keiner Weise aus. Jahrzehnte später (1786) errichtete auch die Reichsstadt Ulm ein eigenes Zuchthaus. Aber das waren alles nur Tropfen auf den heißen Stein. Errechnete doch der Ludwigsburger Kranken- und Zuchthausgeistliche Schöll in seinem »Abriß des Gauner- und Bettlerwesens in Schwaben« (1793) die Zahl der Gauner auf mindestens 2726, rund 400 Kinder und etwa 170 in den Zuchthäusern Untergebrachte mit eingerechnet. Die verbleibenden über 2000 Gauner teilt er auf Grund der Angaben erfahrener Kriminalisten auf in 700 »stille Nachtdiebe«, beinahe ebensoviele »Felinger« (Quacksalber und andere Betrüger), 150 »Freischupper« (Falschspieler), 300 Marktdiebe, 100 Beutelschneider, 100 Falschmünzer, 50 »Kochmoren« (gewalttätige Einbrecher), 50 »Schrendefeger« (Stubenplünderer, die ihre Quartiergeber bestehlen) und 30 »Schrenzierer« (Einschleicher bei Tage). Die seltsam klingenden, fremdartigen Bezeichnungen entstammen dem sogenannten Rotwelsch, der Geheimsprache der Gauner, die aus hebräischen, slawischen und deutschen Brokken zusammengesetzt war. Das Wort »rot« selbst bedeutet Bettler. Auch der Ausdruck »Gauner« (schwäbisch Jauner) gehört diesem Rotwelsch an; es bedeutete ursprünglich Falschspieler, später ganz allgemein Bettler, Spitzbub.

Angesichts dieser Notlage erging im Jahre 1786 von Kaiser Josef II. der

Auftrag an den Ritterkanton Donau (Sitz in Ehingen), entweder ein eigenes Zuchthaus zu erstellen oder sich mit einer der bestehenden Anstalten zusammenzutun, da gerade in den Gebieten der Ritterschaft keine gute Ordnung und Polizei bestehe und zur Erhaltung der öffentlichen Sicherheit zu wenig mitgewirkt werde. Während der Beratungen hierüber im Direktorium des Kantons erbot sich im März 1787 der Reichsgraf Franz Ludwig Schenk von Castell zu Oberdischingen, der nachmalige »Malefizschenk«, bei entsprechender finanzieller Mithilfe des Kantons eine solche Anstalt einzurichten. Der Graf hatte, im Gegensatz zu den meisten seiner Standesgenossen, von Anfang an in seinem Herrschaftsgebiet auf strenge Zucht und Ordnung gehalten. Er hatte aus eigenem Antrieb Gauner, die sich in seinem Gebiet umtrieben, festnehmen lassen und der Untersuchung und Bestrafung zugeführt. Da sein Geschlecht seit langem im Besitz der Hohen Gerichtsbarkeit war, hatte er auch nicht gezögert, durch fachlich vorgebildete Juristen Todesurteile ausfertigen und nach Bestätigung durch die Juristische Fakultät der Universität Tübingen auch vollstrecken zu lassen. So ließ er im Juli 1788 die berüchtigte »Schwarze Lies«, die ihm einmal in Ludwigsburg eine Rolle Golddukaten abgenommen hatte, in Oberdischingen mit dem Schwert hinrichten. Das hat ihm später den Namen »Malefizschenk« eingetragen. (Die Hohe Gerichtsbarkeit hieß auch die malefizische, weil sie es mit malefici = Übeltätern, Verbrechern zu tun hatte.) Gegen entsprechende Zusicherungen kam am 5. Mai des Jahres ein Vertrag zwischen dem Ritterkanton Donau und dem Grafen zustande, in dem dieser sich verpflichtete, »alljährlich 40 Vaganten oder Bettler ... zu verpflegen«. Der Kanton verpflichtete sich seinerseits, jährlich 2400 Gulden beizusteuern und eine einmalige Beihilfe von 1500 Gulden zu leisten. Unter diesen Bedingungen versprach der Graf, das Zuchthaus auf eigene Rechnung zu erstellen und zu führen. Umgekehrt behielt sich der Kanton die Oberaufsicht und das Recht der Visitation vor. Außerdem wurde der Graf ermächtigt, weitere Gauner und Verbrecher, die ihm von Mitgliedern des Kantons überstellt wurden, gegen Entrichtung eines Satzes von 8 Kreuzern pro Tag und Person aufzunehmen. Der Vertrag war zunächst auf zwei Jahre befristet, er wurde wiederholt verlängert und schließlich im Jahre 1794 endgültig dahingehend festgelegt, daß für jeden Häftling wöchentlich 30 Kreuzer zu bezahlen seien, der Kanton außerdem jährlich 300 Gulden zuschieße, während der Graf für alles andere selbst aufkommen und die Verantwortung für alles selbst tragen müsse. Auf dieser Grundlage führte der Graf das Unternehmen bis zu dessen Aufhebung im Jahre 1808 durch.
Zweifellos brachte der Graf für diese seltsame Aufgabe die nötigen inneren und äußeren Voraussetzungen mit: eine hochgewachsene gebieterische Erscheinung mit mächtiger Hakennase, brandrotem Haar und einer Donnerstimme, die keinen Widerspruch duldete, ein Mann von einer ungemeinen Willensstärke, die ihm die Kraft gab, auf der einmal beschrittenen gefährlichen Bahn weiterzuschreiten, gepaart mit einem ausgesprochenen Sinn für Ordnung und Recht. Die ungewöhnliche, ihre Umgebung weithin überragende Persönlichkeit mochte das Außerordentliche eines solchen Auftrags

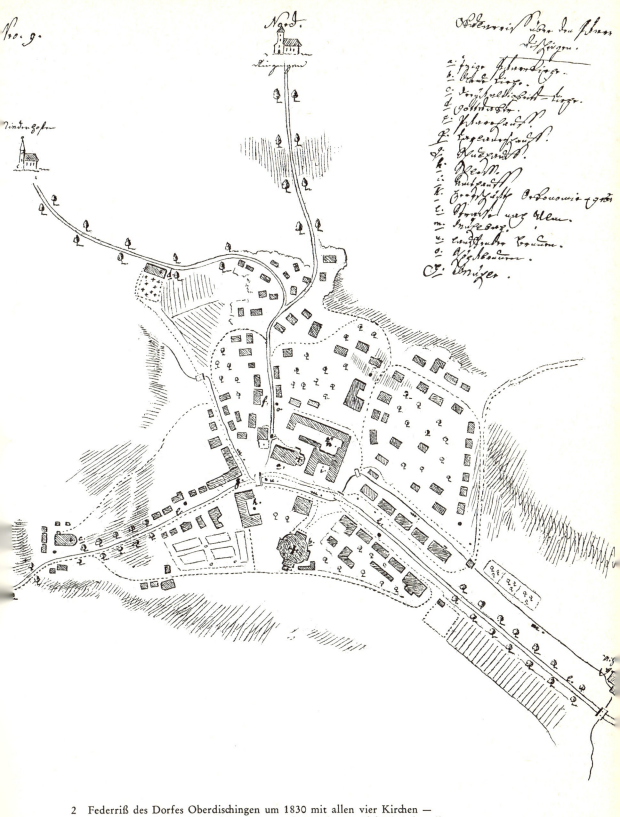

2 Federriß des Dorfes Oberdischingen um 1830 mit allen vier Kirchen —
Alte Pfarrkirche vor dem Abbruch, neue Pfarrkirche, Dreifaltigkeitskapelle
und ehemalige Friedhofkapelle am Weg nach Niederhofen

reizen. Eine barocke Herrennatur, voll Kraft und Selbstbewußtsein, Mut und Unerschrockenheit — so dürfen wir uns den Grafen nach den Schilderungen seiner Zeitgenossen und nach Ausweis seines Wirkens vorstellen.

Der Graf nimmt seine Tätigkeit auf

Ungesäumt ging der Graf ans Werk. Mit Hilfe eines Darlehens von 25 000 Gulden, die ihm der Kreis vorstreckte, erbaute er ein Zucht- und Arbeitshaus, wobei ihm die kurz zuvor in Ulm errichtete Anstalt in Anlage und Einrichtung als Vorbild diente. Grundsätzlich war die Anstalt als Zucht- und Arbeitshaus gedacht, d. h. sie sollte als Gefängnis und als Besserungsanstalt dienen. In erster Linie sollten umherziehende Bettler und Landstreicher sowie sonstige unerwünschte Elemente aufgehoben und zur Arbeit angehalten werden. Deren Verwahrung war als rein polizeiliche Maßnahme gedacht. Zum zweiten sollten wirkliche Verbrecher, die Straftaten begangen hatten, in Oberdischingen gerichtlich abgeurteilt und ihrer Strafe zugeführt werden. Es wurde also klar unterschieden — und dies kam auch in der Unterbringung zum Ausdruck — zwischen Häftlingen, die im Arbeitshaus, und Sträflingen, die im Zuchthaus der Strafvollstreckungsanstalt untergebracht waren. Zudem war auch für die eingelieferten, zur Verurteilung anstehenden Verbrecher ein besonderes Aufenthalts- und Kostgeld zu bezahlen. Auch die Kinder der Insassen wurden aufgenommen und in der Regel bis zum zehnten Lebensjahr behalten, dann sollten sie den zuständigen Herrschaften übergeben werden. Die Arbeit der Häftlinge bestand vor allem im Garn- und Wollespinnen. Daneben wurden die Männer auch zu andern Arbeiten, vor allem zum Haus- und Straßenbau, herangezogen.
Das Zucht- und Arbeitshaus erwies sich bald als zu klein. Es wurde, dem wachsenden Bedarf entsprechend, wiederholt umgebaut und immer wieder erweitert. Der heute noch bestehende Bau, »ein schönes, massives und reinlich angelegtes Haus«, war in Hufeisenform erstellt. Er enthielt nach einer Liste vom Jahre 1806:

6 große Stuben je für 18 Köpfe
2 kleinere Stuben für je 16 Köpfe
2 Stuben für die bessere Klasse der Verbrecher
3 Krankenzimmer
1 Stube für gesittetere Menschen-Klasse
3 Gefängnisse für geringere, und
8 Blockhäuser für schwere Kriminal-Verbrecher
1 eigene Kirche
1 große Küche
1 geräumiges Zimmer für den Verwalter, und für die Zuchtknechte
  (Aufseher) eigene Wohnungen
1 Wachtstube

Dazu kamen noch die Kanzleiräume für die Verwaltung und die Rechtsabteilung. Über Schlafräume für die Gefangenen ist nirgends etwas erwähnt. In der Regel schliefen diese in ihren Arbeits- und Wohnräumen. Dabei heißt es einmal, daß die besseren Gefangenen »bequemere und geheizte Wohnzimmer« hatten; den Gefangenen, die nur zur Verwahrung da waren, standen lichte Wohnzimmer, »reinlich gehalten und geheizt«, zur Verfügung.
Die Schwerverbrecher freilich wurden, den strengen Anschauungen der Zeit gemäß, in Ketten gelegt und an den Block gefesselt, zum mindesten, solange Fluchtgefahr bestand.
Die Verpflegung scheint im ganzen ordentlich gewesen zu sein, wenngleich sich die Gefangenen gelegentlich bei Visitationen darüber beschweren, daß das Essen nicht ausreichend oder schlecht zubereitet sei. Ein Küchenzettel aus dem Jahre 1796 führt an: »Sonntags zu Mittag Leberknödl oder Kuttel in saurer Brühe, nachts Brodsuppe«, an den Werktagen in der Hauptsache Suppen, einmal in der Woche Erbsensuppe oder Knöpfle mit Kraut. Außerdem bekam jeder Insasse in die Hand »täglich ein Pfund gut zwei Tag altes Roggenbrod«. An den Vierfesten gab es ein halbes Pfund Fleisch und eine halbe Maß Bier. Die Kinder bekamen eine »ihrem Alter angemessene Nahrung«.
Natürlich oblag der Anstaltsleitung auch die Sorge für die Kleidung und Wäsche der Gefangenen. So sollten diese wöchentlich ein frisches Hemd erhalten, was sicherlich nicht immer der Fall war. Aber wenn sie sich gelegentlich darüber beklagten, daß sie Läuse hätten, so mutet das bei den Landstreichern und Gaunern jener Zeit schon etwas merkwürdig an. Wie oft mögen diese wohl »in Freiheit« das Hemd gewechselt haben?! Für frische Luft und den vom Kanton aus angeordneten täglichen Spaziergang im Hof des Gefängnisses war hinlänglich gesorgt.
Besondere Sorgfalt wurde den Kranken zuteil. Das Zucht- und Arbeitshaus hatte anfangs ein, später drei Krankenzimmer. Für die Kranken war ein Arzt sowie ein Chirurg angestellt, ebenso war eine Apotheke vorhanden. Behandlung und Medikamente waren natürlich kostenlos.
Der seelischen und religiösen Betreuung diente eine eigene (katholische) Anstaltskapelle, der ein Franziskanerpater vorstand; die evangelischen Gefangenen wurden von dem benachbarten Ersingen, die Reformierten von Ulm aus betreut. Die im Gefängnis aufwachsenden Kinder erhielten ebenfalls ihren konfessionsgemäßen Religionsunterricht. Als Sohn der Aufklärung war der Graf in seinem Denken tolerant, ausgesprochen human. Das wird auch durch die Tatsache bestätigt, daß sich bei der Untersuchung im Jahre 1808 keiner der Gefangenen über schlechte, unangebrachte Behandlung beklagte. Wir wissen auch, daß er Milde walten ließ, wo sie ihm angebracht schien, und daß er des öfteren Begnadigungen aussprach. Selbst der Kinder der Häftlinge nahm er sich, oft über seine Verpflichtungen hinaus, an.
Das alles läßt die Person und das Handeln des Grafen in einem besseren Licht erscheinen, als es die Überlieferung wahrhaben möchte, die in ihm vor allem den Henkersgrafen sah. Wie es mit der juristischen Praxis aussah, soll der nächste Abschnitt darstellen.

Die richterliche Tätigkeit des Grafen

Seinen Namen und legendären Ruf dankt der Graf in erster Linie seiner »inquisitorischen«, d. h. richterlichen Tätigkeit. Durch sie hat er aber auch wahrhaft abschreckend und reinigend gewirkt und den Dank der Zeitgenossen verdient. Daß es mit dem Dingfestmachen und Einbehalten bei dem Gesindel nicht getan war, hatte man natürlich schon früh erkannt; im ganzen aber wurde, selbst in Buchloe und in Ravensburg, die Strafjustiz sehr lässig gehandhabt, von den einzelnen kleineren Herrschaften ganz abgesehen. Dazu bedurfte es einer starken Persönlichkeit, einer schonungslos zupackenden Hand. Dafür reichte auch nicht die »Passion« für die Gauner, die man dem Grafen nachgesagt hat, nein, bei diesem Herrenmenschen war vor allem auch ein starkes Rechtsgefühl am Werk, das von der Notwendigkeit einer straffen Handhabung der Justiz zugunsten der Mitmenschen durchdrungen war. An sich hatte der Ritterkanton zunächst nicht an ein Kriminalgericht gedacht; die kriminellen Fälle sollten den einzelnen Herrschaften selbst zur Aburteilung vorbehalten bleiben. Aber es stellte sich bald heraus, daß diese weder imstande noch willens waren, dieser Aufgabe nachzukommen, und so bildete sich rasch die Gepflogenheit heraus, die Übeltäter dem Gericht des Grafen zuzuführen, zumal sich dieser ohne weiteres dazu bereit erklärte. Er hatte es geradezu darauf angelegt, sein Oberdischingen zu einer Zentrale der Gaunerbekämpfung zu machen. Dies beweist auch der Umstand, daß er die Untersuchungen und Verhöre durch seine Beamten und Angestellten kostenlos durchführen ließ. Nur die Auslagen für die Einholung der schriftlichen Gutachten und die Durchführung des Strafvollzugs selbst, die sogenannten »Inquisitionskosten«, mußten von den zuständigen Herrschaften bestritten werden.

Für die Verhöre und die Erstellung der Gutachten besorgte er sich in dem Justitiar Jägerhuber, der Jus studiert hatte, einen zuverlässigen Fachmann, und in dem Registrator Merz einen geschickten Gehilfen. Mit der Zunahme der Geschäfte wurden noch ein Kriminalassessor, der allerdings nicht viel taugte, und ein Aktuar eingestellt. Damit waren die personellen Voraussetzungen für einen geordneten, einwandfreien Geschäftsbetrieb geschaffen.

Mit der Zeit aber begnügte sich der Graf nicht mehr mit der »Diebsware«, die ihm überstellt wurde; er sandte Häscher aus, die die Gebiete durchstreiften, in denen er auf Grund von Verträgen das Recht hatte, Diebe und Übeltäter zu ergreifen und nach Oberdischingen abzuführen. Um seinem Tun einen größeren Wirkungskreis zu geben, schloß der Graf mit den angrenzenden Herrschaften Einzelverträge in dem eben dargelegten Sinn ab, zunächst im Rahmen des Schwäbischen Kreises, später weit darüber hinaus bis in die Kantone der Schweiz hinein, so daß sich schließlich bei der Aufhebung der Anstalt ihr »Einzugsbereich« von der Reichsstadt Dinkelsbühl im Fränkischen bis nach Zürich unter Einbeziehung der Kantone Thurgau, St. Gallen, Schaffhausen, Appenzell und Glarus erstreckte. Diese bezahlten natürlich alle pro Kopf und Tag einen gewissen Betrag für die eingelieferten Sträflinge, was sich mit der Zeit für den Grafen selbstverständlich vorteilhaft auswirkte. Wer allerdings annimmt, daß dabei viel für ihn herausgekommen sei, der irrt sich. Die Jahresabrechnungen schlossen durchweg mit einem großen Defizit ab, und als sich die Verträge mit den besagten Schweizer Kantonen (ab 1804) auszuwirken begannen, da wurde ihm die weitere Führung der Anstalt jäh aus der Hand genommen.

Einstweilen aber durchzogen die Häscher des Grafen, als Jäger verkleidet, mit den Handschellen im Ranzen und den Ausweispapieren in der Tasche, das Land auf der Suche nach oder auf der Spur von ihnen gemeldeten Spitzbuben, nahmen die Überraschten fest, führten sie dem zuständigen Justizbeamten vor und zogen mit ihnen nach Oberdischingen ab. Am erfolgreichsten erwiesen sich dabei diejenigen, die der Graf selbst heranzog, meist begnadigte Gauner, unter ihnen der »Lauterbacher« und das »Bayreuterle«, beide nach ihrer Herkunft benannt; denn diese waren mit allen Schlichen der Gauner vertraut, verstanden sich auf deren Geheimsprache, das Rotwelsch, und auf die Zeichen (»Zinken«), die diese an Häusern und Bäumen anzubringen pflegten. Gelegentlich beteiligte sich der Graf selbst bei derartigen Unternehmungen, und von seinem Mut, seiner Geistesgegenwart wird heute noch erzählt.

Dabei war der Graf ständig in Verbindung mit dem Ritterkanton und den Behörden der angrenzenden Gebiete, die ihn auch immer wieder mit einschlägigen Hinweisen versorgten. Besonders ergiebig und fruchtbar aber war für ihn die Verbindung mit den zwei andern damaligen Hauptbekämpfern des Gaunerunwesens in Schwaben, dem württembergischen Oberamtmann *Schäffer* in Sulz und dem badischen Hofrat *Roth* in Emmendingen. Schäffer hatte sich bereits durch die Aufhebung der Bande des Zigeuners Jakob Reinhardt, gewöhnlich Hannikel genannt, einen Namen gemacht. Außerdem gab er im Laufe seiner Tätigkeit nicht weniger als vier Gaunerlisten heraus (1784, 1787, 1801, 1811) mit den »Signalements«, d. h. Charakterisierungen der einzelnen Gauner, die dadurch viel leichter gefaßt werden konnten. Roth legte im Jahre 1800 seine »Generaljaunerliste« vor, die nicht weniger als 3147 Köpfe umfaßte. Bereits das Jahr zuvor hatte der Malefizschenk seine Oberdischinger »Diebsliste« veröffentlicht, in der 1487 »Gauner, Mörder, Straßenräuber, Zigeuner, Markt-, Tag- und Nachtdieb« aufgeführt und beschrieben sind. Die Liste fand ob ihrer Sorgfalt auch die Anerkennung der Fachleute. Oberamtmann Schäffer veranlaßte die württembergische Regierung, von derselben 100 Stück zu bestellen und an die zuständigen Stellen zu verteilen.

Das Gerichtsverfahren

Die eingebrachten Gauner wurden sofort umständlichen Verhören unterzogen, die in der Regel Justitiar Jägerhuber durchführte, wobei der Graf selbst »den tätigsten Anteil« nahm. Um die Angaben der Gauner zu überprüfen, wurden umständliche, zeitraubende Rückfragen angestellt. Der Graf hielt darauf im Sinne der Gründlichkeit und der Menschlichkeit, wie er später zu seiner Verteidigung anführte: »denn wenn die Inquisiten (Angeklagten) torquiert (gefoltert) worden wären, so würde alles schleunigst herausgebracht worden sein«. Insgesamt wurden in der Zeit von 1789 bis 1804 rund 300 Kriminalprozesse durchgeführt. Unter diesen waren »200 schwere Kriminalverbrecher, Mörder, Diebe, Straßen- und Kirchenräuber etc., deren Untersuchung sich auf längere Zeit erstreckte und daher auch größere Kosten verursachte«.

Nach Feststellung der Vergehen und Verbrechen wurde das Urteil gefällt. Maßgebend hierfür waren die »Halsgerichtsordnung Kaiser Josefs II.« vom Jahre 1787, die gegenüber der bis dahin geltenden »Carolina«, d. h. der Halsgerichtsordnung Karls V., gewisse Erleichterungen im Sinne der Aufklärung enthielt, und — nach des Schenks Worten — die geltenden Reichsgesetze. Die Urteile lauteten bei schweren Verbrechen und Vergehen auf Zuchthausstrafen, häufig verbunden mit der »Stäupung« (Rutenhiebe) — und diese war damals als »Willkomm und Abschied« in den Zuchthäusern gang und gäbe — oder Brandmarkung (Einbrennung eines glühenden Eisens auf den Rücken, auf die Stirn oder auf die Wange) zur Erleichterung späterer Identifizierung, oder aber auf Todesstrafe. Die von Jägerhuber nach sorgfältiger Überprüfung auf Grund nachgewiesener Verbrechen ausgefertigten Todesurteile wurden in jedem Fall der Juristischen Fakultät der Universitäten Tübingen oder Freiburg vorgelegt, und erst wenn diese »als unparteiische Rechtsgelehrte« die Urteile rechtens fanden, auch vollstreckt. Der Graf griff in die eigentliche Rechtssprechung nur so weit ein, als er von seinem Begnadigungsrecht Gebrauch machte, und das hat er wiederholt getan.

Die Tatsache, daß der Graf in weitem Umkreis der einzige war, der Hinrichtungen durchführte, hat nicht bloß die Zeitgenossen, für die ein solcher Akt geradezu ein Volksfest war, sondern auch die Phantasie des Volkes in hohem Maße beschäftigt. Sie hat dem Grafen nicht nur den bekannten Übernamen eingebracht, sondern seine ganze Person in eine »Atmosphäre von Blut- und Brandgeruch« getaucht. Gewiß hatte der Graf ob seiner Kühnheit und Unerschütterlichkeit etwas Unheimliches an sich. Schauermärchen über ihn liefen in wachsender Zahl um, und auch die Oberdischinger, die ihn ja täglich sehen konnten, gingen ihm gern aus dem Weg. Selbst ein sonst so verständiger Mann wie Julius Ernst Günthert, der Herausgeber der »Erinnerungen eines Schwaben«, nämlich der des Malers J. B. Pflug aus Biberach, versteigt sich u. a. zu folgenden Behauptungen: »Kettengeklirr war seine Musik, und seine Feste wurden mit Galgen, Rad und Schwert gefeiert; mit Blut und Eisen waren seine Korrespondenzen geschrieben; die Diplome, die er ausfertigte, betrafen Scharfrichter, die das Meisterstücklein (Scharfrichterprüfung) gemacht hatten.« Dabei nennt er ihn an anderer Stelle »einen Herrn von Geist, Mut und beispielloser Energie«! Demgegenüber hat die Forschung auf Grund der Akten ernüchternd festgestellt, daß in den annähernd 20 Jahren der gerichtlichen Tätigkeit des Grafen etwa 40 Todesurteile vollstreckt wurden. Dabei hat der Graf nachträglich noch an die 20 Begnadigungen ausgesprochen.

In der Regel wurden die Hinrichtungen so vorgenommen, daß die Männer gehenkt und die Frauen enthauptet wurden. Als Scharfrichter wurde Xaver Vollmer aus Bach, später auch sein Sohn, herangezogen. (Die Vollmer waren ein weitverbreitetes Henkergeschlecht, von dem Mitglieder in Isny, in Pfullendorf, Hechingen und im Kaiserstuhl nachgewiesen wurden.) Natürlich erhielt der Scharfrichter auch eine Bezahlung. Einige Rechnungen hierüber haben sich erhalten. (Der Scharfrichter berechnete für das Hängen 14 Gulden 30 Kreuzer, das Köpfen 14 Gulden 39 Kreuzer.) Das Hochgericht, d. h. die Richtstätte mit dem Galgen und dem Richtblock, stand auf einer Anhöhe an dem alten Weg nach Donaurieden über die Höhe weg, die heute noch den Namen Galgenberg führt. Zur Erntezeit, wenn die Felder nicht betretbar waren, wurde der Galgen nach einer Mitteilung des genannten J. B. Pflug an der Straße nach Rißtissen aufgeschlagen. Zu den Hinrichtungen selbst kamen die Leute von nah und fern herbei, um das erregende Schauspiel zu sehen. Doch der Graf legte Wert darauf, daß die Hinrichtungen sorgfältig vorbereitet wurden, um einen raschen, reibungslosen Ablauf zu sichern.

Auch dem zum Tod Verurteilten wurde besondere Sorgfalt zugewandt. Schon drei Tage vor der Hinrichtung wurde er in einen besonderen Raum, das »Armsünderstüblein«, gebracht. Die letzte Nacht verbrachte er zusammen mit einem Geistlichen, der ihn auf den Tod vorbereitete. Nachdem er in der Morgenfrühe des Todestages die Henkersmahlzeit eingenommen hatte, wurde er vor den Richter geführt, der den Stab über ihn brach; dann wurde er in den Armsünderkarren gesetzt und in Begleitung von einem oder zwei Geistlichen zur Richtstätte gefahren. Ein Aufgebot von bewaffneten Knechten und Bauern ging voraus; sie hatten für Ordnung zu sorgen. Gelegentlich wohnte der Graf selbst den Hinrichtungen bei, er gab Anweisungen — so etwa, wenn er eine Begnadigung im Sinn hatte, oder aber, daß das »Ziehet, ziehet« nur unauffällig gesprochen werde. Bei näherem Hinsehen bleibt also von dem fühllosen Blutmenschen, als der er in der Überlieferung und teilweise auch in der Literatur erscheint, nicht allzuviel übrig.

Diesem Bild entspricht es, wie wir hörten, daß der Graf nachweislich 20 Begnadigungen aussprach, allerdings unter sehr eindringlichen Umständen. Er ließ diese ebenfalls zum Tod Verurteilten auf den Richtplatz fahren, sie mußten die Hinrichtungen mitansehen und alle Todesangst ausstehen, und erst in letzter Minute erfolgte die Begnadigung. Man hat dies später dem Grafen als Grausamkeit vorgeworfen. Er hielt dem entgegen, seine Strafjustiz wolle ja nicht nur vergelten, sondern auch bessern. Zum andern dürfe man nicht vergessen, daß es sich zumeist um hartgesottene Sünder und Sünderinnen handelte, denen man nur durch die eindringlichsten Maßnahmen beikommen konnte.

Die bereits genannte Zahl der Hinrichtungen ist bei der großen Anzahl der Fälle und der Strenge der damals geltenden Gesetze nicht sehr groß. Schrieb doch die »Peinliche Halsgerichtsordnung« vor, daß »einem jeden, der einen

gefährlichen Diebstahl verübt, die Strafe des Stranges« gebühre und daß auch »Weibern und Kindern, so das 18. Lebensjahr erreicht und solcher leichtfertiger Bande gefolgt, auch sich vom Rauben und Diebstahl ernährt, in Kürze der Prozeß zu machen und statt des Schwertes der Strang anzudiktieren sei«. Angesichts solcher Bestimmungen erscheint es als human und verdient Erwähnung, daß der Graf eine Erzdiebin wie die »Schwarze Lies« nicht aufknüpfen, sondern mit dem Schwert hinrichten ließ.
Damit wird das Wort vom »Henkersgrafen« und »Malefizschenken« auf das zutreffende Maß zurückgeführt. Es ist nichts mit den damals umgehenden und teilweise auch auf die Nachwelt gekommenen Gerüchten von den zahllosen Hinrichtungen und willkürlichen Todesurteilen. Damit zergeht auch das Wort vom »Blut- und Brandgeruch« in leeren Dunst, in die der Herausgeber der Erinnerungen des Malers J. B. Pflug die Gestalt des Grafen gehüllt hat. Von Pflug selbst stammen diese Worte gewiß nicht. Der kannte den Grafen persönlich, er hat ihn wahrscheinlich auch gemalt — eines der vom Grafen erhaltenen Bildnisse wird ihm zugeschrieben —, für ihn hatte der Name des Grafen einen »gewaltigen Klang bei Gerechten wie Ungerechten«.

Die Aufhebung des Zuchthauses und das Verfahren gegen den Grafen

Im Jahre 1806 war im Zuge der sogenannten Mediatisierung, d. h. der Unterstellung des bisher reichsunmittelbaren Adels, d. h. also Reichsfürsten, Reichsgrafen und Reichsfreiherrn unter die Landesherren, in unserm Fall unter den König von Württemberg, auch der Reichsgraf Franz Ludwig Schenk von Castell Untertan des neugebackenen Königs Friedrich I. geworden. Eine Maßnahme, die den Grafen als barocken Herrenmenschen außerordentlich sauer ankam. Der König selbst, eine ausgesprochene Herrschernatur, nahm dabei sehr wenig Rücksicht auf die Gefühle seiner ehemaligen Standesgenossen — diese waren ja auch im Reichstag vertreten gewesen —, er ließ diese im Gegenteil mit allem Nachdruck sein herrscherliches Selbst- und Machtbewußtsein verspüren. Naturgemäß nahmen die Betroffenen, auch der Graf, die Maßnahme nicht ohne Protest hin. Wie das Konzept eines aktenmäßigen Schreibens vermuten läßt, beabsichtigte der Graf, seinen beiden Söhnen Franz Josef und Kasimir, die damals in Paris weilten, Anweisung zu geben, gegen die vorgesehene Mediatisierung zu protestieren. Wenn es wirklich zu diesem Schritt kam, dann hat König Friedrich sicher davon erfahren, und seine Gesinnung dem Grafen gegenüber hat sich dadurch sicherlich nicht gebessert, wie dieser selbst zu seinem Schaden erfahren mußte.
Zwei Jahre darauf, im Frühjahr 1808, überraschte den Grafen, wie aus heiterem Himmel kommend, die Mitteilung aus Stuttgart, daß er sich ab sofort jeder weiteren Ausübung der Gerichtsbarkeit zu enthalten habe, daß seine Beamten ihres Dienstes enthoben seien und daß gegen ihn selbst ein Verfahren eröffnet werde, da »sich nur zu deutlich offenbaret, daß bei der Verwaltung der Criminal-Justiz zu Oberdischingen würklich schreiende Ungerech-

tigkeiten und über alle Begriffe gehende Unordnungen, Willkürlichkeiten und Verzögerungen vorgegangen«. In der Tat wurde die Anstalt aufgehoben, die Häftlinge aus der Schweiz in ihre Heimatkantone abgeschoben, die übrigen nach Ludwigsburg oder auf den Asperg gebracht.

Die Anordnung auf Aufhebung der Anstalt konnte den Grafen nicht überraschen, er mußte mit ihr rechnen. Im Zuge der Vereinheitlichung des Justizbetriebs war eine privat betriebene Strafanstalt, die zudem noch über die Staatsgrenzen hinausgriff, auf die Dauer undenkbar. Gleichwohl traf den Grafen die Aufhebung der Anstalt finanziell und ideell hart. Finanziell hatte sie eben angefangen, sich zu rentieren, vor allem auf Grund der noch in den letzten Jahren abgeschlossenen Verträge mit Schweizer Kantonen, und daß er statt der erwarteten Anerkennung für seine Leistungen im Dienste der Bekämpfung des Gaunerunwesens jetzt mit einer Untersuchung zu rechnen hatte, das ging ihm an die Ehre. Die erhobenen Anklagen gingen wohl auf die Denunziationen des vom Grafen entlassenen Justizassessors Arnold zurück, mit dem der Graf nicht zufrieden war, zumal er sich geweigert hatte, ihn der württembergischen Regierung zu empfehlen. Seitdem machte dieser seinem Ärger in unablässigen Anschwärzungen des Grafen bei allen möglichen Stellen, auch bei der württembergischen Regierung, Luft. Da der König über den Grafen sowieso verärgert war, griff er die Anschuldigungen sicher bereitwillig auf.

Die Vorwürfe der Regierung besagten einmal, er habe die »Inquisitionen« (Verhöre) durch übertriebene und zwecklose Weitläufigkeit allzusehr ausgedehnt und die »Inquisiten« (Angeklagten) jahrelang im Gefängnis, ja in »unmenschlichen Blockhäusern« schmachten lassen. Zum zweiten betrafen sie die angeblich »unmenschliche Behandlung und Versagung der rechtlichen Defension« (Verteidigung) bei geringen Vergehen, ja daß er gelegentlich Fakultäts-Gutachten, die sich gegen die Todesstrafe aussprachen, mit der Bitte um Verschärfung zurückgesandt habe und »je und je Strafen erhöht und bedeutende Schärfung mit der Todesangst« angewandt habe. Der dritte Anklagepunkt warf dem Grafen vor, daß er seine Jurisdiktion über die Landesgrenzen hinaus ausgedehnt habe, ja sogar, bereits unter württembergischer Oberhoheit stehend, Verträge mit fremden Staatsbehörden — gemeint sind die Schweizer Kantone — abgeschlossen und sich damit »gegen alle bestehenden Ordnungen« vergangen habe.

Der Graf wies die Anschuldigungen Punkt für Punkt zurück. Er wies nach, daß er stets nach Recht und Billigkeit gehandelt habe. Daß Angeklagte oft lange im Gefängnis festgehalten wurden, begründete er damit, daß die für ein gerechtes Urteil nötigen Erhebungen oft lange Zeit in Anspruch genommen hätten. Er anerkannte, daß er mitunter für Verschärfung von Urteilen eingetreten sei, aber nur deswegen, weil sich in der Zwischenzeit neue Tatbestände ergeben hätten, die ein neues Strafmaß notwendig machten. Das alles traf auch zweifellos zu. Selbst die Gefangenen, die verhört wurden und die gegen den Grafen aussagen sollten, erhoben keinerlei Klagen wegen ungebührlicher, allzu harter oder ungerechter Behandlung.

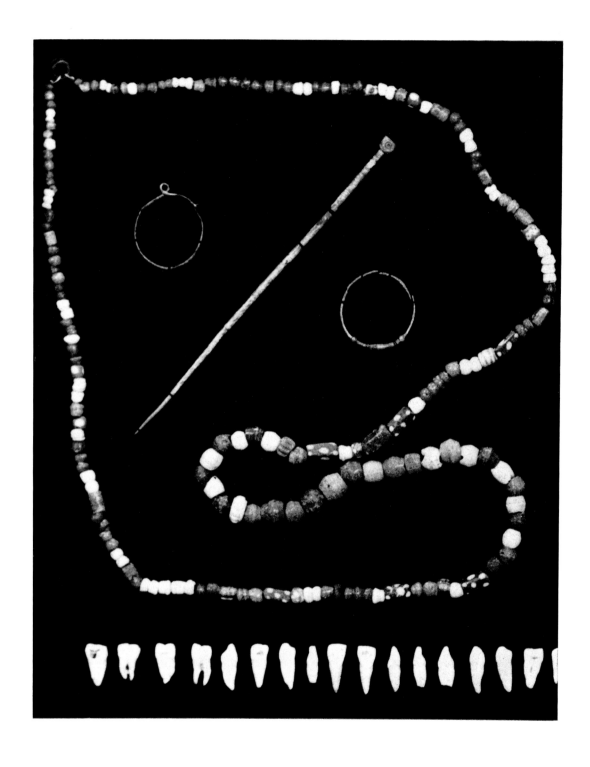

3 Alamannenfund auf dem Gewann Schießmauer: Pfriem, Ohrringe,
  Halskette aus gefärbten Kunststeinen (im Schulhaus Oberdischingen)

Farbtafel 3 und Abbildung 4
Franz Ludwig Schenk von Castell (1736—1821), der »Malefizschenk«,
und seine Gemahlin Philippine von Hutten zu Stolzenberg

5—6 Wappen der Schenk von Castell, der Ortsherren von 1661 bis 1851, mit Allianzwappen v. Welden (links) am Kanzleibau, gegenüber der Kirche mit altem Mesnerhäuslein

7—8 Kanzleibau mit drei Flügeln, von Bagnato erbaut, aufgenommen um 1930

9 Die Herrengasse im Jahr 1905, nach einer Lichtdruckpostkarte
10 Überschwemmung der Herrengasse: Hochwasser des Dorfbaches am 20. Juli 1955
11 Das nach dem Brand von 1807 zweiflüglig bescheiden wiederaufgebaute Schloß
12 Das Schloß kurz nach dem Brand vom 25. Juni 1969. Der Nordflügel (rechts) wurde wiederaufgebaut

13
Kreuzigungsgruppe
am Eingang der Allee
bei der Bundesstraße 28,
erstellt um 1780/90

14
An der Straße zum ehemaligen
Galgenberg stehen bäuerliche
Anwesen aus der Zeit des großen
Bauherrn Franz Ludwig Schenk
von Castell

15 Die markantesten Bauten am Eingang der Herrengasse von Osten:
Gasthof »Löwen«, gegenüber die Apotheke mit alter Warenhandlung

16
Aus Alt-Oberdischingen:
Drei Töchter von Dr. Munding
vor dem ehemaligen artesischen
Brunnen mit Wasserrondell,
im Hintergrund der abgebrochene
Widdumhof neben dem Pfarrhaus

17
Alter Dorfbach, der einst hinter
der linken (nördlichen) Häuserzeile der Herrengasse der Mühle
zugeführt wurde. In der
Verlängerung ist bereits das
neue, unterirdisch angelegte
Bachbett im Entstehen

18
Pfarrhaus, um 1730 unter
Marquard Willibald Schenk
von Castell als nobler
Barockbau erstellt

19
Das noch vom Malefizschenken
erstellte Schulhaus an der
Einmündung der Kapellen-
straße, später Lehrerwohnung,
rechts daneben das Schulhaus
von 1851

20 Allee mit Blick zur Herrengasse
21 Heutiges Altenheim der Steyler Missionsschwestern, links Teil des ehemaligen Schlosses, rechts an der Kapellenstraße der »Neue Bau«, die Verbindungstrakte sind neu
22 Neu erbaute Grund- und Hauptschule

OCCIDENS

TiSchingen.

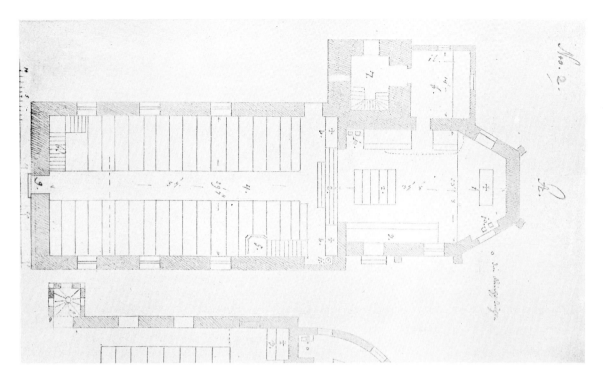

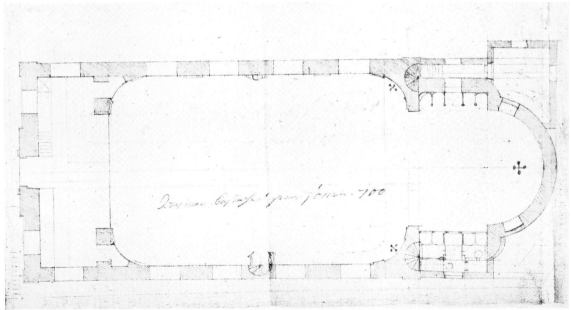

23 Oberdischingen mit gotischer Pfarrkirche und altem Schloß, einem Winkelhakenbau der Renaissance, mit Wellenrandgiebel (?), 16. Jahrhundert, auf einer Jurisdiktionskarte von 1772 (Hauptstaatsarchiv Stuttgart bzw. Schloßarchiv Erbach)
24 Grundriß der gotischen Pfarrkirche von 1484
25 Das Kirchenprojekt von Franz Anton Bagnato von 1767

26—27 Das antike Pantheon in Rom mit kassettiertem Kuppelraum, erbaut als römischer Tempel, wohl seit dem 7. Jahrhundert in eine christliche Kirche umgewandelt

28 Neue Pfarrkirche mit Glockenstuhl, um 1830. Plan im Hauptstaatsarchiv Stuttgart

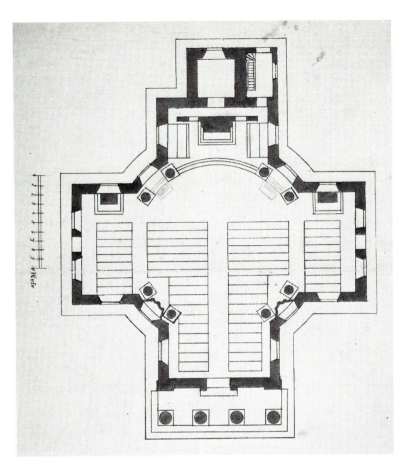

29
Grundriß der neuen Pfarrkirche:
ein griechisches Kreuz
mit gleichlangen Kreuzarmen.
Zeichnung von 1907

31 (Bild rechts)
Kirchplatz mit Friedenslinde
von 1872,
Aufnahme um 1930/40

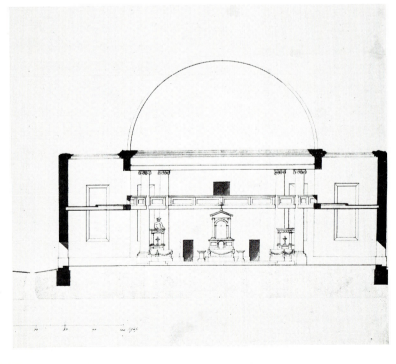

30
Schnitt durch die neue
Pfarrkirche, um 1830,
mit Planung für die Fertigstellung der Inneneinrichtung

32—34 Innenraum der Pfarrkirche im Wandel der Zeit:
Ursprüngliche Gestalt mit geschwungener Chorempore, bis 1907 (links oben),
Chor nach der Renovierung unter Pfarrer Gutmann, mit den nunmehr an der
Altarwand aufgestellten spätgotischen Reliefs (links unten) und (Bild oben)
Erneuerung unter Pfarrer Übelhör, Aufnahme von 1969

35—36 Die aus Blaubeuren stammenden spätgotischen Steinreliefs von Meister
»ando« (Anton) an der Altarwand. Aufnahmen von 1969

37 Dreifaltigkeitskapelle. Fassade von 1795. Aufnahme von 1969

38
Das Paterhaus von 1794

39
»Einsiedler Muttergottes«. Kopie des Gnadenbilds (Dreifaltigkeitskapelle)

40
Hl. Franz Xaver ehemals in einer Kapelle an der Kapellenstraße, jetzt in Laupheim

41—42
Dreifaltigkeitskapelle. Aufnahmen von 19

43—44
Heinrich Joseph Peter Xaver Willibald Freiherr
Rassler von Gamerschwang (1761—1808) und seine
Gemahlin Franziska, geborene Gräfin Schenk
von Castell (1764—1789), einer Tochter des
Malefizschenken. Bildnisse auf Schloß Weitenburg

45
Franz Joseph Reichsgraf Schenk von Castell
(1767—1845), Herr auf Dischingen seit 1821,
im Ordensschmuck. Lithographie aus einem
Ordenskalender

46 (Bild rechts)
Franz Joseph Reichsgraf von Castell (wie Abb. 45),
württembergischer Gesandter in St. Petersburg.
Bildnis, am Fenster seines Schlosses stehend,
mit Blick auf Schloßgarten mit artesischem Brunnen
und die Oberdischinger Kuppelkirche mit Glockenstuhl.
Gemälde von A. Schelver 1843. Schloß Weitenburg
bei Horb

CUM FRANCISCO LUDOVICO
HIC SEPULTI SUNT

MARQUARDUS WILLIBALDUS ANTONIUS
COMES SCHENK DE CASTELL + 1724
JOANNES BAPT. UDALRICUS GREISSLE
CAPELLANUS + 1765
ADALBERTUS JOAN. NEP. JOS. MARIA
COMES SCHENK DE CASTELL + 1773
PHILIPPINA
COMITISSA SCHENK DE CASTELL + 1790
PHILIPPUS ANTONIUS
COMES SCHENK DE CASTELL + 1811
PAROCHUS OBERDISCHINGENSIS
PHILIPPINA
COMITISSA SCHENK DE CASTELL + 1813
NATA BARONISSA HUTTEN DE STOLZENBERG

IUS ET OMNIBUS IN SPE RESURRECTIONIS
MORTUIS DET DEUS VITAM AETERNAM SICUT
DOMINUS NOSTER JESUS CHRISTUS DIXIT:
"EGO VENI UT VITAM HABEANT"
NOS CUM PROLE PIA BENEDICAT
VIRGO MARIA

der Vater

Herr **Friedrich Kaulla**

Rittergutsbesitzer,
Ritter des Kgl. württ. Kronordens, des Kgl. preuss.
Kronordens, des Kgl. württ. Olga-Ordens, Inhaber der Kriegsdenkmünze für Nichtkombattanten
u. der silbernen Jubiläums Medaille.
geb. d. 22. Sept. 1807. gest. d. 6. Januar 1895.

der Sohn

Herr **Herrmann Michael Kaulla**

geb. zu Stuttgart d. 28 Septbr. 1845 gest. zu Meran (Tyrol)
d. 16 März 1882.
Er lebte seinem Berufe als Mitbesitzer der Herrschaft
Oberdischingen, nachdem er im Jahre 1870 den Feldzug
gegen Frankreich als Dragoner Fähnrich freiwillig mitgemacht und sich d. 28 October 1880 vermählte

52 Ruhestätte der Familie Kaulla auf dem Friedhof von Oberdischingen. Abbruch durch die Gemeinde 1976
53 Friedrich Kaulla inmitten einer Gruppe von Soldaten seines Oberdischinger Genesungsheims, 1870/71

Seite gegenüber
47—48 »Mortuarium«. Das Gruftgewölbe der Schenken von Castell unter dem Chor der Dreifaltigkeitskapelle. Neugestaltung 1969
49—51 Grabplatten und Trauernde von der Kaulla-Grabstätte

54
Schrank des Franz Xaver Vollmer, Scharfrichters von Oberdischingen, 1799, im Besitz der Gemeinde

55—58 (Bilder rechts)
Oberdischinger Persönlichkeiten: Dr. Rupert Amann, Arzt am Zuchthaus und an der Erziehungsanstalt des Malefizschenken — Josef Karlmann Brechenmacher —
Toni Munding, Mitarbeiterin am Heimatbuch, Foto von 1937 — Dr. Adolf Munding, ihr Vater, Landarzt in Oberdischingen, Foto 1914 aufgenommen von Dr. A. Mendler, Ulm

59 Lehrer Rupert Brechenmacher mit Sängergruppe um 1890. Oben, von links stehend: Brechenmacher (ehem. Laden obere Ecke Herrengasse links) — Schröfel, Kaminfeger — Freudenreich, Hafner — Gapp, Zimmermann — Fischer, Wagner — Volz, Sattler — Eh, Maler. Unten, sitzend von rechts: Gauch, Schmied — Josef Braun — Friedrich von Kaulla, Gutsbesitzer — Rupert Brechenmacher — unbekannt — Kleiner, Käppeleswirt (außen). Die beiden auf Schemeln sitzenden Männer sind nicht mehr identifizierbar

60 Der Liederkranz Oberdischingen bei einer Faschingsfeier 1913

61 Schwester Luise (rechts) und Schwester Marie, von der Kinderschule St. Gebhard
62 Weltkrieg 1939—1945: Grab eines unbekannten Soldaten von 1945
63 Ruhestätte der Familie Renz auf dem Oberdischinger Friedhof
64 Bildhauer Josef Konrad aus Reicholzried († 6. Februar 1963) legt letzte Hand an seine für Christmarienau geschaffene Skulptur der Muttergottes von La Salette

65 Gefallene der Gemeinde
    Oberdischingen 1939–1945

Am schwersten wog sicherlich der dritte Punkt der Anklage, der Vorwurf des Verstoßes gegen die Souveränität des Königs. Der Graf versuchte diesen mit dem Hinweis zu entkräften, daß »die königlichen Souveränitätsverhältnisse noch nicht so lang her und gegenwärtig noch nicht so genau bestimmt seien«. »Wie hätte ich wissen können, was ich, ohne anzufragen, zu tun berechtigt gewesen wäre!« In den Ohren der Stuttgarter Herren klang das natürlich ausgesprochen schlecht. Auch lag für diese der Verdacht nahe, daß der Graf bei diesen Abschlüssen den finanziellen Vorteil zu sehr im Auge gehabt habe, denn die Kantone zahlten gut und zuverlässig.

Das Verfahren zog sich über Jahre hin, zweifellos von der württembergischen Seite kleinlich und gehässig gehandhabt, zumal sich der Verleumder Arnold inzwischen als ein unzuverlässiges, minderwertiges Subjekt erwiesen hatte. Der Prozeß endigte damit, daß der Graf zur Zahlung der Kosten verurteilt und damit indirekt schuldig gesprochen wurde. Es ging ihm nicht so sehr um die Kosten des Verfahrens, etwas über 300 Gulden, er sah darin vor allem einen Angriff auf seine Ehre, und so versuchte er immer wieder, die Aufhebung des Urteils zu erwirken. Vergeblich. Noch als 80jähriger Greis richtete er ein letztes Bittgesuch an den König, das mit dem Satz schließt: »Sire, um diese einzige, der Gerechtigkeit so nahe verwandte Gnade bittet Euer Majestät ein Greis, der an seine noch wenigen Lebensjahre keinen höheren Werth setzt, als nicht abgewürdigt bei seinen Nachkommen zu erscheinen.« Umsonst. Der Graf erhielt keine Antwort. Es blieb also bei der Entscheidung vom Jahre 1810. Mit Bitterkeit im Herzen ließ sich der Tiefgekränkte im Jahre 1817 herbei, den Kostenbetrag an die Regierungskasse einzuzahlen.

Würdigung der Tätigkeit des Malefizschenken

Ein bitteres Gefühl muß jeden überkommen, der sich mit diesem, den Grafen mit Recht kränkenden Ausgang eines so bedeutenden und verdienstvollen Unternehmens befaßt. Niemand wird sagen können, daß der König und seine Räte sich vorurteilsfrei und sachlich einwandfrei dem Grafen gegenüber verhalten hätten. Auch sie mußten ja sehen und anerkennen, daß hier ein Mann am Werke war, der mit Kraft und Umsicht einer unerträglichen Rechtsunsicherheit gesteuert, gewichtige finanzielle Opfer auf sich genommen und sich damit ein wirkliches Verdienst um die Landschaft erworben hatte. Das kommt auch im Urteil der Zeitgenossen mannigfach zum Ausdruck. Schon daß das Diebsgesindel im Grafen seinen Todfeind sah und einen immer weiteren Bogen um Oberdischingen herum machte, beweist, daß der Graf als einer von ganz wenigen wirklich durchgriff und daß von ihm kein unangebrachter Pardon zu erwarten war.

Es liegen aber auch eindeutige schriftliche Aussagen vor. So schreibt u. a. einmal die »Schwäbische Chronik«:

»Der Graf gibt sich alle Mühe und spart keine Kosten, von dieser Landplage sein und seiner Nachbarn Gebiet zu reinigen. Nur schade, daß nicht alle Herrschaften um ihn herum sich um die menschliche Gesellschaft gleiches Verdienst erwerben und daß die Untertanen aus unzeitiger Gutherzigkeit oder aus übertriebener Furcht diesem Gesindel wochenweisen Aufenthalt in ihren Häusern geben, und sie wider die ernsten Untersuchungen zu schützen und zu verbergen suchen.«

Geradezu eine Rühmung der Tätigkeit des Grafen stellt ein Artikel in derselben Zeitung aus dem Jahre 1791 dar, wo es u. a. heißt:

»Bei meiner Reise durch Oberschwaben kam ich auch nach Oberdischingen ... wo ich mir u. a. auch das vor einigen Jahren neuerrichtete Zuchthaus zeigen ließ. Die gute Ordnung, menschliche Behandlung der Gefangenen, Reinlichkeit und pünktliche Aufsicht, welche ich darin fand, erregte meine volle Bewunderung und Zufriedenheit. Jeder wird, glaube ich, mit mir das unparteiische Zeugnis geben, daß sich diese Anstalt vor vielen anderen auszeichnet ... An mehreren Orten konnte man mir nicht genug anpreisen, welchen Dank das Publikum in Oberschwaben der Errichtung dieses Zuchthauses schuldig sei.«

Selbst aus dem fernen Kulmbach am Main läßt sich unter dem 3. März 1795 eine Stimme vernehmen. Dort heißt es (in dem handschriftlichen »Auszug aus den Criminal Justiz Anzeigen«):

»In Briefen aus Schwaben werden des Herrn Reichsgrafen Ludwig Schenk von Castell außerordentlichste Verdienste um die Erhaltung der öffentlichen Sicherheit der dortigen Gegend ungemein gerühmt und versichert, daß, wenn dessen **Zuchthaus** nicht wäre, man bei Ulm herum, an der Donau, Iller usw. nie sicher auf der Straße gehen könnte.«

Von besonderem Gewicht sind natürlich die Urteile und Meinungen von Männern, die gleich dem Grafen ihre Kraft und Zeit der Bekämpfung des Gaunerunwesens widmeten, so des bereits erwähnten Oberamtmanns Schäffer in Sulz und des ebenfalls bereits genannten Hofrats Roth in Emmendingen. Letzterer spricht anerkennend von dem »sich vor so vielen anderen Obrigkeiten so sehr auszeichnenden Hochgräflich Schenk von Castellischem Oberamt zu Oberdischingen« und gibt wiederholt seiner Befriedigung über die Oberdischinger Strafgerichtsbarkeit Ausdruck. Von Schäffer liegen, neben gelegentlichen anerkennenden Erwähnungen der Oberdischinger Strafanstalt, Teile eines umfänglichen Briefverkehrs vor, in denen der Schreiber nicht nur seine Anerkennung bekundet, sondern dem Wirken und der Person des Grafen geradezu Bewunderung zollt. Ein Brief von ihm vom 20. Dezember 1795 schließt — im Zusammenhang mit der Ergreifung eines langgesuchten Diebs und Erzbetrügers durch den Grafen — mit dem Glückwunsch:

»Gott erhalte Eure Hochgräfliche Excellenz im neuen Jahr und noch viele folgende beim besten hohen Wohl, er segne immer Hochdero rühmliche Unternehmungen vor (für) die allgemeine Sicherheit ... Mit größter Veneration (Verehrung) harrend ...
Georg Jakob Schäffer«

Auch aus späterer Zeit liegen derartige Äußerungen Schäffers, des energischsten Gaunerbekämpfers neben dem Grafen, vor.

In der Tat: je mehr man sich mit der Person und der juristischen Tätigkeit des Grafen befaßt, um so fragwürdiger wird das Bild, das sich gerade auch in dessen Heimat gebildet und erhalten hat. Gewiß war mit dem Grafen »nicht gut Kirschen essen« (wie mir mein Vater noch sagte), und in Oberdischingen war er weit mehr gefürchtet als geliebt. Aber die Akten und die angeführten Urteile der Zeitgenossen lassen doch erkennen, daß wir es mit einem Mann zu tun haben, dem zuallererst das öffentliche Wohl neben der eigenen Ehre am Herzen lag, einem Manne, der sich zu keiner unehrenhaften Handlung hergegeben hätte. Gewiß hat er auch Ernst damit gemacht, daß sein Zuchthaus nicht nur zur Abschreckung und Bestrafung da sei, sondern daß es auch für die Erziehung und Besserung der Insassen gedacht war. So hat er sich auch der sündigen Nachkommenschaft seiner Häftlinge angenommen und diese Kinder nach Möglichkeit ein Handwerk erlernen lassen wie den Sohn der »Schönen Viktor«, von der wir noch hören werden. Daher wird man auch dem Urteil der Frau Dr. Margarete Bitter zustimmen müssen, wenn sie am Ende ihrer streng wissenschaftlichen Untersuchung schreibt:

»Bewunderung verdient auch heute noch der wahrhaft uneigennützige Geist, in dem Graf Schenk von Castell unter Aufopferung seiner Arbeitskraft und seines Vermögens der Sicherheit und Befriedung Schwabens und seiner Nachbarländer diente.«

Der *Preis*, den der Malefizschenk für seine Unternehmungen bezahlen mußte, war freilich nicht gering.
Einmal der finanzielle Einsatz. Nach seinen eigenen Angaben berechnete der Graf den Betrag, den ihn sein Unternehmen kostete, auf 70 000—80 000 Gulden. Zur Erbauung des Zuchthauses hatte er eine Anleihe in Höhe von 25 000 Gulden aufgenommen, die er verzinsen und abtragen mußte. Die Verträge, die er abschloß, sicherten ihm gewiß laufende Einnahmen; aber eben als diese anfingen, ergiebiger zu fließen, legte der württembergische Staat die Hand auf seine Anstalt. Sicherlich hatte der Graf auch daran gedacht, mit der Zeit aus dem Zuchthaus eine Einnahmequelle zu machen, schon um die aufwendigen Bauten zu bezahlen. Aber dazu kam er nicht mehr. Das Geschlecht der Schenken von Castell war im Grund nicht reich, und die Bekämpfung des Gaunerunwesens hat dessen Vermögensverhältnisse mehr oder weniger zerrüttet. Das führte auch zu schweren Auseinandersetzungen mit den Kindern. Ein finanzieller Schlag für ihn war die Öffnung des Zuchthauses durch die Franzosen im Jahre 1800. Die Franzosen ließen alle Häftlinge laufen, und diese plünderten und zerstörten, was immer sie konnten. Erst gegen Ende des Jahres 1801 waren die Schäden wieder ganz beseitigt — diese gingen natürlich alle zu Lasten des Malefizschenken — und konnte der Betrieb in vollem Umfang wieder aufgenommen werden.
Ein noch schwererer Schlag für ihn war der *Brand seines Schlosses,* das die Gauner in der Nacht vom 2. auf den 3. Juni 1807 anzündeten. Es brannte dabei völlig aus, nur die Umfassungsmauern blieben stehen. Zum Wiederaufbau kam der Graf nicht mehr, er hatte einfach nicht die Mittel dazu. Die 5000 Gulden Brandentschädigung reichten da nirgends hin, zumal bereits im

folgenden Jahr die Anstalt aufgehoben wurde. Einstweilen und schließlich auf die Dauer richtete sich der Graf im ersten Stock des Westflügels des Zuchthauses ein. Fast noch mehr wurmte ihn, daß er die Brandstifter nicht zu fassen vermochte; denn für ihn stand von vornherein fest, daß die Brandlegung ein Racheakt entlassener Sträflinge sei. Erst Jahre danach kamen Äußerungen von verdächtigen »Subjekten« dem Grafen zu Ohren. Die endgültige Bestätigung des Verdachts erreichte ihn erst im Jahre 1815: als ein österreichischer Soldat auf dem Rückmarsch von Frankreich zufällig in Gutenstein an der oberen Donau ins Quartier kam und erfuhr, daß dieser Ort dem Malefizschenken gehöre, fing er fürchterlich auf diesen zu schimpfen an und brüstete sich, zusammen mit einigen Kameraden das Schloß des Grafen angezündet zu haben: »Wir haben ihm sein neues Schloß angezunden und auf der Anhöhe beim Galgen zugesehen, bis es in vollen Flammen gestanden und zusammengestürzt ist.« In einem allerdings hatten sich die Gauner verrechnet: sie hatten gehofft, daß es bei der allgemeinen Verwirrung den Sträflingen gelingen könnte, sich zu befreien. Aber daraus wurde nichts.

Viel schlimmer als alles dieses war, daß der Graf infolge seiner Gaunerbekämpfung in immer schwierigere *Auseinandersetzungen mit seiner Familie* geriet, ja geradezu mit ihr zerfiel. Vor allem seine Frau, die adelsstolze Gräfin Philippine von Hutten, hatte von Anfang an kein Hehl aus ihrer Abneigung gegen die nach ihrer Meinung völlig unstandesgemäße Beschäftigung ihres Gatten gemacht. Von ihr hat sich ein kurzer Brief erhalten, in dem sie ihrem Gatten schreibt:

Ewr. Liebden, Eichstätt, am 20. 3. 1796
Was will er denn von mir. Glaub er nur ja nicht, ich gehe nochmals dahin (nach Oberdischingen) zurück.
Was er schreibt ist zu wenig charmant, um possible (möglich) zu scheinen. Die Vagants gehören nicht zu einem Chevalier (adeliger Herr, Kavalier), laß er sie endlich laufen. Il est raisonable (Es ist vernünftig), auf die Pürsch zu gehen, mais (aber) Menschen sind keine Jagdtiere. Niemand versteht Ewr. Liebdens Passions.
Philippine.

Das war also 1796, und erst 1808 wurde das Zuchthaus in Dischingen aufgehoben, war also diese unstandesgemäße Passion des Grafen zu Ende. Aber daß Philippine trotzdem immer wieder kam, mindestens auf kurze Zeit, beweist schon die Tatsache, daß sie dem Grafen nach 1796 noch drei Kinder gebar. Andererseits wird es durchaus zutreffen, wenn der Graf einmal bemerkt, daß ihn der auswärtige Aufenthalt seiner Gattin in ihren letzten Lebensjahren viel Geld gekostet habe. Sie hielt sich bald bei ihren verheirateten Töchtern, bald im Schloß Waal bei Buchloe, der Secundogenitur des Geschlechtes, bald im Erzstift Eichstätt, im dortigen Domherrenhaus der Familie, auf.

Auch die beiden ältesten Söhne, Franz Joseph und Kasimir, standen gar nicht gut zu den Unternehmungen ihres Vaters. Der eine fürchtete ja nicht zu Unrecht, daß auf ihn als Erben schwere bauliche Verpflichtungen und eine große

Schuldenlast zukommen werden. Der andere sah sich um das ihm zustehende Gut Waal gebracht, das ihm der Vater seit dem Tod des bisherigen Inhabers, des Onkels Anton, Jahr um Jahr vorenthielt; ja er belastete es noch finanziell, um seiner »Passion« nachgehen zu können. Dazu kam noch des Grafen zweite Leidenschaft, das Bauen, das ihn ebensoviel Geld kostete.

Die letzten Jahre des Malefizschenken

Die letzten 15 Jahre des Malefizschenken waren durch Schicksalsschläge und Sorgen aller Art verdüstert. Das Jahr 1806 hatte die Mediatisierung gebracht, die den selbstbewußten Grafen zum Untertan des württembergischen Königs gemacht hatte. Bis zum Schluß hatte sich der adelsstolze Mann dagegen gewehrt, daß er einem König, den er haßte, untergeordnet werden sollte. Nicht nur, daß er sich dem Protest des Ritterkantons Donau, dem er angehörte, anschloß — das war selbstverständlich —, wir dürfen auf Grund hinterlassener Schreiben annehmen, daß der Graf seine beiden Söhne Franz Joseph und Kasimir nach Paris sandte, um dort bei Napoleon oder seinen Räten vorzusprechen — wie bereits erwähnt —, um das drohende Urteil abzuwehren. Als die Mediatisierung dann Wirklichkeit wurde, huldigten die Oberdischinger in der Dreifaltigkeitskapelle dem König, wobei ein Sohn des Grafen, Philipp Anton, das Hochamt zelebrierte; aber von einer Huldigung des Grafen ist nichts bekannt. Zur Ehre der Oberdischinger muß gesagt werden, daß sie, mindestens ein Teil von ihnen, in dieser Sache auf seiten des Grafen standen. Dies bezeugt auch die folgende kleine Geschichte: Eines Morgens fand man das tags zuvor an der Dreifaltigkeitskapelle angebrachte württembergische Wappen abgerissen und dafür einen großen Zettel angehängt, auf dem zu lesen stand:

»Württembergs Commissarius von Hauff,
saz doch Gott noch deine Hörner auf.«

(Das württembergische Wappen zeigt bis zum heutigen Tag drei Hirschhörner; die sind damit gemeint.)
1808 war dem Grafen seine Lebensaufgabe aus den Händen genommen, und anstatt Dank zu ernten, hängte ihm der König einen Prozeß an, der ihn tief kränkte. Regelmäßig kehrt in den Eingaben an die Regierung die Klage des Grafen wieder: »Man will mich alten Mann nach ehrenvollem Lebenslauf jetzt abwürdigen, will mich demütigen, mein Andenken vor der Mit- und Nachwelt besudeln.« Umsonst. Der Graf als der Schwächere mußte sich fügen und bezahlen. Da ihm keine höhere Instanz zur Verfügung stand, an die er sich hätte wenden können, war der König in diesem Streit zugleich Richter und Partei. So darf bei der bekannten Einstellung des Königs zum Grafen das ergangene Urteil in erster Linie als Ausdruck der überlegenen Macht, nicht eines rechtlichen Denkens verstanden werden. Das konnte der Graf mit Recht nie verwinden.

Zu dieser Demütigung kamen wachsende finanzielle Nöte. Die weitere Bezahlung und Verwendung seiner bisherigen Mitarbeiter, des Justizrats Jägerhuber, des Registrators Merz und vieler anderer, bereiteten dem Grafen Schwierigkeiten und Sorgen. Seine eigenen Söhne, einer um den andern, traten an den alten Vater mit Geldforderungen heran — wie wir noch hören werden. Damit rühren wir wieder einmal an den wundesten Punkt: das Verhältnis zur Familie, zur Frau und zu den Kindern.

Daß unter diesen Umständen auch der aufwendige Kirchenbau nur mühsam voran kam, versteht sich nach alledem von selbst. Immer mehr mußte der Graf die Hoffnung aufgeben, die Kirche noch fertig zu sehen.

Schließlich machten ihm auch noch seine Oberdischinger Bauern das Leben schwer. Im Jahre 1819 forderten sie erneut stürmisch die Ablösung der Fronen. Auf die Weigerung des Grafen wandten sie sich sogar an den König. Am Ende zog sich der Streit bis zum Jahre 1822 hin, also über den Tod des Malefizschenken hinaus.

So verbrachte der Graf seine alten Tage in der einstweilig als Ersatz dienenden Wohnung im linken Flügel des Verwaltungsgebäudes, der späteren Doktorswohnung, einsam und verbittert. Die Fama hat ihm da allerhand angedichtet, z. B. daß eine frühere Gefangene, die »Schöne Viktor«, seine Leibköchin gewesen sei*). Der Biberacher Maler J. B. Pflug weiß darüber noch mehr zu berichten. Als er einst — es war im Jahre 1820 oder 1821 — dem Grafen in Achstetten seine Bilder von den Mitgliedern der Bande des »Schwarzen Veri« zeigte, fragte ihn der gleichfalls anwesende Baron von Freyberg/Allmendingen: »Du, Schenk, sieht nicht die Schöne Urschel Deiner Veron gleich?«, worauf der Graf dem Spötter mit der flachen Hand auf den Rücken schlug und lachend sagte: »Du warst mir immer wegen der Veron neidig.« Und Pflug fährt fort: »Diese Veron hatte als Genossin einer Räuberbande früher in der Dischinger Feste gesessen; dort hatte sie die Aufmerksamkeit des strengen Grafen auf sich gezogen und war nach abgebüßter Strafe zu dessen Leibköchin befördert worden.« Pflug setzt offenbar die Veron mit der »Schönen Viktor« gleich. In den Akten selbst begegnet weder die Veron noch die Viktor als Leibköchin.

Bis zu seinem Tod blieb der Graf ungebeugt und immer noch eine eindrucksvolle Erscheinung. So schreibt Pflug einmal über ihn: »Über 80 Jahre alt, immer noch frisch, beweglich, gleich einem Jungen.« Als die Gräfin Reuttner/Achstetten um dieselbe Zeit seine Gesundheit rühmte, sagte der Graf: »Als ich in Italien war, da haben auf einem Ball in Neapel die Italienerinnen alle auf den Rothaarigen geschaut und sich gerissen um einen Tanz mit ihm. Und er hat sie merkwürdig herumgeschwenkt.«

Der Zufall hat uns eine zweite Schilderung der immer noch imponierenden

---

*) Vgl. darüber den Roman von Franz Schrode, *Der Malefizschenk und die Schöne Viktor*. Die Schöne Viktor wird darin zur Jugendgeliebten des Erbgrafen. Später wird sie dem Grafen als Diebin vorgeführt, er läßt sie zum Tod verurteilen, der Strick des Henkers reißt (das kam wirklich einmal vor), der Graf begnadigt sie und nimmt sie in seinen Dienst.

Erscheinung des greisen Grafen hinterlassen. Im Jahre 1892 sprach ein Dr. Ernst Kapff einen »steinalten blinden Oberdischinger Bauern« auf den Malefizschenken an; der erinnerte sich offenbar des Grafen noch gut aus seiner Bubenzeit und schilderte ihn nach Kapffs Bericht »als einen Mann von fast übermenschlichem Wuchs, den gewaltigen Schädel deckte brandrotes Haar, mit imposanter Adlernase, die Energie verriet, mit klaren und gescheiten Augen, die durchdringenden Verstand verrieten, und seine Stimme klang in der Erregung wie Donner«. Alles in allem »ein fürchtig scharfer Mannsnam«. In dieser Schilderung schwingt die scheue Bewunderung und Furcht mit, mit der die Dischinger ihren Grafen betrachteten.

Am 2. Mai 1821 starb der Graf um $5^{1}/_{4}$ Uhr in der Früh, 85 Jahre alt. Zwei Tage darauf wurde er zu mitternächtiger Stunde in die Gruftkapelle überführt und dort vor dem Josefsaltar beigesetzt. Vier Rappen zogen den Leichenwagen, und die Beamten und Angestellten standen mit Fackeln Spalier. Seine Gemahlin war bereits am 22. Januar 1813 gestorben und vor dem Annaaltar beigesetzt worden.

Damit gelangen wir abschließend zu einer *Würdigung* des Grafen. Auch für ihn gilt das Wort Schillers über Wallenstein: »Von der Parteien Gunst und Haß verwirrt schwankt sein Charakterbild in der Geschichte.«

Daß die Oberdischinger ihren Grafen nicht mochten, ihm lieber aus dem Weg gingen, haben wir wiederholt gehört. Daß er bei allem lichtscheuen Gesindel in schlechtem Ruf stand und dieses die schlimmsten Greuelnachrichten über ihn verbreitete, versteht sich von selbst. Darauf ist nichts zu geben. Unverständlich aber mutet uns das bereits angeführte Urteil des Malers J. B. Pflug an, das den Grafen in eine Atmosphäre von »Blut- und Brandgeruch« hüllt. Man wird aber Pflug rechtgeben müssen, wenn er an anderer Stelle bemerkt: »Das mutige Beharren auf der entsetzlichen Bahn erhob ihn über das bloß Auffallende, Zweifelhafte, über jede Bizarrerie und jede Kleinlichkeit, es sicherte ihm die Anerkennung der Mitwelt, die Teilnahme der Nachwelt, den Tribut, der jeder wahren Mannesgröße gezeugt wird.« Das paßt freilich erstaunlich wenig zu dem an anderer Stelle Gesagten, wird aber dem Mann zweifellos in hohem Maße gerecht. Hier liegt ein offensichtlicher Widerspruch vor, was die Aussagen Pflugs angeht. (Möglicherweise ist die negative Aussage ein Einschub des Herausgebers J. E. Günthert.)

Die Tatsachen sprechen eine klare Sprache. Durch seine Tätigkeit hat der Graf Oberschwaben 20 Jahre hindurch Recht und Ordnung erhalten; er hat sich damit zweifellos ein hohes Verdienst um das Land erworben.

Auch das Porträt, wahrscheinlich von J. B. Pflug, läßt eher einen Mann von Geist und Bildung als einen Gewaltmenschen und Henker erkennen. Nicht zufällig hat er sich auch mit einem Buch in der Hand porträtieren lassen. Wir wissen auch, daß der Graf mit den Ideen des Philanthropismus (dem Geist der Menschenliebe) vertraut war, und ganz bestimmt war er alles andere als ein ungeistiger Mensch. Von seinem Sinn für das Schöne, Repräsentative zeugen seine großzügigen Bauten. Gewiß sind sie auch Ausdruck des Selbstbewußtseins und barocker Selbstherrlichkeit, aber sie lassen in allem Geschmack und Formwillen erkennen. Auch die Madonna, die heute noch so segnend, so gütig von der einstigen Fronfeste heruntersdaut, spricht nicht für einen Unmenschen, so wenig wie die großartigen gotischen Plastiken, die der Graf für seine Kirche, die ja ursprünglich eine Hofkirche sein sollte, erstand.

»Nehmt alles nur in allem — er war ein Mann«, heißt es einmal bei dem englischen Dichter Shakespeare. »Ein Mann von Geist und beispielloser Energie«, so nennt ihn J. B. Pflug. Fügen wir noch hinzu: eine echte Herrennatur der Barockzeit, ein Aristokrat, der überall seinen Mann gestellt hätte, in der Verwaltung wie in der Diplomatie. Ein Mann, der zu stolz war, um in Fürstendienste zu treten, der sich aber auf der andern Seite nicht zu gut war, seine Hand einem nicht gerade adeligen Gewerbe zu leihen. Mit seiner Gaunerbekämpfung hätte er sich einen besseren Dank verdient. Jedermann müßte jenem Abt von Einsiedeln beipflichten, der dem Grafen einmal schrieb: »Das ganze Schwabenland ist Ewr. Excellenz zu Dank verpflichtet.« Die heutigen Oberdischinger wissen, was sie dem Grafen schuldig sind. Er hat mit seinen Bauten ihrem Dorf für immer das Gesicht gegeben, durch das es sich heute noch von allen andern Dörfern ringsherum abhebt.

Anhang

1   Einige Porträts aus der Dischinger Diebsliste

In dieser Liste vom Jahre 1799 werden 1487 Personen aufgeführt und beschrieben, eine Mustersammlung von Gaunern aller Art, eine negative Auslese der Menschheit. Da stoßen wir z. B. auf einige jüdische Gauner, die Beutelschneiderei, falschen Geldwechsel sowie Herstellung von Nachschlüsseln betreiben. Zwei von ihnen sind gebrandmarkt, der eine mit den drei Buchstaben G. A. L. Bald danach kommt der »Graue Erzdieb« Raymund Kohler, der bereits seit 30 Jahren stiehlt, »wo er beykommt«. In seiner Gesellschaft befindet sich der 23jährige Nikolaus Keller, von dem es heißt: »Dieser Pursch ist schon ein rechter Dieb und hat den Buchstaben V als Brandmal auf dem Buckel.« Von einem andern heißt es: »Dieser Kerl ist ein besonderer Liebhaber von Opferstöck-Anglen, und hat den Opferstock bei der Wallfahrt zu dem geschossenen (durchschossenen) Bild bestohlen.« Wieder ein anderer wird beschrieben als »ein Erzbetrüger, welcher alte Kaiser Groschen vergolden läßt und den Bauern für Dukaten ausgiebt«. Von einem andern sagt die Liste kurz und bündig: »Ist ein Nachtdieb, trägt einen geflochtenen Zopf.« Zur Abwechslung ein paar Frauengestalten. Da ist die Bayrische oder Spielnandl, von der es heißt: »Dieselbe stund in Gesellschaft des in Ellwang(en) justifizierten (hingerichteten) Blasi Funtner, vulgo (ehemals) Teufels Bub, und wurde auch daselbst mit Ruthen ausgehauen.« Etwas später stoßen wir auf die Krescenz, »des Taback Röhrlhannsen Mensch«, »eine sehr schlimme Person, die ihren Kerl mit Gewalt zum stehlen angehalten und bereits sechs Kinder zur Welt gebohren hat, wovon kein einziges zur heiligen Taufe kam«.

Einige dieser Galgenvögel, die mit der Justiz in Oberdischingen zusammenkamen, haben es geradezu zu einer Art von Berühmtheit gebracht. Drei von ihnen seien hier besonders vorgestellt: die Schwarze Lies, der Krumme Otter, die Schöne Viktor.

Die *Schwarze Lies,* etwa 1743 geboren, von einem Gaunerehepaar abstammend und mit Johannes Gaßner verheiratet, der 1787 in Oberdischingen gehängt wurde, zog schon mit 20 Jahren mit einem »Weibsbild von ihrem Kalibre« bettelnd und stehlend von Markt zu Markt und erscheint bereits in der ersten Gaunerliste Schäffers (1784) als »ein Ausbund von Diebin und Sacklangerin«. In Gesellschaft des Rieser Mathes, des »feinsten Taschenspielers und Erzdiebs«, durchstreift sie die Schweiz, Ober- und Niederschwaben. Wiederholt wird sie festgenommen und mit einer Tracht Prügel wieder entlassen. Ihr Meisterstück vollbrachte sie in Ludwigsburg, wo sie dem Malefizschenken eine große Rolle Dukaten aus der Tasche praktizierte. Als dieser sie schließlich samt ihrem famosen Mann fassen konnte, ergab die Untersuchung, daß die »Inquisitin (Angeklagte) schon seit 20 Jahren her sich einer fast unzähligen Menge von Tag und Nacht Diebstehlen und besonders Beutelschneidereien und Opferstocks Anglereyen, aber auch ... gewaltsamer Einbrüche schuldig gemacht und dadurch dem publico (den Leuten) einen über 5000 Gulden sich erstreckenden Schaden zugefüget« hat. Der zu erwartenden Hinrichtung entzog sie sich durch die Angabe, daß sie ein Kind erwarte. Nachdem sich dies als trügerisch erwiesen hatte, wurde sie am 16. Juli 1788 nicht, wie es das Gesetz befahl, durch den Strang, sondern mit dem Schwert hingerichtet — ein Gnadenakt des Grafen, den sie in frechster Weise bestohlen hatte.

Ein besonders geriebener Gauner war der *Krumme Otter,* so genannt, weil er einen Fuß nachzog. Er hieß mit dem Vornamen Benedikt, war studierter Jurist und Advokat in Ingolstadt, verheiratet, wegen Betrügereien ins Gefängnis gekommen. Dort brach er aus und zog bettelnd und stehlend durch das Land. Im Kloster Einsiedeln gab er sich als Sprachmeister aus. Durch sein sicheres Auftreten gewann er das volle Vertrauen der Mönche, er durfte sogar Unterricht in Latein und Griechisch erteilen. Daneben interessierte er sich allerdings auch in auffallender Weise für die Bücherei und die Schatzkammer des Klosters. Als eines Tages dort eingebrochen wurde, wobei der Dieb wertvolle Stücke mitgehen ließ, gleichzeitig auch der Sprachmeister verschwunden war, fiel der Verdacht natürlich sofort auf diesen. Das Kloster wandte sich an den Oberamtmann Schäffer mit der Bitte, den Diebstahl aufzuklären. Dieser gab die Mitteilung an den Malefizschenken weiter, und gemeinsam machten sie sich an die Aufklärung des Falles. Für beide stand von Anfang an fest, daß Otter der gesuchte Dieb sei. Bald stellte sich auch heraus, daß dieser sich in der Gegend von Aulendorf herumtrieb. In der Tat hatte Otter die gestohlenen Gegenstände an den Grafen von Königsegg verkauft und sich durch seine Kenntnisse und sein einnehmendes Wesen auch dessen Vertrauen erworben. Schließlich gelang es dem Beauftragten des Malefizschenken, die Verhaftung des Otter zu erwirken und ihn nach Oberdischingen abzuführen. Dort wurde er einer aus Ingolstadt stammenden Amtsdienerin gegenübergestellt, die den ehemaligen Häftling sofort wieder erkannte. Er wurde zum Tode verurteilt, aber dann zu lebenslänglichem Zuchthaus begnadigt.

Von allen, die der Schenk begnadigt hat, ist keine zu größerer Berühmtheit gelangt als die *Schöne Viktor,* verheiratete Eisenmännin, die die Überlieferung zur Köchin des Grafen gemacht hat. Leider sind die erhaltenen Akten über sie sehr spärlich. In der Oberdischinger Diebsliste erscheint sie unter folgendem »Signalement« (Beschreibung): »Von rechter Weibsgröße, dick besetzter Postur, vollen runden etwas gefärbten Angesichts, grauer Augen, brauner Haare, hat starke weiße Zahnreihen.« Die Beschreibung fährt fort: »Sie saß auf der Oberdischinger Richtstätte wirklich schon auf dem Stuhl, wurde aber pardonniert und lauft dermalen (zur Zeit) mit dem dahier gleichfalls pardonnierten Jauner, nemlich Hanns Michel Rasch, ohngeachtet ihr rechtmäßiger Ehemann ... noch lebt und sich wirklich (gegenwärtig) in Freiheit befindet und in den diesseitigen Gegenden an der Donau und Iller (sich) aufhält.« Das ist alles, was die freilich lückenhaften Akten über sie zu berichten wissen, und das klingt gar nicht romantisch, sondern sehr ernüchternd. Über ihren Sohn Anton, den sie von ihrem Mann hatte, erfahren wir, daß ihn der Malefizschenk gleich andern Gaunerkindern in Oberdischingen aufziehen ließ und ihn »großgezogen« an das K. K. Militär abgab. Daß die Schöne Viktor des Grafen Köchin oder gar Liebste gewesen sei, wie die örtliche Überlieferung wissen will, kann man »so gut wie sicher in den Bereich der Fabel verweisen« (Ernst Arnold).

2 Einige Streiflichter zur Charakterisierung des Malefizschenken als Bekämpfer des Gaunerunwesens

Johann Baptist Pflug hat uns eine Anzahl bezeichnender Geschichten überliefert. Er soll hier mit diesen zu Wort kommen:

»Der Graf war mehr als einmal dringender Todesgefahr ausgesetzt, teils beim Fangen der Spitzbuben, teils durch die Rache derselben. So fuhr er einst nachts in seinem Vierspänner von einem Ball in Ulm zurück. Vor der Stadt stand der Galgen der Reichsstadt in einem viereckig ummauerten Raum in der Nähe der Straße; hier lauerten ihm die Schelme auf, darunter besonders gefährliche Subjekte, österreichische Deserteure. Einer der letzteren warf eine brennende Handgranate in die Kutsche, der Graf sprang heraus, gleich rasch der Kutscher vom Bock. Im nächsten Augenblick platzte die Granate, richtete jedoch keinen Schaden an. Die Pferde schlugen wütend aus und bäumten sich, wurden indessen gebändigt und pfeilschnell ging es auf und davon.

Ein andermal fuhr der Graf von Sigmaringen, wo er einen Besuch gemacht hatte, nach Dischingen. Bei Krauchenwies sah der Kutscher drei Kerle auf dem Wege stehen und benachrichtigte seinen Herrn davon. »Fahr zu«, rief dieser, »was gehen uns die Kerle an!« Der Kutscher machte eine ängstliche Einwendung. Da befahl ihm der Graf, in die Kutsche zu sitzen, und fuhr selbst weiter. Die Verdächtigen traten ihm entgegen und machten Miene, den Pferden in die Zügel zu fallen. Schenk aber riß den Hirschfänger heraus, sprang vom Bock mitten unter die Halunken und drohte, sie auf der Stelle zusammenzuhauen; aber schneller, als er dachte, hatten sie Reißaus genommen.

Bei einer ähnlichen Gelegenheit wurde der Angriff von den Schurken wirklich ausgeführt. Einer hielt die Pferde an, während sich von der Seite her ein Spitzbube dem Kutschenschlag näherte. Schenk schwang sich rückwärts zum Gefährt hinaus, hielt ihnen die Pistole vor und zwang so die beiden nächsten, in die Kutsche zu steigen, den dritten, die Pferde am Zügel weiterzuführen, und brachte die aufdringliche Gesellschaft gefangen mit heim.

Einst erfuhr er, daß in Laupheim Spitzbuben einer Hochzeit anwohnten. Schenk fuhr mit seinen Häschern dahin und brachte sie wohlerhalten auf seinem Schlitten, d. h. gebunden, nach Hause. Hier war es, daß er einen Schelm traf, auf den er längst gefahndet hatte; als dieser ihn erblickte, sprang er zum Fenster aus dem zweiten Stock hinab, Schenk in der Hitze ihm nach, er faßte ihn unten auf dem Boden und ließ ihn nimmer los. Keiner hatte Schaden genommen.

In der Nähe von Bach bei Dischingen hatte der Graf ein Lustschloß im Walde. In dieses brachen die Spitzbuben ein und zerstörten, was sie vorfanden, die Betten wurden zerschnitten, die Möbel zerschlagen. Vergebens bemühte sich der Graf, der Übeltäter habhaft zu werden. Da fuhr er eines Tages mit seinem Kanzleirat Jägerhuber nach Ulm und sah vor sich her auf der Straße einige Burschen laufen. Zwei von ihnen trugen Beinkleider aus dem Zeug, mit welchem die Möbel in dem Schlößchen überzogen gewesen waren. Schenk bemerkte es sogleich, machten den Kanzleirat darauf aufmerksam, ermahnte ihn aber, die Burschen nicht anzusehen, vielmehr eifrig mit ihm fortzusprechen. So fuhren sie an ihnen vorüber. In Ulm benachrichtigte der Schenk den Wachtkommandanten am Gögglinger Tor und ersuchte ihn, die Burschen sofort festzunehmen, wenn sie das Tor passieren würden. Der versprach es und teilte den Auftrag seinen Kameraden an den andern drei Toren mit. Richtig zogen die Burschen zu einem andern Tor herein, wo sie zu ihrem großen Schrecken sofort angehalten und verhaftet wurden. Sie gestanden später, auf der Straße zueinander gesagt zu haben: »Wenn's der Graf wüßte, daß wir Hosen von seinem Zeug anhaben!«

Zeugten die bisher angeführten Begebenheiten von der Unerschrockenheit und Geistesgegenwart des Grafen, so soll die nachfolgende Geschichte dartun, welch ungewöhnliche Wege der Graf zuweilen einschlug:

Eines Tages wurden in das Zuchthaus zu Dischingen zwei Männer aus Ehingen namens Martin Schauer und Philipp Fischer eingeliefert, von denen einer die Ehefrau des Martin Schauer umgebracht hatte. Philipp Fischer hatte in dem Hause des Martin Schauer als Geselle gearbeitet; auch konnte ihm nachgewiesen werden, daß er mit der Ehefrau des M. Schauer Beziehungen unterhalten hatte. Beide leugneten natürlich, und die Untersuchung in Ehingen führte zu keinem eindeutigen Ergebnis.

In seinem fanatischen Eifer, den Dingen auf die Spur zu kommen, verfiel der Graf am Ende auf ein gewiß nicht alltägliches Mittel: er ließ den beiden in das Mittagessen ein starkes Schlafmittel mischen, so daß sie den Nachmittag und die Nacht hindurch wie die Säcke auf ihren Pritschen schliefen. Währenddessen ließ er die Gesichter der beiden mit einer rasch trocknenden schwarzen Farbe bestreichen, so daß sie aussahen wie die Mohren. Am andern Morgen wurden sie geweckt und in diesem Zustand dem Grafen vorgeführt. Als erster kam Martin Schauer daran. Der Graf fragte ihn: »Kannst du das, was du ausgesagt hast, auch beschwören?« Der Angeklagte bejahte. Der Graf darauf: »Bist du auch bereit, deine Aussage darauf zu beschwören, daß du auf der Stelle schwarz werden willst, wenn du deine Frau erdrosselt hast?« Und Schauer sprach feierlich: »Ich will auf der Stelle schwarz werden, wenn ich meine Frau erdrosselt habe.« Da ließ ihn der Graf in einen bereitliegenden Spiegel blicken. Der Martin erschrak tödlich, aber er faßte sich sogleich und erklärte: »Und wenn Ihr mich totschlagt, ich habe meine Frau nicht erdrosselt.« Darauf wurde der Angeklagte Fischer vorgeführt. Der Graf wiederholte die Prozedur. Dann wurde auch ihm der Spiegel vorgehalten. Als Fischer sein schwarzes Gesicht im Spiegel sah, brach er zusammen und konnte nur noch flüstern: »Jetzt ist alles aus.« Dann legte er ein volles Geständnis ab. Es heißt, daß der Graf sich nicht zu einer Begnadigung entschließen konnte, weil der Delinquent (Missetäter) einen völlig unschuldigen Menschen kaltblütig ums Leben gebracht habe.

Der Graf und die drei Schweizer. Zum Abschluß noch ein Bericht von der Gefangenschaft und Flucht dreier Schweizer, deren Erlebnisse in Dischingen noch einmal ein Schlaglicht auf den Charakter des Grafen werfen. Im Kanton Zürich hatte sich im März 1804 eine Empörung der Landorte gegen die Stadt zugetragen. Die Revolte wurde niedergeschlagen, und drei Rädelsführer wurden zur Auswanderung nach Amerika verurteilt. Das lehnten die drei ab; darauf wurde beschlossen, sie zur Unterbringung dem Malefizschenken zu unterstellen. So geschah es auch. Über ihre Erlebnisse und Schicksale in Dischingen berichtete einer von ihnen:

Nach vier Tagen kamen wir unserem Bestimmungsorte nahe. Die schauerliche Ansicht von drei Galgen und einem Schafott auf den Dischingen umgebenden Höhen war für uns eben keine tröstende Augenweide. Wir wurden ein paar Treppen hinunter durch einen dunklen Gang in ein Zimmer geführt, dessen Aussehen melancholisch genug, jedoch reinlich war. Drei einfache Betten, ein schönes Tischchen, Stühle, Messer und Gabeln befanden sich da. Bald erschien auch der Graf mit anderen Herren und sechs bis sieben Jagdhunden. »Wie gefällt es Ihnen, meine Herren?«, frug der riesenmäßige Gebieter mit seiner fausthohen Nase, unter welcher hervor seine fürchterliche Donnerstimme von den Mauern widerhallte. »Wir können noch nicht viel sagen, da wir ja kaum angekommen sind; indes haben wir, die vermißten schönen Weinberge ausgenommen, diese Gegend sehr anziehend gefunden.« »Meine Herren«, fuhr der Graf fort, »wir haben dennoch Wein«, und ließ uns zweierlei vorsetzen. Während wir tranken, sagte er zu zwei andern Herren: »Wahrhaftig, diese Herren scheinen nicht liederliches Gesindel zu sein, wie man mir sagte.« Und, indem er sich zu uns wandte: »Man schilderte Sie mir als unwürdiges Gesindel, nun vernehme ich, daß ich belogen ward.« ... Des folgenden Tags kam die Verwalterin mit Bettzeug beladen und sagte: »Seine Excellenz hat mir befohlen, weil die Herren so artig seien, ihr Lager mit Unterbetten und Kissen zu versehen, und hier sind

Augsburger Zeitungen. Damit können Sie sich amüsieren.« Nach Verfluß von zehn Tagen räumte man uns auf dem zweiten Stock ein gesundes, mit einem Schlafgemach versehenes Zimmer ein. Am dritten Tag schrieb ich, namens meiner Freunde und für mich, an unsere Familien zu ihrer Beruhigung die unerwartet menschenfreundliche Aufnahme von Seiten des Grafen nach Zürich. »Sie haben brav geschrieben«, sagte der Graf nach der Lesung des Briefes sehr herablassend, »ich werde Sie Ihre gute Meinung gegen mich nie gereuen lassen.« Der Brief wurde abgesandt, aber er wurde unterschlagen und der Graf erhielt, nach seiner eigenen Aussage, sogar einen derben Verweis von der Zürcher Regierung für seine Menschlichkeit.

Den dreien gelang es dann zu fliehen, während die Franzosen im Ort waren. Ihre weiteren Schicksale interessieren hier nicht, es geht hier um das Bild des Grafen, seine Unvoreingenommenheit und seine Menschlichkeit.

Die Kinder des Malefizschenken

Der Graf hatte elf Kinder, vier Söhne und sieben Töchter.

Der Älteste, *Franz Joseph* (1767–1845), wurde Erbgraf und Nachfolger. Der Vater ließ ihm eine sorgfältige Erziehung angedeihen. Mit 19 Jahren bezog er die Universität Göttingen, wo er sich vor allem juristischen Studien widmete. Nach Abschluß der Universität unternahm er eine Bildungsreise »in verschiedene Länder«, wahrscheinlich nach Italien und Frankreich. Er vermählte sich mit Maximiliane, Truchsessin von Waldburg/Zeil/Wurzach. Aus der Ehe gingen zwei Kinder hervor, der spätere Erbgraf Ludwig Anton und Philippine, die beide »im Exil« geboren wurden. Schon früh müssen starke Spannungen zwischen Vater und Sohn aufgekommen sein, wohl auch durch die Mutter mitveranlaßt und geschürt, sei es, daß der Sohn die »Passion« des Vaters nicht zu teilen vermochte, oder, das wohl noch mehr, weil er große Schulden und Verpflichtungen auf sich zukommen sah. Im Gegensatz zum Vater scheint der Sohn ein nüchterner Rechner gewesen zu sein. Bei der Art des Vaters, die keinen Widerspruch duldete, kam es zu schweren Zerwürfnissen, in deren Verlauf der Graf den Sohn samt der Schwiegertochter einfach aus dem Haus wies. Die beiden begaben sich zu den Schwiegereltern in das Schloß Wurzach und verbrachten dort, auf die Erlaubnis zur Rückkehr wartend, volle neun Jahre (1796–1805).
Noch ist ein flehentlicher Brief von Maximiliane an ihren Schwiegervater vom 21. August 1804 erhalten, in dem sie »kreuzunglücklich« unter den Ausdrücken tiefsten Harms um die Erlaubnis zur Rückkehr bittet. Die Gräfin jammert, daß sie vor allem den kleinen Ludwig, den späteren Erbgrafen, nie dem Großvater habe zeigen können. Sie fügt ein Briefchen der kleinen Philippine bei, die sich ebenfalls bittend an den Großvater wendet. Die Erbgräfin versichert dem Schwiegervater, daß ihr zukünftiges Betragen ihm nie Anlaß zur Klage geben werde, ihr ganzes Leben werde nur ihm und ihrer Familie gewidmet sein. Der Brief schließt: »Erhalten Sie in Ihrer Gnade Gnä-

diger Herr Schwiegervatter Ihre Underthänige Gehorsame bittende Tochter Max. Schenk z. Wurzach.« Wir kennen die Antwort des Grafen nicht, offenbar fiel sie ablehnend aus. Jedenfalls spricht der Sohn später von einer »Rückkehr mit Gewalt«. Während die Untersuchung gegen den Grafen lief, war der Sohn sicher in Dischingen, denn wir hören, daß er den leitenden Untersuchungsbeamten, den Oberamtmann Dr. Lempp, jeden Tag bei sich sah. Offenbar versuchte Franz Joseph von Anfang an, sich mit dem König gutzustellen, indem er weit von seinem Vater abrückte. Das hat sich ja später auch gelohnt. Im Jahre 1810 (1811?) überließ ihm der Vater die Herrschaft Gutenstein zur Nutznießung und Verwaltung. Bei Antritt des Fideikommiß (d. h. der Gesamtherrschaft) im Jahre 1821 legte er als erstes den Titel »Schenk« ab, da dieser durch die Bezeichnung »Malefizschenk« herabgewürdigt und geschändet worden sei. Zum zweiten ordnete er, wie wir bereits hörten, eine gerichtliche Erfassung seines gesamten Besitzes, seiner Rechte und Verpflichtungen an. Näheres darüber weiter unten.

Mit dem württembergischen Königshaus söhnte er sich aus. Der alte Gegner König Friedrich I. war bereits vor Jahren (1816) gestorben, und dessen Sohn und Nachfolger Wilhelm I. war ein ganz anderer, keineswegs so harter Mann. Franz Joseph trat offiziell in den Dienst des Königs, wurde Wirklicher Geheimer Rat und württembergischer Gesandter am Zarenhof in Petersburg. Dort war er u. a. Mitbegründer einer Freimaurerloge.

Wie oft, wie lange er in der Folgezeit in Oberdischingen war, läßt sich aus den Akten nicht ermitteln. Aus dem Jahre 1839 hat sich ein in Oberdischingen abgefaßtes Testament erhalten, in dem er auch seiner Mitarbeiter und Bediensteten gedenkt. Er starb nach langer schwerer Krankheit am 24. Januar 1845 am Schlagfluß. Wie sein Vater wurde er zu mitternächtlicher Stunde, von Fackelträgern geleitet, in die Gruftkapelle überführt und dort beigesetzt. Gräfin Maximiliane hatte sich bereits im Jahre 1818 von ihrem Mann scheiden lassen. Die Tochter Philippine, die der Vater offenbar nach Rußland mitgenommen hatte, heiratete dort in erster Ehe einen General Zwielenoff und nach dessen Tod im Jahr darauf einen General Christofowitsch.

Der zweite Sohn, *Philipp Anton*, geboren am 10. Januar 1768, wurde zum Geistlichen bestimmt. Der Name und die Verbindungen seines Vaters verschafften ihm mühelos die Stellung eines Domherrn zu Mainz und zu Augsburg. Er muß als solcher zeitweise ein etwas freies Leben geführt haben, denn aus dem Jahre 1799 liegt ein Brief an seinen Vater vor, in dem er diesen um die Begleichung von enormen Schulden, auch Spielschulden, anging, deren Bezahlung aber dieser ablehnte. Später, ab 1794, treffen wir ihn als Pfarrer in Gutenstein, von 1801 bis 1811 hat er das Pfarramt Oberdischingen inne. Er wohnte im heutigen Pfarrhaus; er hat in diesem größere Innenrenovationen vornehmen lassen. Mit dem Vater muß er auch später nicht auf dem besten Fuß gestanden sein. Jedenfalls hat sich ein dringendes Schreiben von ihm an das »Wohllöbl. Oberamt« in Ehingen erhalten, in dem er sich bitter über die Schulnot in Oberdischingen beklagt und um Abhilfe ersucht.

Offenbar waren auch da Auseinandersetzungen mit dem Vater vorausgegangen, die nichts gefruchtet hatten. In dieselbe Kerbe schlägt es, wenn er, wie wir bereits hörten, bei der Huldigung der Oberdischinger das Hochamt zelebrierte.

Der früh kränkelnde Mann starb am 5. Mai 1811 und wurde in der Gruftkapelle beigesetzt. Auch er hinterließ Schulden, am Ende schuldete er sogar seiner Wirtschafterin 100 Gulden. Dies geht aus einem Schreiben an die Traubenwirtin Walburga Fürsich in Eichstätt hervor, die der Onkel Kasimir, Domkapitular in Eichstätt, bei seinem Tod (1810) zum Erben eingesetzt hatte, wobei offenbar auch für seinen Neffen Philipp Anton ein Legat abgefallen war. (Der Malefizschenk als Bruder hat dieses Testament jahrelang angefochten.) Wie die Sache ausging, wer die Schulden bezahlte, läßt sich nicht mehr ermitteln. Wir sehen hier jedenfalls in sehr unerfreuliche Verhältnisse hinein.

Der dritte Sohn, *Joseph Adalbert* Joh. Nepomuk, kam am 17. März 1773 zur Welt und starb noch am selben Tag.

Der vierte Sohn, *Kasimir*, geboren am 7. September 1781, war für die Secundogenitur Waal bestimmt, die sein kinderloser Onkel Anton bis zu seinem Tod (1808) innehatte. Außerdem sollte er den Besitz der Familie in Eichstätt erhalten. Allein, der Vater enthielt ihm sein Erbe viele Jahre vor, offenbar um die Einkünfte daraus für sich zu verwenden und die Herrschaft gegebenenfalls zu belasten, d. h. Hypotheken aufzunehmen. Das geschah auch, denn als der Sohn die Herrschaft antrat, ergab sich, daß auf dem Gut eine Schuld in Höhe von über 150 000 Gulden — Hypotheken samt Zinsen — lastete, die der neue Inhaber unmöglich übernehmen konnte. Er wandte sich daher an seinen Vater, die Schulden auf sich zu nehmen. Das sehr herzlich gehaltene Antwortschreiben des Vaters ist noch vorhanden. Er anerkennt die Schulden und bemerkt dazu, »daß er in seinem Gewissen ... immer den Vorsatz hatte, tunlichen falls meinen abgelebten Bruder Anton oder auch jetzt Dich, seinen Nachfolger, zu entschädigen, bis dahin aber mir immer nicht möglich war, daher zu schweigen solange für gut hielt, als dort (in Waal) geschwiegen wurde, so kannst Du aus dieser väterlichen Gesinnung begreifen, daß ich Dir diese Deine Eröffnung gar nicht übel nehme, vielmehr Deine Ansprüche als gerecht und billig anerkenne«. Er stellt auf Weihnachten seinen Besuch in Waal in Aussicht und schließt mit den Worten: »Mit wahrhaft väterlichem Attachement geharrend Votre très attaché et fidèle Père Louis Schenk Cte de Castell« (Dein Dir sehr zugetaner und getreuer Vater Ludwig Schenk Graf von Castell).

Der ungewöhnlich herzliche Ton läßt erkennen, daß der Graf ein schlechtes Gewissen hatte. Natürlich konnte auch er die gewaltigen Schulden nicht bezahlen. Wie die Sache weiterging, wissen wir nicht. Tatsache ist jedoch, daß im Jahre 1818 der alte Graf das Gut Wernau seinem Sohn Kasimir, gewissermaßen als Abschlagszahlung, überließ. Das Gut war auf rund 60 000 Gulden geschätzt, es blieben also noch etwa 90 000 Gulden zu begleichen. Unmittelbar nach des Vaters Tod strengte Graf Kasimir einen Prozeß gegen seinen ältesten Bruder als Erben und Rechtsnachfolger des Vaters an, den bald darauf die Gläubiger Kasimirs weiterführten, nachdem dieser selbst 1823 in Konkurs geraten war. Kasimir starb unvermählt im Jahre 1832. Er war viele Jahre mit einer Gräfin Gabriele von Waldkirch verlobt gewesen; aber infolge der mißlichen finanziellen Verhältnisse zog sich die Verlobung immer weiter in die Länge, bis die Familie der Braut sie auflöste. Kasimir hatte in seinem Wesen gar nichts von seinem Vater, es fehlte ihm an Selbstbewußtsein und Lebenskraft. Er kränkelte früh und starb nach einem unerfüllten Leben, gewissermaßen ein Opfer des großzügigen Finanzgebarens seines Vaters*).

Die Töchter

Franziska, geboren 1764. Sie heiratete den Freiherrn Heinrich von Raßler, Herr auf Gamerschwang, Weitenburg, Börstingen mit Sitz auf Schloß Weitenburg bei Horb. Der Heiratsvertrag wurde am 15. November 1785 zu Oberdischingen abgeschlossen. Das Heiratsgut wurde auf 2000 Gulden, die »Wiederlage« auf 2000 Gulden, die Morgengabe auf 2000 Gulden festgesetzt. Dazu kam ein jährliches Spinnadelgeld von 250 Gulden. Franziska starb bereits mit 25 Jahren. Sie hinterließ ihrem Mann einen Sohn und eine Tochter. Nachkommen leben heute noch auf Schloß Weitenburg.

Maria Elisabeth Theresia, geboren am 27. Dezember 1769. Sie war Hofdame am Hof des Bayrischen Kurfürsten und heiratete einen Grafen von Bettschardt und nach dessen Tod einen Grafen Ludwig von Chamisso.

Walburga Antonia, geboren am 5. November 1771. Sie wurde Hofdame am Hof zu Dresden und starb unvermählt. Sie hatte bei einer Verwandten, der Freifrau von Welden, für ihre Ausstattung als Hofdame den Betrag von 1000 Gulden ausgeliehen und davon im Laufe der nächsten Jahre 600 Gulden abbezahlt. Da sie sich außerstande fühlte, den Rest zu bezahlen, wandte sie sich an den Vater mit der Bitte, ihr wenigstens 200 Gulden zu übersenden. Der war darüber sehr erbost und schreibt: »Es scheint, daß meine Familie es gewissentlich darauf anlegt, neben ihren mehr als hinreichenden Sustentationsquellen (Einkommen) auf meine Rechnung Schulden machen zu dürfen.« Schließlich übersandte er der Freifrau von Welden 100 Gulden »pur allein aus besonderer Veneration (Verehrung)« und bat sie, sich wegen des Restes an die Tochter zu halten.

---

*) Der Erzähler Peter Dörfler hat in dem Roman *Der Sohn des Malefizschenken* ein anschauliches, liebevolles Bild von Kasimir und seiner Braut gegeben.

Carolina Maria, geboren am 4. Mai 1774, wurde Stiftsdame am Adeligen Damenstift Buchau. Sie machte ihrem Vater keinen Kummer und erhält auch dafür einmal auf einen Geburtstagsbrief hin den Ausdruck »seines zärtlichsten Attachements« (Verbundenheit).

Josepha Maria, geboren am 20. November 1776, starb vermutlich gleich nach der Geburt.

Ludovika Maria, geboren am 31. Mai 1778. Sie vermählt sich mit einem Grafen Anton Fugger von Nordendorf in Augsburg. Von ihr ist ein Schreiben vom April 1815 erhalten, in dem sie ihren Vater bittet, ihr und ihrem Gatten ein Darlehen in Höhe von 2000 Gulden zu gewähren, weil sie ihre Tochter Maria aus dem gefährdeten Straßburg heimholen und die Kosten des Heimaufenthalts dort bezahlen müsse. Ihr Gatte befand sich damals in schwierigen Vermögensverhältnissen und mußte sich mit dem Betrieb einer Lotterie behelfen. Der Vater kam seiner Tochter in der Weise entgegen, daß er sich bei seinem Bankier Obermayer um ein Darlehen für diese in Höhe von 100 Gulden verwendete.

Philippina Carolina, geboren am 17. Oktober 1779, starb im Alter von elf Jahren und wurde in der Familiengruft beigesetzt.

Aus alledem ersehen wir, daß die Kinder den Grafen finanziell ziemlich in Anspruch nahmen, teils unverschuldet wie Kasimir, teils nicht ohne eigene Schuld wie Philipp Anton. Im ganzen hat er nicht allzuviel Freude an seinen Kindern erlebt.

Die Herrschaft von Oberdischingen unter Graf Franz Joseph (1821–1845)

Der neue Gutsherr trat ein schweres Erbe an. Die gesamten Verhältnisse befanden sich in einem Zustand der Zerrüttung. Der Vater hatte in den letzten Jahren offensichtlich die Bücher nicht mehr ordentlich geführt. Franz Joseph ließ daher gleich in den ersten Jahren eine umfassende Bestandsaufnahme durch den Kgl. Württembergischen Gerichtshof für den Donaukreis Ulm vornehmen, um sich Klarheit über seinen Besitz, seine Einkommen, seine Schulden und Verpflichtungen zu verschaffen. Es erging zu diesem Zweck eine gerichtsamtliche Vorladung an alle Gläubiger und zu Forderungen Berechtigten. Als erster meldete sich sein Bruder Kasimir und verlangte von ihm die Bezahlung der auf dem Gut Waal noch liegenden Schulden in Höhe von über 120 000 Gulden und die noch immer nicht vollzogene Abtretung des Gutes Wernau. Als Kasimir dann wenige Jahre darauf in Konkurs ging, übernahmen seine Gläubiger die Beitreibung des Geldes. Der Gutsherr selbst legte im Frühjahr 1822 eine im Heiratsabkommen begründete Forderung an das Besitzvermögen seines Vaters in Höhe von rund 115 000 Gulden vor.

Die Vorladung erging auch an die Gemeinde Oberdischingen, an die Heiligen-(Kirchen-)Pflege, an die Bauern und Seldner. Dabei erschienen bei der auf den 7. September 1826 anberaumten »Tagfahrt« — das Protokoll hierüber liegt in Abschrift bei den Gemeindeakten — einige Bauern als Vertreter sowohl der Gemeinde wie auch der 21 Bauern und 26 Seldner mit ihrem Rechtsbeistand Prokurator O. J. Franck. Die Herrschaft war vertreten durch den Prokurator Wiest und den gräflichen Vogt Binzer von Oberdischingen. Die Vertreter der Gemeinde machten dabei folgende Forderungen an die Herrschaft geltend:

a) 200 Gulden für eine von der Gemeinde übernommene Schuld der verstorbenen Gräfin Philippine;
b) die Hälfte der deponierten (bei der Herrschaft ruhenden) Schafweid- und Pferchgelder in Höhe von 200 Gulden;
c) die Hälfte des jährlichen Ertrags der Schafweide von 1770 bis 1780 in Höhe von 6000 Gulden;
d) einen Kapitalrest in Höhe von rund 1380 Gulden samt Zinsen (dieses Geld hatte die Gemeinde dem Grafen Franz Joseph vorgestreckt);
e) weitere kleinere Zinsrückstände.

Die Bauern forderten für geleistete Fronfuhren außerhalb der Markung sowie für geleistete Fuhren zur Erstellung eines Dammes 6400 Gulden. Die Seldner fordern für Holzmacherarbeiten im Schelklinger Wald und für Arbeiten an der Ziegelhütte 9360 Gulden samt Zinsen und für vorenthaltenes »Frohnmehl« (Teil der Entlohnung für Fronarbeiten) 6760 Gulden. Gemeinsam fordern Bauern und Seldner Bezahlung für geleistete Baufronen »zur Erstellung neuer Häuschen«, dazu Entschädigung für Hand- und Spannfronen auf dem Sommerschen Gut. Die schon früher erhobenen Ansprüche für Zuchthausfronen (Steinbrucharbeiten) wollen sie vorerst auf sich beruhen lassen. Insgesamt Forderungen von 40 000 Gulden.

Der gräfliche Generalagent bestritt die Rechtmäßigkeit derselben und machte seinerseits die Rechnung der Herrschaft auf:

a) für die seit dem Aufstand der Bauern (1796) zu wenig geleisteten Frondienste verschiedener Art 41 000 Gulden;
b) für nicht ersetzte Quartierkosten (aus den Jahren 1813—15) über 5200 Gulden;
c) für noch nicht bezahlte Holzgelder 320 Gulden;
d) für nicht geleistete Schulgelder von 1796 bis 1810 samt Zinsen insgesamt 7800 Gulden;
e) an Pferchgeldern rund 3000 Gulden;
f) an Weidgeldern rund 3000 Gulden;
g) an »Früchteschulden« (nicht geleistete Zehnten) 3245 Gulden;
h) an jährlichen Zinsen rund 4200 Gulden.

Insgesamt also Forderungen in Höhe von über 60 000 Gulden! Die Vertreter der Bauern und Seldner weisen diese Forderungen ebenfalls als ungerechtfertigt zurück, bis auf die Früchteschulden, bei denen aber die Getreidepreise zu hoch angesetzt seien. Der Bevollmächtigte des Grafen schlug vor, die gegenseitigen Forderungen gegeneinander aufzurechnen bis auf einen Betrag in Höhe von rund 3500 Gulden zugunsten der Herrschaft, wogegen diese bereit sei, eine Kapitalschuld der Herrschaft in Höhe von 1765 Gulden anzuerkennen. Die Vertreter der Gemeinde lehnten ab. Darauf schlugen die Juristen vor, die beiderseitigen Forderungen überhaupt gegeneinander aufzurechnen. Damit erklärte sich der Vertreter der Herrschaft einverstanden, die Vertreter der Gemeinde im Grundsatz auch, behielten sich aber vor, den Vorschlag der Bürgerschaft vorzutragen. Auf dieser Basis wurde das Protokoll unterzeichnet. Über den Ausgang der Verhandlungen sind wir leider nicht unterrichtet.

Ein Mittel der Herrschaft, sich Bargeld zu verschaffen, war offenbar auch die gänzliche oder teilweise Zerschlagung von Höfen, die wir bereits kennengelernt haben.

Von den weiteren, die Herrschaft und die Gemeinde betreffenden Vorgängen seien hier die beiden wichtigsten ausführlicher dargestellt: die Vollendung der neuen Kirche und die Ablösung der bäuerlichen Lasten.

Die Vollendung der neuen Kirche

Graf Franz Joseph war, wie wir hörten, von allem Anfang an ein Gegner dieses Kirchenbaus gewesen. Wir haben auch bereits von seiner Eingabe an das Generalvikariat in Konstanz gehört, um den Bau zu hintertreiben. Aber der Vater hatte trotzdem zu bauen begonnen. Bei seinem Tod war, wie wir auch schon wissen, der Rohbau in etwa fertig. Aus dem Jahre 1826, also fünf Jahre nach dem Tod des Malefizschenken, liegt ein dringendes Schreiben des Dekanats Ehingen an die Herrschaft vor, in dem darauf hingewiesen wird, daß der Zustand der alten Kirche nachgerade unträglich sei und daß er »die Besucher mit Lebensgefahr bedrohe«; entweder müsse die alte Kirche unverzüglich repariert und ausgebaut oder der Bau der neuen Kirche mit allen Mitteln vorangetrieben werden. Auch der Kirchenstiftungsrat Oberdischingen schaltete sich ein und beauftragte seine beiden Mitglieder Joseph Schwarzmann und Joh. Bapt. Schmid dahin zu wirken, daß es mit dem Kirchenbau vorangehe. In ähnlichem Sinn berichtet anfangs Oktober 1826 Kreisbaurat Glaser an den Gerichtshof des Donaukreises. Er schlägt vor: die alte Pfarrkirche muß geschlossen werden (Giebel und Dachstuhl sind aus den Fugen), der Gottesdienst soll in der Dreifaltigkeitskapelle stattfinden bis zur Fertigstellung der seit 25 Jahren stehenden, in gutem Zustand befindlichen neuen Kirche. Demgemäß teilt dann das Dekanat Ehingen dem Pfarramt Oberdischingen mit, daß das Oberamt sich veranlaßt sehe, die alte Pfarrkirche zu schließen, einstweilen sei daher der »pfarrliche Gottesdienst« in der Kapelle

auf dem Berg abzuhalten. Noch in demselben Monat schlägt Baurat Glaser dem Grafen vor, »den Hochaltar im Mittelpunkt, wo er ursprünglich hinbestimmt worden ist, zu belassen« (d. h. ganz vorne an die Chorstufen), auf diese Weise könnte auch der schon vollendete »Zirkel der Brüstung« (die durchlaufenden runden Emporen) erhalten bleiben. So geschah es dann auch. Aus dem Jahre 1827 erfahren wir, daß die Orgel der alten Pfarrkirche repariert und »interimsweise« in die neue Pfarrkiche übernommen worden sei. Trotzdem gehen die Arbeiten immer noch recht langsam voran. Wie die Gemeinde wieder einmal drängt, wendet sich der Graf in einem im Original erhaltenen Schreiben vom 30. Oktober 1827 an seine »Lieben Getreuen und Freunde« und legt ihnen die Gründe dar, die den Fortgang der Arbeit so hemmen. »Die traurige, sogar für die Existenz meines gräflichen Hauses höchst bedenkliche Lage, in der ich mich seit dem Ableben des Grafen, meines hochseligen Vaters, befand, ist zu notorisch, als daß man nötig hätte, eine andere Ursache aufzusuchen, welche bisher den Bau einer so kostbaren (kostspieligen) Kirche ins Stocken hätte bringen können.« Er sieht angesichts der katastrophalen Finanzlage, in der sein Haus sich gegenwärtig befindet, nur eine Möglichkeit: die seinerzeit zur Fundierung einer zweiten Kaplanei bei der Dreifaltigkeitskirche hinterlegten Kapitalien zum Kirchenbau heranzuziehen. Er habe, schreibt er, sich in diesem Sinn bereits an das bischöfliche Generalvikariat in Rottenburg gewandt, sei aber bisher keiner Antwort gewürdigt worden. Er werde aber diese Angelegenheit weiter betreiben und dabei »zur Ehre Gottes keine Widerwärtigkeiten scheuen«. Im Jahre 1828 und nochmals 1830 weist der Graf ganz entschieden den Gedanken zurück, die von seinem Vater unvollendet übernommene Kirche abzubrechen und durch eine ganz neue zu ersetzen. Aus dem Jahre 1829 liegen verschiedene Schreiben vor, aus denen hervorgeht, daß der bereits erwähnte, bei der Kapelle liegende Stiftungsfonds zur Weiterführung und Vollendung der Kirche herangezogen werden soll. Aber weder das Königliche Oberamt Ehingen noch das Generalvikariat waren bereit, ihre Zustimmung zu geben. Anscheinend wurde dann doch nach Einholung des »agnatischen Consenses« (der Zustimmung aller Mitglieder des Fideicommisses Oberdischingen) die Erlaubnis dazu erteilt, so daß die Arbeiten wieder aufgenommen werden konnten.
Aus dem Jahre 1830 liegen die Kostenvoranschläge für die Ausstattung der neuen Pfarrkirche von der Firma Stribell in Biberach vor: Hochaltar 400 Gulden, die beiden Nebenaltäre je 200 Gulden, der Taufstein 110 Gulden. In demselben Jahr genehmigt der Graf den Abbruch der alten Kirche. Bei der anschließenden Versteigerung erhielt Schultheiß Schwarzmann, der 800 Gulden geboten hatte, den Zuschlag. So endete unrühmlich die annähernd 400 Jahre alte Dorfkirche.
Im Herbst 1831 war die neue Kirche offenbar fertiggestellt. Aus dieser Zeit liegt eine Zusammenstellung der Kosten — offenbar handelt es sich in erster Linie um die Ausstattungskosten — durch den Dekanatsbaumeister Ameringer vor, nach der sich diese, einschließlich des Glockenstuhls, auf rund 17 000 Gulden, nach Abzug des Erlöses für die alte Kirche, belaufen.

Im März 1832 wurde die Kirche bezogen und am 2. Oktober 1835 feierlich durch Bischof Johann Baptist von Keller auf den Namen Jesu geweiht.
Die Herrschaft konnte aufatmen. Aber noch war der Kampf nicht zu Ende. Die Oberdischinger waren mit dem Turm nicht zufrieden. Bereits im Jahre 1833 klagte der Kirchenstiftungsrat beim Kgl. Gerichtshof in Ulm gegen den Grafen wegen Nichtvollendung des Turms, der gegenwärtige Glockenstuhl reiche nur zur Aufhängung der Glocken aus, der Turm sei zu niedrig, sogar niedriger als die Kuppel, so daß man das Läuten nicht überall hören und die Uhr nicht von allen Seiten sehen könne; die Herrschaft sei verpflichtet, den Turm auszubauen, d. h. anzuheben. Diese weist das Ansinnen mit der Begründung zurück, daß der Graf beim Vertrag von 1812 nur die innere Einrichtung der Kirche im Auge gehabt habe, nicht einen Turm. Die Gemeinde gab sich damit nicht zufrieden, sondern wandte sich an die zweite Instanz, den Zivilsenat des Obertribunals (Gerichtshof) in Stuttgart, aber dieser wies unter dem 22. April 1836 die Klage ebenfalls ab. Damit ruhte die Angelegenheit zunächst.
Neue Gefahr: bereits im Jahre 1840 zeigten sich bedrohliche schwarze Flächen in der Kuppel, die nur von Wassereinbrüchen verursacht sein konnten. Die vorgenommenen Untersuchungen bestätigten die Annahme. Die zugezogenen Fachleute erklärten, daß diesem »elenden Bauwesen nur dadurch zu Hilfe gekommen werden könne, daß die Kuppel mit Brettern zwischen Dach und Gewölbe eingeschalt« werde. Das geschah denn auch; der Kostenvoranschlag des Schreinermeisters Ludwig Sandherr, Oberdischingen, in Höhe von 504 Gulden liegt noch vor.
Die Jahre gingen ins Land, der Graf starb, neue Herrschaften kamen nach, aber die Turmfrage ließ die Oberdischinger nicht ruhen. Schließlich, im Jahre 1892, stellte der Kirchenstiftungsrat auf Beschluß einer Bürgerversammlung vom 10. Januar beim Bischöflichen Ordinariat den Antrag auf Genehmigung eines neuen Kirchturms. Dieses genehmigte, nach Überprüfung der Deckung der Kosten, auch endlich den Bau. Oberamtsbaumeister Buck erhielt den Auftrag, er fertigte Skizzen an und führte dann 1893 den Bau auch durch. Der alte Glockenstuhl wurde abgebrochen, der Turm neu fundiert und errichtet. Die Gesamtkosten beliefen sich auf rund 20 000 Mark. Durch Sammlungen und freiwillige Spenden kamen etwas über 9000 Mark zusammen, die bürgerliche Gemeinde schoß 2000 Mark zu. Einzig der damalige Besitzer der Herrschaft Oberdischingen, Friedrich Kaulla, gab nichts. Er war darüber verärgert, daß man ihm als Juden die Patronatsrechte genommen hatte; er meinte, für eine Kirche, in der er nichts zu sagen habe, gebe er auch nichts. Zur Abdeckung der Restschuld wurde eine Anleihe aufgenommen, die dann aus den Einnahmen des Klingelbeutels abgetragen werden sollte. So geschah es auch.
So verständlich das Verlangen der Oberdischinger nach einem ausreichenden Turm war, so muß doch gesagt werden: diese Kirche braucht und verträgt im Grund keinen Turm, er tut ihrer Wirkung sogar Eintrag. Aber die Oberdischinger wollten nun einmal einen »richtigen« Turm. (Sie wurden ohnehin

von den Nachbarn gehänselt, der Malefizschenk habe drei Dummheiten begangen: er habe ein Brauhaus ohne Keller, eine Mühle ohne Wasser und eine Kirche ohne richtigen Turm gebaut. Das wurmte sie natürlich.)

Würdigung der Kirche

Seit dem Jahre 1832 hatte also die Gemeinde ihre geradezu einmalige Kirche, die sich durch ihren Stil, d. h. die äußere Gestalt und die innere Ausgestaltung, von allen andern Kirchen weit herum eindeutig abhebt. Sie ist in dem sogenannten »klassizistischen Stil« erbaut, d. h. in dem Stil, der im klassischen Altertum, also bei den Griechen und Römern, in Anwendung war und der um die Jahrhundertwende von Frankreich herüber nach Oberschwaben kam. Von den großen Architekten, die diesen Stil vertraten, müssen neben Michel d'Ixnard noch die beiden Hofbaumeister de la Guépière und Thouret genannt werden. Wie wir bereits Seite 68 hörten, darf der Bau dem Stuttgarter Architekten Thouret zugeschrieben werden. Die klassizistischen Kirchen Deutschlands waren großenteils Hof- und Schloßkirchen. Sie entsprangen dem Bestreben, das Architekturbild der Residenz zu verschönern und damit das Ansehen des Hofes, der Herrschaft, zu erhöhen. Eine solche Hof- und Schloßkirche sollte nach dem Willen des Grafen auch unsere Pfarrkirche zunächst sein.
Was dieser Kirche aber das besondere Gepräge gibt, das ist die zentrale Anlage, d. h. der Kirche liegt ein griechisches (aus vier gleich langen Armen bestehendes) Kreuz zugrunde, das von einer mächtigen Kuppel überwölbt wird. Das unmittelbare Vorbild dafür war sichtlich das »Pantheon«, ein ehemals heidnischer Tempel in Rom, gleichfalls ein Rundbau mit mächtiger Kuppel und einer von Säulen getragenen Vorhalle. Diese haben wir in Oberdischingen ja auch.
Es ist durchaus möglich, daß der Graf auf seiner Bildungsreise durch Italien das Pantheon sah und nachhaltig von ihm beeindruckt wurde wie die vielen vor ihm, die in jenem Bau eine Art Weltwunder der Architektur erblickten. In ihrer baulichen Anlage weicht demnach die Oberdischinger Kirche von den großen gotischen und romanischen Domen und den mächtigen Münstern der Barockzeit völlig ab, die alle Längsbauten mit Querschiff sind. Diese werden auch den Bedürfnissen der Gemeindekirche mehr gerecht, während sich die Rundkirchen für die kleineren Ausmaße einer intimen Hof- und Schloßkirche besser eignen. Als solche war ja auch unsere Pfarrkirche ursprünglich gedacht. Zweifellos kam es dem Erbauer mehr darauf an, dem Geschlecht der Schenken von Castell ein imposantes Denkmal zu setzen, als seinen Untertanen ein besseres und größeres Gotteshaus zu schenken. Als Schloßkirche wird sie auch dadurch charakterisiert, daß für die gräfliche Familie ein besonderer Betraum (Oratorium) auf der rechten Empore vorgesehen war.
Das Innere der Kirche erhält sein Gepräge vor allem durch die mächtige Kuppel. Diese wird von vier Paaren schlanker ionischer Säulen getragen,

ruht aber auch noch auf den Winkeln der vier Kreuzesarme auf. Dadurch wird die Mächtigkeit des Innenraumes noch erhöht, die Wirkung der Kuppel noch gesteigert. Die ringsum laufende, also einen Kreis bildende Empore nahm den Schwung der Kuppel nochmals auf. Die drei Altäre standen alle vorne an der Chorrampe und fügten sich dadurch der Rundung ein. Durch die konzentrische Anordnung des Gestühls wurde diese noch einmal betont. So ordnet sich auch die Innenanlage dem Gedanken des Rundbaus unter. Im Sinne der Wirkung durch Großräumigkeit blieb der plastische Schmuck wie auch der Einsatz der Farbe auf ein Minimum beschränkt. Auch die sieben Steinreliefs aus Blaubeuren waren ursprünglich an der Außenwand der Kirche (unter der Säulenhalle) angebracht. So wirkte die Kirche zwar großräumig, monumental, aber leer. Die großen hellen Fenster verstärken den Eindruck der Kühle und Strenge, der höfischen Gemessenheit noch. Das geheimnisvoll-feierliche Dunkel, das unsere mittelalterlichen Dome durchwebt, den festlichen Glanz der farbenprächtigen Barock- und Rokokokirchen, dürfen wir in und von diesen klassizistischen Kirchen nicht erwarten. Sie wollen durch Monumentalität wirken, und das gelingt jedenfalls der Oberdischinger Kirche voll und ganz.

Das Äußere befriedigt nicht so vollkommen. Vor allem stört der Turm, der an sich formschön ist, aber nicht hierher paßt. Ohne den Turm würde die Kuppel größer, höher, mächtiger wirken. Das lassen Bilder aus der Zeit vor 1892/93 deutlich erkennen. Zum zweiten fehlt der Kirche, abgesehen vom unmittelbaren Vorplatz, der angemessene Rahmen. Auf der westlichen Seite drängt sich der Schloßpark zu nahe heran, auf der östlichen Seite aber wirken die alten Ökonomiegebäude samt dem, was dazugehört, ebenso störend wie der weit in den Kirchenplatz hineinragende Hausgarten. Aber auch so bleibt der Eindruck eines imposanten, majestätischen Bauwerks, sichtbarer Ausdruck eines selbstbewußten Herrentums jener Zeit.

Ein Wort noch zu den sieben großen Steinreliefs, die der Graf im Jahre 1806 aus der ehemaligen Klosterkirche in Blaubeuren erworben hatte. Sie wurden 1501 von einem Meister Anton (»Andon«) für die Brüstung der Orgelempore dieser Kirche geschaffen. Sie sind ein Werk der berühmten Ulmer Schule jener Zeit. Die Umrahmung der Brüstung mit dem Bildnis, dem Namen und dem Meisterzeichen ihres Schöpfers ist verlorengegangen. Die Reliefs wurden 1810 am Porticus angebracht, später in das Innere der Kirche verlegt.

Über die späteren Renovationen der Kirche 1911 und 1965 siehe Seite 141 f.

Die Ablösung der bäuerlichen Lasten — Der Bauer wird frei

Als zweite wichtige Aufgabe kam auf den Grafen die Auflösung der Lehensherrschaft und die Ablösung der bäuerlichen Lasten zu, ein höchst bedeutsamer Vorgang, aber auch ein schwieriger und langwieriger Prozeß, dessen Abschluß er selbst gar nicht mehr erleben sollte.

Seit dem unglücklich verlaufenen Bauernkrieg (1525) hatten die Bauern nicht mehr gewagt, sich gegen ihre Herren zu erheben oder mit Forderungen an sie heranzutreten. Andererseits hüteten sich die Grundherren, von Ausnahmen abgesehen, die Bauern zu reizen oder zu Verzweiflungsausbrüchen zu treiben. Mit der Zeit wurden die Lasten vielerorts erleichtert, so auch in Oberdischingen. Wenn wir hörten, daß bei dem Tod eines Leibeigenen das beste Pferd oder das beste Stück Vieh, oder beim Tod der Frau eines Leibeigenen das beste Gewand von der Herrschaft eingezogen wurde, so wurden diese Abgaben später den Familienangehörigen, d. h. den »Freunden« (Verwandten) überlassen. Weiter wurden im 18. Jahrhundert in Oberdischingen die Fall-Lehen (die meisten Höfe und Seldgüter waren immer noch als Fall-Lehen ausgegeben) praktisch als Erblehen behandelt, d. h. sie gingen in der Regel vom Vater auf den Sohn über. Desgleichen wurden die paar Schupflehen, die es in Oberdischingen noch gab, praktisch in Fall-Lehen umgewandelt, d. h. der Inhaber konnte das Lehen bis zu seinem Tode innehaben, dann erst wurde weiter entschieden.

Die eigentliche Befreiung des Bauernstandes vollzog sich in der ersten Hälfte des 19. Jahrhunderts im Gefolge der Aufklärung, jener geistigen Bewegung, die in den Mittelpunkt die Rechte des Einzelmenschen stellte, jene Rechte, die ihm als Menschen — ohne Ansehen der Geburt — angeboren und mit seiner Würde als Mensch »unabdingbar« verbunden sind. Gemeint sind vor allem das Recht auf Freiheit, Eigentum, Sicherheit und Widerstand gegen Willkür. Diese Rechte wurden zum ersten Mal in der amerikanischen Verfassung 1789 niedergelegt. Auf europäischem Boden wurden sie in der Französischen Revolution vom französischen Volk durchgesetzt und später von andern Staaten übernommen. Das Ergebnis ist eine neue Gesellschaftsordnung, an deren Ende u. a. auch der freie, selbständige Bauer steht.

Als erstes mußte die verhaßte, immer schon als menschenunwürdig empfundene Leibeigenschaft fallen, und zwar in den beiden Formen, die wir kennengelernt haben, der personalen und der realen Leibeigenschaft.

Im Sinne des neuen Denkens wurde im altwürttembergischen Landtag bereits im Jahre 1798 der Antrag auf Aufhebung der Leibeigenschaft gestellt, von dem damaligen Landesherrn, dem Herzog und späteren König Friedrich I., aber ungnädig zurückgewiesen. Im Zuge der sogenannten Mediatisierung kamen die bisher reichsunmittelbaren weltlichen Herrschaften, darunter auch Oberdischingen, unter die Hoheit des Königs von Württemberg. Diese Herrschaften hielten natürlich nach dem Verlust der Reichsunmittelbarkeit doppelt an den ihnen verbliebenen Rechten als Grundherren fest. Im Jahre 1808 erklärte der König, er sei entschlossen, die in der Hand der Krone befindlichen Fall-Lehen in Erblehen oder Zinsgüter zu verwandeln. Zwei Jahre später ging er noch weiter: er bestimmte, daß die Fall-Lehen in freies Eigentum umgewandelt werden sollen. Gleichzeitig hob er auch die Leibeigenschaft auf den königlichen Gütern auf. Für beides, die »Eigenmachung« der Höfe wie die Aufhebung der Leibeigenschaft, mußten die Betroffenen eine »billige«, d. h. verhältnismäßig geringe Entschädigung bezahlen.

Im Jahre 1812 verfügte der König, daß die Fall-Lehen aller Grundherren in Erblehen umzuwandeln seien und, sofern der Antrag auf Umwandlung in freies Eigentum gestellt werde, diesem stattzugeben sei. Die Bedingungen der Umwandlung, vor allem die Höhe der Entschädigung an den Grundherrn, sollen im einzelnen Fall zwischen Grundherrn und Lehensmann ausgemacht werden.

Naturgemäß riefen diese Verfügungen des Königs bei den Grundherren starkes Mißvergnügen hervor. Aber solange Napoleon herrschte, der selbst aus der Revolution hervorgegangen war, wagten sie sich nicht hervor. Jedoch nach dessen Sturz vertraten sie auf dem Wiener Kongreß (1813—15) die angestammten Rechte mit allem Nachdruck. In der Tat, die sogenannte Bundesakte vom Jahre 1815 sicherte ihnen »alle diejenigen Rechte und Vorzüge« weiterhin zu, die »aus ihrem Eigentum und dessen ungestörtem Genuß herrühren«. Kein Wunder, waren doch die großen Herren in Wien zumeist selber große Grundherren — so hatte Fürst Metternich z. B. noch 1803 das aufgehobene Kloster Ochsenhausen mit allen bäuerlichen Hintersassen und deren Höfen und Selden erhalten —; sie waren durchaus konservativ, d. h. auf Erhaltung des alten Besitzstandes und der alten Rechte, eingestellt. So hielten sich die Grundherren bei uns für befugt, trotz des königlichen Erlasses nach wie vor Fall-Lehen auszugeben. Aber König Friedrich dachte nicht daran, sich an die Bestimmungen der Bundesakte zu halten, und drohte den Grundherren bei Zuwiderhandlung schwerste Strafen an.

Sein Nachfolger, König Wilhelm (1816—64), ein ausgesprochener Bauernfreund, ging auf den Bahnen seines Vaters weiter, allerdings in versöhnlicherer Weise. So ergingen unter dem 18. November 1817 zwei königliche Erlasse:

1. Die Leibeigenschaft wird am 1. Januar 1818 grundsätzlich aufgehoben, die Leibherren haben ein Anrecht auf eine gesetzlich festzulegende Entschädigung.
2. Die Fall-Lehen werden spätestens beim Ableben der Inhaber in Erblehen, die bisherigen Erblehen in freie Zinsgüter umgewandelt.

Das war in großer Schritt nach vorne, denn bei Erblehen muß der Lehensherr das Gut an den Sohn weitergeben, und die freien Zinsgüter sind praktisch freies Eigentum, der bisherige Lehensmann zahlt nur noch eine Art Pachtgeld. Des weiteren wurde bestimmt: Sämtliche Grundabgaben sind ablösbar, also die sogenannten Gülten, die Frondienste und die Zehnten. Für die letzteren wurde der 20fache Jahresbetrag als Ablösung festgesetzt. Es mußte also errechnet werden, was die Zehnten usw. an Geldwert das Jahr über ausmachten, und das mit 20 vervielfacht. Für die Durchführung dieser Bestimmung wurde den Grundherren eine Frist von zwei Jahren gewährt. Diese erklärten sich zwar mit der Aufhebung der Leibeigenschaft einverstanden, wollten aber von der Ablösbarkeit der Lasten und der Umwandlung der Lehen nichts wissen. Sie wandten sich wiederum an den Bundestag, dieser

kam ihnen entgegen und bot sich bei Streitfällen als Schiedsrichter an, natürlich im Sinn der obengenannten Bundesakte.
Darauf lenkte König Wilhelm ein. Er erklärte sich bereit, die Ablösungssätze durch ein Landesgesetz festlegen zu lassen, dadurch erhielten die Grundherren ein Mitbestimmungsrecht. Damit begann natürlich ein großes Feilschen, wobei die allgemeine Stimmung durchaus gegen die Grundherren war, die wohl ihre Rechte in Anspruch nahmen, aber ihren angestammten Verpflichtungen (Bau und Unterhaltung von Kirchen und Schulen usw.) größtenteils seit langem nur ungenügend nachkamen. Indessen ruhte der König nicht. Er brachte im Jahre 1836 eine Vereinbarung mit den Grundherren zuwege, nach der der Staat die Verpflichtung übernahm, die vereinbarten Ablösungssummen auf einmal aus der Staatskasse an die Grundherren auszubezahlen, während die Pflichtigen, also die bisherigen Lehensinhaber, ihre Beträge in Raten an den Staat zu erstatten haben. Jetzt ging es also nur noch um die Ablösungssätze. Einzelne Herrschaften verständigten sich gütlich mit ihren Lehensleuten. Bei den meisten aber bedurfte es des Eingreifens der Regierung. Diese machte auch wiederholt Vorschläge, die für die Grundherren sehr günstig waren — sie bot als Ablösung den 20- bis 25fachen Jahresbetrag —, aber diese zögerten. Als dann im März 1848 bei uns die Revolution ausbrach, entwickelte sich sehr rasch ein Klima im Land, das den Gutsherren ausgesprochen feindlich war. Viele Stimmen forderten laut eine entschädigungslose Aufhebung der Lasten. Der neue Landtag verabschiedete am 14. April 1848 ein Gesetz, das dann der späteren Ablösung zugrunde gelegt wurde. Danach erklärten sich die Gutsherren mit dem 15- bis 16fachen Jahresbetrag einverstanden. Das sollte aber nur für die Frondienste und den Zehnten gelten. Gegen die Umwandlung der Lehen in freies Eigentum sträubten sie sich nach wie vor. Aber die Zeit war durchaus gegen sie, und im Jahre 1861 kam dann die endgültige Regelung in dem Sinn zustande, daß den Gutsherren der 16fache Jahresbetrag als Ablösung zugestanden wurde. Die Durchführung benötigte noch ein paar Jahre, aber mit dem Gesetz vom 4. April 1865 wurde der Schlußstrich unter die Ablösungsgeschäfte gezogen.
Ein zäher, erbitterter Kampf war damit zu Ende gegangen. An die 70 Millionen Gulden warf der Staat zur Befriedigung der Grundherren aus — eine gewaltige Summe, aber auch ein tiefer Einschnitt in die Besitz- und Rechtsverhältnisse. Für den schwäbischen Bauern begann damit ein neuer Tag.

Die Vorgänge in Oberdischingen

Wie liefen die Vorgänge in Oberdischingen ab? Der Kampf der Oberdischinger Bauern im Jahre 1796 war, wie wir bereits hörten, mit dem Erlaß der Kaiserl. Landgerichtskommission vom 5. Juli 1802 entschieden worden, der die Frondienste der Bauern und Seldner genau festlegte. Im Frühjahr 1818 traten die Oberdischinger Bauern erneut an den Grafen heran und verlangten unter Berufung auf die vom König zum 1. Januar 1818 verfügte Auf-

hebung der Leibeigenschaft die Umwandlung der Fronen in eine einmalige
Geldleistung. Sie gingen dabei von der Annahme aus, daß mit der Aufhebung
der Leibeigenschaft ganz von selbst auch die Verpflichtung, Frondienste zu
leisten, erloschen sei. So heißt es in einem undatierten Entwurf zu einer Eingabe an die Herrschaft, wohl vom Januar oder Februar 1818: »Ist diese Leibeigenschaft durchaus (völlig) aufgehoben, so sind wir auch in diesem Jahr
die Fronen in natura zu leisten nicht mehr schuldig.« Der Ton ist ausgesprochen feindselig, die Stimmung gereizt, wie etwa der Satz in diesem Entwurf
erkennen läßt, »daß der älteste Mann im Dorf sich keiner Gnade des Herrn
Grafen rühmen könne, wohl aber der vielen Quälereien und unnötigen Plaggereien desselben«. Weiter heißt es: »Der König will das Wohl aller seiner
Untertanen, und wer hiezu nicht mit allen Kräften hilft, der ist dessen Feind
und der Untertanen.« Aber die Herrschaft ging auf das Ansuchen gar nicht
ein. Nun wandten sich die Bauern mit einer Eingabe vom 18. März 1818 an
die Königl. Regierung, worin sie sich über die »ungemessenen und im höchsten Übermaß von der Ortsherrschaft geforderten Fronen« beschweren, die
ihnen trotz der Regelung vom Juli 1802 immer noch aufgebürdet würden,
»weil die Gräflich Schenk'schen Untertanen in Dischingen durchaus keine
Kenntnis von ihren Lasten sowohl als von ihren Befugnissen haben, was freilich für sie sehr traurig ist; denn so mußten sich dieselben von jeher ganz der
Willkühr und Gnade ihrer Herrschaft überlassen, ja 19 Jahre hatte Dischingen nicht einmal einen Ortsvorstand; es gab daselbst sogar Wochenbürgermeister, wo jede Woche ein neuer eintrat«. Diese Sätze sind sehr aufschlußreich. Sie zeigen, wie willkürlich der Graf mit seinen Bauern umsprang, aber
auch mit Gemeinde und Schule. Diese »allerunterthänigst bittliche Vorstellung«, die die Bauern »in tiefster Ehrfurcht und Dankbarkeit ersterbend«
ihrem König unterbreiten, ist von 40 Bauern und Seldnern unterzeichnet, an
der Spitze Schultheiß Mack und Bürgermeister Braig. Die Antwort aus Stuttgart scheint ernüchternd ausgefallen zu sein. Jedenfalls liegt ein Schreiben
der Regierung an den Donaukreis in Ulm vom 5. Juni 1818 vor, nachdem
das Königl. Oberamt die Ortsvorsteher von Dischingen dahin belehren soll,
daß es wohl Aufgabe des Staates sei, die Bürger »gegen Willkür und Übermut« der Herrschaften zu schützen, gleichzeitig aber auch die »Renitenten«
(Verweigerer) wiederholt zur Leistung ihrer Schuldigkeiten anzuhalten und
auf der Execution (Durchführung der Verpflichtungen) zu beharren, gleichzeitig gehe ein gleichlautendes Schreiben der Herrschaft zu.
Aber die Oberdischinger geben keineswegs klein bei. Sie wollen sich nunmehr
direkt an den König wenden. Mit Schreiben vom 5. Juli d. J. teilt Schultheiß
Mack dem »Hochlöblichen Königl. Oberamt« Ehingen mit, daß kein anderer
Weg mehr übrig bleibe, »als uns selbst persönlich an Seine Königl. Majestät
zu wenden«. Was daraus geworden ist, läßt sich aus den Akten nicht feststellen. Dagegen liegt ein Erlaß der Kreisregierung in Ulm vom 2. November
1819 vor, der bestimmt, daß angesichts des Widerspruchs zwischen der Gräflich Schenkschen Grundherrschaft und der Gemeinde »die versuchte Vergleichsverhandlung in der Frohnablösungssache einstweilen auf sich beruhen

möge«. Offenbar hatte die Herrschaft auch eine Darstellung vorgelegt. Kurzum, die Oberdischinger werden angewiesen, daß sie weiterhin Frondienste im Rahmen der Festlegung von 1802 zu leisten haben, dagegen seien alle weiteren Forderungen »standhaft zu verweigern«. Dabei bleibt es offenbar für die nächste Zeit. Die tatsächliche Ablösung bzw. Umwandlung der Fronen erfolgte erst im Jahre 1828. In den Akten befindet sich noch die Originalurkunde vom 1. Dezember 1828, in der sich 21 Bauern, unter denen noch zwei Schupflehenbauern, Matthias Ströbele und Franz Josef Hermann, aufgeführt sind, sowie 36 Seldner und 22 Häusler unterschriftlich oder durch Handzeichen beglaubigt mit der getroffenen Übereinkunft einverstanden erklären*). Die festgelegte Ablösungssumme belief sich auf 850 Gulden, zahlbar in zwei gleich hohen Raten.
Damit war diese leidige Angelegenheit aus der Welt geschafft, es blieben die viel schwierigere Ablösung der Zehnten und schließlich die Umwandlung der Lehen in wirkliches Eigentum.

Zur Ablösung der Zehnten

Nach langen Verhandlungen im Landtag waren Vereinbarungen über die Ablösung der Zehnten zustandegekommen, die am 17. Juni 1849 Gesetzeskraft erlangten. Dabei wurde als Richtsatz der 16fache Betrag des jährlichen Reinertrags bestimmt. Daß es sich hierbei um ganz erkleckliche Beträge handelte, mag die Aufstellung der dem Pfarrer in Oberdischingen zustehenden Zehnten zeigen.
In der »Beschreibung der katholischen Pfarrpfründe Oberdischingen« vom Jahre 1811 findet sich eine genaue Aufstellung hierüber. Danach standen dem Pfarrherrn die Hälfte aller im Dorf aufzubringenden Zehnten zu, die andere Hälfte gehörte dem Gutsherrn. Nur von der Flur »Roßgärtle«, die nach der gleichen Beschreibung erst im Jahre 1738 urbar gemacht wurde, fiel dem Pfarrer der sogenannte Novalzehnte (Neubruchzehnte) zur Gänze zu.
Im einzelnen handelt es sich um folgende Leistungen (fl = Gulden):

a) der *Großzehnte*. Dieser wird, wie wir bereits wissen,
aus dem Getreide geleistet. Der Geldwert desselben beträgt,
nach den Marktpreisen des Jahres gerechnet, rund   923 fl
Davon erhält der Frühmesser Zehnten   122 fl
Für Fuhrlohn und an die Zehntknechte   93 fl

                                                 insgesamt   215 fl   215 fl

                                 bleiben als reiner Ertrag   708 fl

---

*) Es mag interessieren, daß alle Bauern mit ihrem Namen unterschrieben, daß von den Seldnern nur zwei ihren Namen schreiben konnten, von den Häuslern dagegen kaum einer. Dies im Jahre 1828!

b) der *Kleinzehnte*. Dieser umfaßt im einzelnen bei

Wicken	22 fl	
Linsen	1 fl	
Erbsen	1 fl	
150 Wickenbuscheln	10 fl	
Leinen	30 fl	
Dazu kommen noch kleinere Beträge für Flachs, Erdäpfel, Klee, Kraut und Rüben, insgesamt	183 fl	
Davon gehen ab an Löhnen	60 fl	
Restbetrag	123 fl	123 fl

c) der *Wiesenzehnte*.

Von 200 Morgen 150 Zentner Heu	75 fl	
Davon gehen ab an den Frühmesser	10 fl	
Fuhrlohn	8 fl	
Restbetrag	57 fl	57 fl

d) der *Obstzehnte*.

Äpfel 10 Simri zu je 12 Kreuzer	2 fl	
Birnen 10 Simri zu je 12 Kreuzer	2 fl	
zusammen	4 fl	4 fl

e) der *Blutzehnte*, von den Haustieren, die im Stall geworfen wurden, und vom Federvieh

4 Fohlen zu je 8 Kreuzer	32 Kr.	
50 Kälber zu je 2 Kreuzer	1 fl 40 Kr.	
Gänse 5 Stück (abzuliefern)	2 fl	
Enten 5 Stück (abzuliefern)	1 fl	
Hühner 8 Stück	48 Kr.	
gesamt	4 fl 120 Kr.	6 fl

f) der *Bienenzehnte*. »Da die Bienenzucht hier sehr unbedeutend ist, wurde jahrelang kein Bienenzehnter erhoben; erst seit letztem Jahr wurden wieder von 16 Stöcken je 2 Kreuzer eingehoben«, macht halbiert für den Pfarrhof 16 Kr. 16 Kr.

demnach Gesamtertrag des Zehnten rund 900 fl 16 Kr.

Nehmen wir noch den genannten Novalzehnten in Höhe von 56 Gulden hinzu, so erhöhen sich die Zehnteinnahmen für den Pfarrer auf über 950 Gulden.

Natürlich erhält auch die Herrschaft ihre Hälfte. So ergibt sich, daß jedes Jahr an Zehntleistungen rund 1800—1900 Gulden aufgebracht werden mußten. Wir verstehen die ablehnende Haltung der Herrschaften, da sie ja mit der Umwandlung der Zehnten in Festbeträge nicht nur finanziell ein schlechtes Geschäft machten, sondern auch einen fühlbaren Einbruch in ihre Herrenstellung hinnnehmen mußten.

Die tatsächliche Ablösung der Zehnten erfolgte dann auf der Grundlage des Gesetzes vom 17. Juni 1849, das als Ablösungssatz den 16fachen Jahresbetrag vorsah. Die einzelnen konnten ihre sich daraus ergebende Verpflichtung in 22 Jahresraten tilgen. Die Pflichtigen (Lehensleute) erklärten durch Unterschrift ihr Einverständnis, außerdem verpflichtete sich der Bürgerausschuß

durch Unterschrift für die Einhaltung der vertraglich getroffenen Abmachungen.
Laut Beschreibung der Pfarrstelle vom Jahre 1892 wurden dann gemäß Urkunde vom 12. Januar 1854 die gesamten Zehnten um die Summe von 22 000 Gulden abgelöst.
Wie genau die Ablösung gehandhabt wurde, zeigt der Fall der Ablösung des sogenannten Vierfestessens, das den Geistlichen und dem Mesner zustand und das pro Jahr mit 2 Gulden veranschlagt wurde. Auch dieses wurde kapitalisiert und als Ablösungssumme der 16fache Jahresbetrag angesetzt, mit Zinsen auf 39 Gulden und 42 Kreuzer errechnet und in Raten an den Pfarrer und den Mesner ausbezahlt.

Die Umwandlung der Lehen in freies Eigentum

Wie sich dieser letzte und wichtigste Vorgang bei der Bauernbefreiung in Oberdischingen abspielte, ersehen wir aus der »Ablösungsurkunde« vom 25. Januar 1851 für den Lehensmann des Widums von Oberdischingen.
Auch über den vermutlich ersten, damals weit zurückliegenden Akt dieser Art, die Umwandlung eines kleinen Fall-Lehens in ein freies Zinsgut — gemäß dem Königl. Erlaß vom 13. Februar 1808 — sind wir durch zufällig erhaltene Niederschriften unterrichtet. Demnach hatte der alte, kinderlose und verwitwete Seldner Zyprian Fischer aus Oberdischingen im Januar 1813 bei der Heiligenpflege beantragt, zwei kleine Ackerstücke von zusammen etwa einer Jauchert, die er bisher als Fall-Lehen innehatte, in Zinsgüter zu verwandeln. Dem stimmte die Heiligenpflege grundsätzlich zu. Sie ließ die beiden Äcker schätzen; der Schätzwert belief sich auf 30 Gulden, der Loskauf von der »Fallbarkeit« (Aufhebung des Charakters als Fall-Lehen) wurde auf 6 Gulden errechnet. Der Antrag wurde der zuständigen Stelle in Stuttgart zugeleitet. Diese entschied, im Hinblick auf das hohe Alter, die Kinderlosigkeit und die schlechten Finanzen des Antragstellers, die Dinge bis zum »Heimfall« (Tod des Lehensmannes und damit Rückfall des Lehens) auf sich beruhen zu lassen. Als Fischer wenige Jahre darauf starb, fragte die Heiligenpflege wieder bei der Regierung an, ob sie die genannten Lehensgüter jetzt als »eigentümliche Zinsgüter« (Zinsgüter, die Eigentum sind) verkaufen könne. Die Antwort auf diese »in aller submissesten (unterwürfigsten) Gewärtigung einer Allergnädigsten Entschließung in tiefster Erniedrigung« vorgebrachte Bitte ist leider nicht erhalten. Wir sehen aber daraus, wie sorgfältig diese Angelegenheiten behandelt wurden.
Die eigentliche umfassende Ablösung fand dann, wie bereits bemerkt, im Jahre 1851 statt. Danach wurden die Geld- und Naturgefälle (Zinsen, Gülten und sonstige Sachleistungen) in ihrer jährlichen Höhe zusammengestellt und daraus der Ablösungsbetrag — das 16fache der jeweiligen Jahresleistung — errechnet. Jedem Lehensmann wurde ein »Ablösungsschein« zugestellt, der die genaue Berechnung des Ablösungsbetrags enthielt.

So wurde für den Widumbauern Franz Anton Häusler die Jahresleistung an Gülten und Küchengefällen für Haus und Hof (59 Morgen Acker, 12 Morgen Wiese) auf 64 Gulden 49 Kreuzer errechnet. Die Ablösungssumme wurde — mit Gebühren — auf 1037 Gulden 4 Kreuzer festgestellt. Diese entrichtet im Augenblick der Staat an den bisherigen Lehensherrn. Franz Anton Häusler, der bisherige Lehensmann, zahlt diesen Betrag in 23 Jahresraten — die Zinsen eingerechnet — von je 69 Gulden 18 Kreuzern an die Staatskasse zurück.

Dasselbe Verfahren wurde bei allen Höfen und Selden angewendet. Von jedem wurde die Ablösungssumme festgestellt und daraus die jährliche Ablösungsrate errechnet. Praktisch bedeutete das: im Jahre 1874 waren bei normaler Abzahlung die Höfe und Selden ablösungsfrei.

Mit Ablösung der grundherrlichen Lasten war die Herrenstellung des Adels so gut wie dahin. Bauern und Seldner sind jetzt freie, gleich- und vollberechtigte Besitzer. Andererseits hatten sie jetzt damit auch die volle Verantwortung für ihre Höfe übernommen, sie mußten sich bewähren. Es zeigte sich dann aber gerade in Oberschwaben, daß nicht jedem die uneingeschränkte Freiheit gut bekam!

Würdigung des Grafen Franz Joseph

Im Schatten seines herausragenden Vaters, eines ungewöhnlichen Menschen, stehend, nimmt sich der Sohn und Erbe auffallend blaß und gesichtslos aus. Wir wissen, er hat den Titel »Schenk« abgelegt, nennt sich zeitlebens Graf Franz zu Castell-Dischingen, ist aber beim Antritt der Herrschaft immer noch Graf zu Schelklingen und Berg, Herr zu Oberdischingen, Bach, Wernau und Einsingen, Hausen und Stetten a. k. Markt; später wird er Königl. Württemb. Wirklicher Geheimer Rat, Kammerherr, wird Inhaber des Königl. Württemb. Civil-Verdienstordens Großkreuz und zahlreicher anderer Orden. Mit klarem Blick erkannte er schon früh, daß die ausgreifenden Ideen und die Baulust seines Vaters ihn einmal teuer zu stehen kommen werden. Daher die wachsende Abneigung gegen diesen. In dem Gebaren seines Vaters sah er den sicheren Weg zum Niedergang des Hauses, der seines Erachtens schon mit seinem Großvater eingesetzt hatte. »Mein Großvater«, heißt es in einem von ihm verfaßten Stammbaum seines Geschlechtes, »leitete ... den Niedergang des Hauses von neuem ein, welcher durch das schlechte Verhalten seines Sohnes Ferdinand und die Unordnung seines zweiten Sohnes Franz Ludwig, meines Vaters, fortgesetzt wurde ... Das Geschlecht hatte unter Johann Willibald (1619—97) und (dessen Sohn) Marquard Willibald Antoni (1697 bis 1724) neuen Glanz anzunehmen begonnen. Seit dieser Epoche befindet es sich von neuem im Verfall.«

Als er das Erbe seines Vaters antrat, bemühte er sich verzweifelt, mit der Unordnung, die er vorfand, aufzuräumen und den ungemeinen finanziellen Anforderungen gerecht zu werden. Wir hörten auch bereits, daß er sich durch eine juristische Erfassung seines Besitzes, seiner Einkünfte und seiner Verpflichtungen einen zuverlässigen Überblick zu verschaffen suchte, um auf einer derartigen Basis neu beginnen und ein geordnetes Leben wieder in Gang bringen zu können. Das gelang ihm offensichtlich, wohl auch unter Abstoßung auswärtiger Güter und Herrschaften (Hausen, Stetten a. k. Markt usw.) und durch Aufnahme großer Kredite. Wir verstehen aber auch, daß der Oberdischinger Besitz ihm wenig Freude bereitete. Daher kehrte er diesem den Rücken zu, trat in den Dienst des Hauses Württemberg, das der Vater so gehaßt hatte, und wurde dessen Gesandter in Petersburg. Näheres über die Art und die Dauer seiner dortigen Tätigkeit läßt sich aus den vorhandenen Akten nicht ausmachen. Jedenfalls starb er in Oberdischingen (1845) und wurde hier auch in der Gruftkapelle beigesetzt. Die noch erhaltene Leichenrede des damaligen Kaplans Linsenmann rühmt seine Menschlichkeit, seine weite Bildung und seine Kenntnisse auf den verschiedensten Gebieten, die er sich durch unermüdliche Weiterbildung angeeignet habe.

Der letzte Reichsgraf Schenk von Castell auf Oberdischingen

Nach dem Tode des Grafen Franz Joseph übernahm dessen Sohn Ludwig die Herrschaft. Er wurde am 15. Juli 1802 in Wurzach geboren und war in erster Ehe mit Maria von Potoka verheiratet. Die Ehe blieb kinderlos. Nach dem Tode der ersten Frau ging der 57jährige eine zweite Ehe mit Josefine von Poth ein. Aus dieser Verbindung gingen der Sohn Ludwig Anton, geboren am 14. Mai 1860 in Salzburg, der letzte männliche Nachkomme des Geschlechts und Träger des Namens, sowie eine Tochter Maximiliane hervor, die unvermählt starb.
Von der Tätigkeit des Grafen Ludwig als Gutsherr hat sich bis jetzt kein aktenmäßiger Niederschlag gefunden. Im Gegensatz zu seinem Vater fand er einigermaßen geordnete Verhältnisse vor, wenngleich das Gut immer noch stark verschuldet war. Wie wenig beliebt er und vor allem seine Frau bei den Oberdischingern gewesen sein müssen, zeigt ein merkwürdiges Schriftstück des Pfarrers Hensinger vom 23. März 1848 an das Dekanatsamt in Ehingen. In diesem steht zu lesen, daß der Schultheiß und ein Gemeinderat des Dorfes bei ihm erschienen seien und ihn im Namen der Bürgerschaft gebeten haben, »für die Patronatsherrschaft das öffentliche Gebet nicht mehr zu verrichten«, höchstens noch für den Grafen und »auch der sei nicht mehr als Erlaucht anzusprechen, denn die Erbitterung gegen die Herrschaft und vorzüglich gegen die Gräfin ist aufs äußerste gestiegen«. Nun befinden wir uns im Jahre 1848, und im März dieses Jahres gingen die Wogen der Revolution besonders hoch, das macht das Schreiben bzw. das Ansinnen etwas verständlicher. Die Oberdischinger hatten sich ja schon immer wieder aufrührerisch benommen. Der Pfarrer ist in Sorge, befindet er sich doch in einer mißlichen Lage. Auch der Herr Dekan glaubt, daß »bei den gegenwärtigen Ereignissen nachzugeben Klugheit sei«. »Es bleibt immer in Aussicht, daß sich am Ende alles

wieder besser gestalten kann.« Wir wissen leider nicht, wie sich der Pfarrer aus der Klemme zog.

Folgende Tatsachen mögen beleuchten, wie es damals überhaupt um das Verhältnis zwischen Herrschaft und Bürgerschaft stand:

Im Mai des Jahres ließ der wiederholt gewarnte Graf in aller Morgenfrühe die Rentamtskasse, die Schmucksachen und sonstigen Geldwerte der Familie in die benachbarte sichere Stadt Ulm fahren, nachdem in der Nacht zuvor die Sachen in aller Heimlichkeit durch vertraute, absolut zuverlässige Diener verpackt worden waren. Unter den Begleitern dieser wertvollen Fracht fand sich auch der durch seine Kraft und Unerschrockenheit bekannte »Doktor von Dischingen«, dessen Enkel uns davon berichtet hat. Wenige Tage danach kam es zum Sturm der revolutionären Elemente auf die Rentamtskanzlei, die hofften, dort die Domänenkasse zu erobern, vor allem aber auch die dort verwahrten Unterlagen über Schuldforderungen der Herrschaft, fällige Zinsen, Gült- und Pachtbeträge in die Hand zu bekommen und damit alle Verpflichtungen loszuwerden. Doch verlief der Sturm offenbar harmlos und ohne Blutvergießen. Daß in diesen Tagen den »Herrenleuten«, vor allem der verhaßten Schloßherrschaft selbst – die sich inzwischen in Ulm in Sicherheit gebracht hatte –, alle Fensterscheiben eingeworfen, der »Herrengesellschaft« aller möglicher Schabernack angetan wurde, das nur nebenbei. Es genügte, der gräflichen Herrschaft den Aufenthalt in Oberdischingen zu verleiden. In der Tat verkaufte der Graf auch im Jahre 1851 die Herrschaft und zog mit seiner Familie nach Salzburg. Dort starb er am 13. August 1876.

Mit seinem einzigen Sohn Ludwig Anton, der am 31. Mai 1902 in Görbersdorf/Schlesien starb, erlosch das Geschlecht der Schenken von Castell im Mannesstamme. Ludwig Anton war mit einer Lilly Mautner von Markdorf verheiratet, die ihm eine Tochter Maria schenkte. Er hatte es noch zum K. u. K. Rittmeister I. Klasse gebracht und schied nach langem schweren Leiden schon mit 43 Jahren aus dem Leben. Er wurde im Familiengrab in Salzburg beigesetzt. Die Gräfin Maria heiratete ihrerseits einen Herrn Blühdorn; aus dieser Ehe ging eine Tochter Yvonne hervor, die einen Kaufmann Calvy heiratete. Dieser Ehe entstammten die drei Kinder François Yves, Olivier und Marie Therese, die bis jetzt letzten Nachfahren aus dem Mannesstamm des Malefizschenken.

Die Herrschaft Oberdischingen im Besitz der Kaulla

Im Jahre 1851 erwarb Bankier Friedrich Kaulla aus Stuttgart die Herrschaft Oberdischingen. Er entstammte einem reichen jüdischen Geschlecht, das vor allem durch Heereslieferungen und Bankgeschäfte in der napoleonischen Zeit viel Geld verdient hatte. Das Geschlecht war ursprünglich in Buchau beheimatet, wo »Jud Raphael Isaak« um die Mitte des 18. Jahrhunderts Vorsteher der jüdischen Gemeinde war.

Von seinen Kindern trat vor allem die Tochter Caroline hervor, die im Jahre 1757 den jüdischen Handelsmann Kieve Auerbach in Hechingen heiratete. In der hebräischen Umgangssprache wurde sie einfach Chaile genannt, wovon der Name Kaula, später immer Kaulla geschrieben, herkommen soll. Sie erwies sich als ein wahres Handels- und Finanzgenie. Durch ihre überlegene Führung der Geschäfte legte sie den Grund zu dem nachmals hochberühmten Handelshaus, das es mit den großen Rothschilds in Frankfurt aufnehmen konnte. Zusammen mit ihrem Bruder Jakob, ebenfalls einem Finanzgenie, tätigte sie Geschäfte, die in die Millionen gingen. Dank ihrer Geschicklichkeit und Zuverlässigkeit ergaben sich mit der Zeit Verbindungen mit vielen Fürstenhöfen, auch mit dem Kaiserhaus in Wien. Besonders eng wurden diese mit dem Hof in Stuttgart; dorthin verlegten die Kaulla um 1800 auch den Sitz ihres Geschäfts- und Bankhauses. Madame Kaulla, die berühmte »Chaile«, starb 1809 in Hechingen und wurde auf dem dortigen Judenfriedhof begraben. Auf dem noch erhaltenen Grabstein wird sie als »Groß in ihrem Volke, groß in ihrem Vaterland« gerühmt.

Hofbankier und Kaiserlicher Rat Wolf Kaulla, ein Sohn von Caroline Kaulla, erhielt den erblichen Adel. Seiner Ehe entsprossen zwei Söhne, Josef und Friedrich. Auf den älteren ging auch der erbliche Adel über, auf den jüngeren nicht. Das wurmte diesen offenbar; wohl in der Annahme, daß durch den Erwerb eines Rittergutes der Weg zum Adelstitel erleichtert würde, erstand er im Jahre 1851 das eben zum Verkauf angebotene Rittergut Oberdischingen. So kamen die Kaulla hierher. Die Hoffnung auf das Adelsdiplom erfüllte sich allerdings nicht: weder er noch sein Sohn durften sich jemals »von« schreiben.

Leider ist der Kaufvertrag bis jetzt nicht auffindbar. Dabei wäre er besonders interessant, weil er ein Licht würfe auf die damaligen grundherrlichen Verhältnisse und den Umfang und den Zustand der Herrschaft.

In die Zeit Friedrich Kaullas fällt auch der Krieg 1870/71. Von den in diesen Krieg ausmarschierten Oberdischinger Soldaten kehrten alle wieder zurück; kein einziger war verwundet worden — so jedenfalls berichtet die Pfarrchronik. Im Jahre 1872 wurde auf dem Kirchenplatz die Friedenslinde gesetzt. Während dieses Krieges unterhielt Friedrich Kaulla im Schloß Oberdischingen eine Art Genesungsheim für verwundete Soldaten, möglicherweise in der Hoffnung, dadurch dem Adelstitel näherzukommen. Er galt als freigebig und hilfsbereit, wie seine Frau auch. Von dieser weiß die mündliche Überlieferung, daß sie an den Markttagen zusammen mit einer Magd von Stand zu Stand gegangen sei, offensichtlich um Geschenke für ihre Bediensteten und die Dorfarmen einzukaufen.

Daß er für den Ausbau des Glockenturms nichts gab, haben wir bereits gehört, ebenso den Grund dafür. Wie nahe Kaulla der Entzug der Patronatsrechte ging, mag auch die Tatsache beleuchten, daß er im Jahre 1892 zum protestantischen Glauben übertrat und sich in Ersingen taufen ließ! Über den Erfolg seiner Bemühungen um Erwerbung des Patronatsrechts auf dieser neuen Grundlage läßt sich aus den Pfarrakten leider nichts entnehmen.

Von Interesse ist, daß Friedrich Kaulla im Jahre 1893 die herrschaftlichen Waldungen auf der Markung Schelklingen an die Stadt Schelklingen verkaufte. Der damalige Stadtschultheiß Fischer hatte in weitblickender Weise den Kauf gegen den Widerstand eines Großteils der Einwohner durchgesetzt. Über das Leben in Oberdischingen zur Zeit der Kaulla berichtet ein junger Landsmann, der damals im Oberdischinger Lehrerhaus aufwuchs, der spätere berühmte Sprachwissenschaftler Professor J. K. Brechenmacher, in seinen — ungedruckten — Jugenderinnerungen: »Der Rittergutsbesitzer Kaulla brachte Leben und Geld in das kleine Dorf. Die Schloßbrauerei lieferte das beste Bier des Oberlandes. Die ausgedehnten Hopfengebiete belebten die Landschaft und brachten im Herbst Geld ... Herr Kaulla war auch ein großer Musikfreund und spielte oft mit dem Lehrer um die Wette (Vater Brechenmacher war, nach Aussage des Sohnes, ein vorzüglicher Klavier- und Violinspieler). Manches gute Glas Wein wurde dabei getrunken, und es war bekannt, daß der Schloßkeller immer gut besetzt war.«

Friedrich Kaulla starb im Jahre 1895. Nach ihm übernahm sein Sohn Hermann Michael (geboren 1845 in Stuttgart) die Herrschaft. Er hatte als Freiwilliger am Krieg 1870/71 teilgenommen. Er vermählte sich im Jahre 1880, die Ehe blieb kinderlos. Bereits im Jahre 1900 schied er aus dem Leben. Die Führung der Herrschaft lag seit Jahren in den Händen eines Enkels, des Administrators Wilhelm Hohenemser, der nach dem Verkauf der Herrschaft Personalchef bei Daimler-Benz wurde und als Privatier in Frankfurt starb. Damit schied die Familie Kaulla aus. Ihr Andenken hielt bis vor kurzem die Gruftkapelle an der Nordostecke des Friedhofs wach. Sie wurde im Jahre 1976 abgebrochen.

Die Fugger übernehmen die Herrschaft (1900)

Im Jahre 1900 verkaufte Wilhelm Hohenemser als Beauftragter der Kaullaschen Erben das Rittergut Oberdischingen an die Fugger, genauer an den Grafen Franz Fugger von Kirchberg-Weißenhorn, zum Preis von 400 000 Goldmark. Der Kaufvertrag umfaßte »sämtliche Liegenschaften auf den Markungen Oberdischingen, Bach, Erbach, Einsingen, Donaurieden, Ersingen, Niederhofen, Öpfingen und Gamerschwang, bebaute und nicht überbaute, samt den Zubehörden der Brauerei, der Wirtschaften, der Ökonomie und der Gärtnerei« sowie das Recht auf Umgeldentschädigung, die damals noch der württembergische Staat an die ehemaligen Berechtigten bezahlte. An den Käufer gehen ferner sämtliche »Dienst-, Pacht-, Miet- und Lieferungsverhältnisse« über. Außerdem verpflichten sich die Verkäufer, »in den nächsten 50 Jahren im Umkreis von 50 km keine Brauerei zu begründen, zu betreiben oder betreiben zu lassen«.

Es fällt auf, daß der Wald nicht genannt wird. Aber diesen hatte bereits im Jahre 1897 Kilian von Steiner, Bankier in Stuttgart, Inhaber von Schloß

Groß-Laupheim, um 10 000 Goldmark erworben. Steiner erstellte 1903 das Forsthaus am Wald. Im Jahre 1904 gingen Wald und Forsthaus an Adolf Wohlgemut Steiner auf Schloß Groß-Laupheim über.
Im gleichen Jahr tritt Graf Georg von Kirchberg-Weißenhorn die Herrschaft Oberdischingen an. Nach seinem Tod im Jahre 1909 erbt Graf Hans Fugger von Kirchberg auf Schloß Oberkirchberg die Herrschaft. Für die Zeit seiner Minderjährigkeit vertritt ihn seine Mutter, Gräfin Amalie, geb. von Montgelas, die hier auch ihren Witwensitz hatte. Jahrelang hatte auch Graf Raimund von Fugger, Päpstlicher Kammerherr, hier seinen Wohnsitz. Dieser ist dem Schreiber noch gut aus seiner Kindheit in Erinnerung. Er prägte sich uns Dorfkindern schon dadurch ein, daß er die Erstkommunikanten am Weißen Sonntag zu sich auf das Schloß einlud und mit köstlichen, den Bauern- und Arbeiterkindern völlig unbekannten Dingen bewirtete. Bei der Fronleichnamsprozession schritt er immer in der Uniform eines Päpstlichen Kämmerers mit geschultertem Degen dem Thronhimmel voran.

Die Gemeinde übernimmt 1927 das Herrschaftsgut

Im Jahre 1927 boten die Fugger das Herrschaftsgut der Gemeinde an, und diese erwarb es zum 1. November des gleichen Jahres mit allen Gebäulichkeiten und Liegenschaften zum Preis von 185 000 Goldmark, wovon die Hälfte bis zum 1. Februar des kommenden Jahres bar bezahlt, der Rest durch eine Schuldaufnahme gedeckt wurde. Vom Schloßgut, insgesamt 91 ha, wurden ungefähr 20 ha zum Preis von insgesamt 48 610 Marek an hiesige Bauern verkauft, ungefähr 30 ha wurden verpachtet und der Rest zur Selbstbewirtschaftung einem Pächter übergeben, dem die Gemeinde außerdem 10 000 Mark zur Beschaffung von lebendem und totem Inventar zur Verfügung stellte.
Es zeigte sich indessen bald, daß die Gutsherrschaft für die Gemeinde zur wachsenden Belastung wurde. Die großen Gebäude ließen sich ohne kostspielige Umbauten weder für die Zwecke der Schule noch der Gemeindeverwaltung nutzbringend verwenden. So war die Gemeinde bestrebt, vor allem die großen Baukomplexe wieder loszuwerden.
Das Bräuhaus wurde abgestoßen in der Erwartung, eine nutzbringende Industrieanlage (Obstverwertung usw.) dafür zu bekommen. Es fanden sich auch Käufer (Kahlmann, Entenmann), die vorgaben, Industrieunternehmen unterzubringen, in Wirklichkeit aber das Gebäude nur ausschlachteten, die wertvollen Stücke, vor allem die großen Kupferkessel, verkauften und die Gemeinde gründlich übers Ohr hieben. Das nach der Niederlegung der Brauerei freigewordene Grundstück erwarb der anrainende Bauer Josef Ott. Mit dem Abbruch der Brauerei verschwand ein Stück Oberdischinger Vergangenheit vom Erdboden. Unterdessen war die Gemeinde dauernd auf der Suche nach einem Käufer der Herrschaft.

Steyler Missionsschwestern

Durch Ulmer Makler erfuhren die Steyler Missionsschwestern in Vallendar am Niederrhein von der Möglichkeit, in Oberschwaben ein größeres Anwesen zu erwerben. Sie griffen zu und kauften auf den 1. Juni 1929 den Gesamtkomplex — Gebäude und Grundstücke — zum Preis von 170 000 Mark. Die Gemeinde behielt sich lediglich das Recht vor, im Falle der Not auf den großen Hofbrunnen zurückzugreifen; außerdem erwarb sie zehn kleinere Parzellen von insgesamt 5 ha 69 a zum Gesamtpreis von 9300 Mark.
Die Schwestern setzten die zum Teil vernachlässigten Gebäude wieder instand und richteten im ehemaligen Verwaltungsgebäude ein Müttererholungsheim ein, das sich recht gut anließ. Im Jahr 1966 verlegten die Schwestern ihren Hauptsitz nach Laupheim, führten aber den Betrieb in Oberdischingen weiter.
Kurze Zeit danach (1969) brach im ehemaligen Schloß ein Brand aus und vernichtete dieses teilweise. Die zerstörten Teile wurden abgebrochen, der Rest ergänzt. Zugleich schritten die Schwestern zur Errichtung eines Altersheimes, das die alten Bestandteile und den sogenannten »Neuen Bau« — aus dem Beginn des 19. Jahrhunderts — durch einen Neubau zur Einheit zusammenbindet. Im Jahr 1974 konnte der Komplex seiner Bestimmung übergeben werden; er beherbergt jetzt etwa 60—70 alte Männer und Frauen. Zusammen mit dem sehr schönen Schloßpark repräsentiert er das einstige herrschaftliche Oberdischingen aufs beste, nun neuen, sozialen Zwecken zugeführt. Den restlichen Gutshof bewirtschaftet der frühere Pächter (Johannes Zink) nunmehr als sein Eigentum.

Die Gutsbesitzerfamilie Steiner und Oberdischingen

Einen Platz in der Heimatgeschichte von Oberdischingen verdient auch die Gutsbesitzerfamilie Steiner aus Laupheim. Wie wir bereits hörten, erwarb Kilian Steiner im Jahre 1897 den damaligen Oberdischinger Herrschaftswald und erstellte wenige Jahre danach das Forsthaus. Sein Sohn und Erbe Wohlgemut Steiner vermählte sich mit Ruth, geb. Gräfin von Kalckreuth. Aus der Ehe gingen zwei Kinder hervor: Ulrich und Maria Luise, nachmalige Gräfin Leutrum von Ertingen. Ulrich Steiner, der Erbe des Vaters, erwies sich all die Jahre hindurch als ein sehr entgegenkommender Waldbesitzer und war Oberdischingen sehr zugetan. Im Jahre 1952 legte er für seine Familie im Waldteil »Verona Häule« einen Friedhof an, in dem seine Eltern und er selbst heute ruhen. Für die andern Mitglieder der Familie ließ er Gedenksteine errichten. In seinem Testament vermachte er der katholischen Kirchengemeinde Oberdischingen in sehr nobler Weise Sachwerte und Bargeld in einer Gesamthöhe von ungefähr 190 000 DM. Die noch lebende Schwester Gräfin Leutrum führt mit ihren Söhnen die Tradition des Hauses gegenüber der Gemeinde Oberdischingen in bester Weise weiter.

Aus der Geschichte und dem Leben des Dorfes

Vom Werden des Dorfbildes

So wie Oberdischingen sich heute darbietet, lassen sich klar drei Entwicklungsstufen erkennen:
1. das alte Bauerndorf,
2. der Herrschaftsbezirk,
3. die Neusiedlungen am Rand des Ortskerns.

Das alte Bauerndorf geht, wie wir bereits hörten, auf die sogenannte alamannische Landnahme zurück, die Zeit um 300–550 n. Chr. Das alte Dorf legte sich um die alte Dorfgasse, die vom Galgenberg herunterkam, am Talgrund in die heutige »hintere Gasse« umbog und dann wieder hangwärts zog. Hinter Rappshof bog sie in den Hohlweg ein, der heute noch klar erkennbar ist. Sie überquerte den von den Fuchsbäu herkommenden Bach und strebte leicht ansteigend der Holzgasse zu und führte von da aus weiter zum Wald. Sie benützte auch hier die von der Natur vorgezeichneten Hohlwege, zog an den ehemaligen Krautländern vorbei, um den späteren Hausbäuerles Garten herum und erreichte beim Jägerhäusle den Wald. Zum alten Dorfbereich gehörte sicher auch die Banzengasse, die Wolfengasse und der Lampenberg sowie die ältesten Häuser hinter Grafenwald und die kleine, außerhalb des Dorfes gelegene Siedlung, an die sich später der neue Friedhof anlehnte. Wir sehen, wie überall die Hanglage bevorzugt wurde. Alle diese Höfe hatten fließendes Wasser und laufende Brunnen vor dem Haus, denn überall an den Hängen traten Quellen zutage und floß das Wasser zu den Dorfbächen hinab.

Seiner Gestalt nach gehört das Bauerndorf zum Typus des sogenannten Haufendorfs, d. h. die Höfe liegen ungeordnet zu beiden Seiten der Dorfbäche, wie es das Gelände gerade mit sich brachte. Alle Höfe haben weiten Raum um sich. Dadurch lockerte sich das Dorfbild ungemein auf. Daran hat sich im Lauf der Jahrhunderte so gut wie nichts geändert, eine Folge des in Oberschwaben seit langem geltenden sogenannten Anerbenrechts, nach dem der Sohn den elterlichen Hof ungeteilt übernimmt, während die andern Geschwister in der Regel mit Geld abgefunden werden. (Im Gegensatz dazu besteht im Unterland die sogenannte Realteilung, bei der alle Geschwister gleich behandelt werden. Dadurch werden die Höfe immer kleiner, die Besiedlung immer dichter.) Das gibt den breit hingelagerten oberschwäbischen Dörfern das Behagliche, vermittelt den Eindruck des Gesunden, Zeitlosen.

Innerhalb des Dorfes gab es bis in das letzte Jahrhundert hinein keine oder kaum Brücken. Man fuhr durch die noch höherliegenden Bäche einfach hindurch, so wie man auch in Kauf nahm, daß bei den häufigen Hochwassern in den bachnahen Häusern das Wasser in die Keller drang. Erst die jüngste Zeit hat hier Wandel geschaffen.
Auch in bezug auf die Hofform besteht keine Einheitlichkeit. Grundsätzlich ist hier zu scheiden zwischen den Höfen der Bauern und denen der Seldner. Bei den Selden ist alles — Wohnteil, Stall und Scheuer — unter *einem* Dach beisammen, wir sprechen hier vom alemannischen Einheitshaus. Die Art und Weise, wie bei den Bauernhöfen Wohnhaus, Stall und Scheuer zueinander stehen, ist recht verschieden; das hing jeweils von den Gegebenheiten des Geländes ab. Zwischen die Höfe und Selden schieben sich die Häuser der Handwerker (Schmied, Bäcker, Metzger), während die kleinen, ursprünglich einstöckigen Wohnstätten der Häusler und Taglöhner mehr am Dorfrand, in der Banzengasse, am Galgenberg usw. angesiedelt waren.
Ganz anders stellt sich nun der Herrschaftsbezirk dar. Wie wir hörten, hatte das alte Dischingen seinen Ortsadel, haben die Freiherrn von Stotzingen einen neuen Herrschaftshof zusammengekauft und Schloß und Hof neu erstellt. Sie haben wohl auch den Park angelegt, der ursprünglich sicher größer war, auch den heutigen Kirchplatz umfaßte. Das Schloß selbst stand wohl unmittelbar der heutigen Kirche gegenüber. Daran erinnert auch das Mesnerhäusle, ursprüngliches Torwartshaus an der ehemaligen Brücke beim Eingang in den Park.
Seine heutige Gestalt erhielt der Residenzbezirk durch Graf Franz Ludwig Schenk von Castell, den nachmaligen Malefizschenken. Er umfaßt nun vor allem das heute sehr verkleinerte Schloß mit dem sogenannten »Neuen Bau«, den verkleinerten Park, ihm gegenüber das große Verwaltungsgebäude — ehemals Zuchthaus und Rentamt — mit der herrschaftlichen Ökonomie, die neue Pfarrkirche, die Herrengasse, die Dreifaltigkeitskapelle mit Paterhaus und Nebengebäuden und dem Gasthof zur »Krone«. Dazu kommen einzelne Häuser am Käppelesberg, zweistöckig und im Mansardenstil der Herrgaßhäuser erbaut, schließlich noch eine Häuserzeile am Anstieg zum Galgenberg, die alle ein größeres oder kleineres »Walmdach« trugen, d. h. das Dach war auch an der Giebelseite, wie bei den Schwarzwaldhäusern, mehr oder weniger tief herabgezogen.
Im Herschaftsbezirk tritt uns baulich eine ganz andere Welt entgegen. Während das Bauerndorf langsam, im Verlauf von Jahrhunderten, gewachsen war, sind hier klare Planung, barocke Großzügigkeit und Weiträumigkeit am Werk gewesen. Hier wurde eine ländliche Residenz geschaffen, wie sie dem selbstbewußten Reichsgrafen von Anfang an vorschweben mochte. Oberdischingen wurde dadurch nicht nur herausragende Mittelpunktsiedlung, sondern eine Art »Klein-Paris«. Baulich ist es das bis zum heutigen Tag geblieben.
Im Zug der Anlage der Herrengasse wurde auch der Dorfbach umgeleitet und hinter der Herrengasse der neu angelegten Mühle zugeleitet, wodurch

sich infolge des Rückstaus des Wassers für die anliegenden Herrgaßhäuser mit der Zeit eine gewisse Versumpfungsgefahr herausbildete, die erst durch die Bachkorrektion der Jahre 1926—28 für immer behoben wurde. Dieses Ortsbild hat sich dann im wesentlichen bis nach dem Zweiten Weltkrieg ohne große Veränderungen erhalten. Mit der Anlage der Ortswasserleitung in den Jahren 1912/13 verschwanden die Brunnen vor den Häusern und die meisten öffentlichen Brunnen wie auch der artesische Brunnen im Schloßgarten. Die Dorfbäche wurden großenteils verdolt, begradigt und tiefergelegt. Die an die 200 Jahre alte Allee mußte verjüngt werden. Leider fiel der Anlage der Umgehungsstraße die schöne Kreuzigungsgruppe am Eingang der Allee zum Opfer; denn sie mußte einen weit weniger günstigen Standort seitwärts beziehen, was ihrer Wirkung sehr Eintrag tut. Schließlich brannte im Jahre 1969 das Schloß großenteils ab. Unter Einbeziehung des »Neuen Baus« wurde bei seinem Wiederaufbau durch Schaffung eines Verbindungstrakts ein stattlicher, großräumiger Baukörper geschaffen, der nunmehr als Altersheim dient. In jüngster Zeit wurden auch der Kirchplatz und die Herrengasse in sehr ansprechender Weise erneuert, was dem »Bauernstädtle« sehr zugute kommt.

Schließlich muß als dritter Ortsteil der Kranz der neuen Wohnviertel genannt werden, die etwa ab 1950 im Zug der neuen wirtschaftlichen Entwicklung erstellt wurden. Während bis dahin das Ortsbild keine nennenswerte Erweiterung erfahren hatte, hebt jetzt ein gerade stürmisches Bauen an, wie sich aus der statistischen Erfassung der Zahl der Hauptgebäude ergibt. Oberdischingen hatte an Hauptgebäuden in den Jahren

1784	1798	1826	1893	1933	1950	1961	1968	1975	1976
126	146	149	199	196	194	216	313	408	465

Von den Neubaugebieten fällt vor allem die sogenannte Ackermannsiedlung, die in den Jahren 1965/66 auf dem Galgenberg, Gewann Schießmauer, gebaut wurde, durch die genormte Bauweise ihrer Häuser auf. Ein weiterer Strang bildete sich entlang der Allee und hinter dem neuen, kanalisierten Dorfbach heraus. Mit der sogenannten Hensingersiedlung wurde der nördliche Abhang des Käppelesberges erschlossen und damit zugleich die Lücke zwischen dem alten Dorfkern und der Häusergruppe um die Dreifaltigkeitskapelle ausgefüllt. Gleichzeitig hat sich das Dorf sowohl nach Westen wie südwärts kräftig weiterentwickelt. In allen Fällen handelt es sich um Ein- oder Zweifamilienhäuser mit kleinen Vorgärten.

Zur Geschichte der bürgerlichen Gemeinde

Darüber kann im Rahmen dieses Heimatbuchs über das Grundsätzliche hinaus nur wenig Ortsgeschichtliches berichtet werden.

Das alte Dischingen war wie die allermeisten Dorfgemeinden bei uns ein

»lehenbares« Dorf, d. h. es unterstand immer einem oder mehreren Grundherrn und einem Dorfherrn. Da blieb für die bäuerliche Selbstverwaltung nicht viel übrig. Einen ersten Eindruck davon gibt das bereits ausführlich vorgestellte »Salbuch« vom Jahre 1562. Wir hören da, wie bereits berichtet, weder von einer Gemeindeversammlung noch von einem Gemeinde- oder Bauerngericht. Wohl aber hören wir von einem Vogt und einem Schultheiß, die als Beauftragte des Ortsherrn dessen Aufgaben und Rechte wahrnehmen. Als Organe der Gemeinde begegnen nur die beiden Bürgermeister, die die Gemeinde gegenüber der Herrschaft vertreten. Aber auch sie bedürfen der Bestätigung durch den Ortsherrn. Dazu kommt eine Anzahl untergeordneter Gemeindeangestellter und die Gemeindebediensteten.

Im Lauf der Entwicklung steigt der Schultheiß zum gewählten Vertreter der Gemeinde auf, er wird also Gemeindebeamter, der das Vertrauen sowohl der Bürger wie der Herrschaft besitzt. Auch die beiden Bürgermeister leben zunächst noch weiter, wobei der eine als Gemeindepfleger die Finanzangelegenheiten und die Rechnungsgeschäfte der Gemeinde innehat, während dem andern als »Fron(bürger)meister« die Aufsicht über Feld und Flur, vor allem über die Wege zusteht. Einen eigentlichen Gemeinderat gibt es noch lange nicht. Gelegentlich und sehr spät, im 18. Jahrhundert, treten Gemeindedeputierte, also Abgeordnete, Vertreter der Bürgerschaft, auf.

Von den Gemeindebediensteten muß nach wie vor vor allem der Büttel, auch Amtsbote oder Polizeidiener geheißen, genannt werden. In diesen Bezeichnungen drückt sich seine vielfältige Tätigkeit aus: er mußte »ausschellen«, d. h. den Bürgern die amtlichen Anordnungen kundtun, wobei er, um sich besser Gehör zu verschaffen, eine Schelle zu Hilfe nahm. Er hatte den Ortsarrest, damals »Keuche« genannt, unter sich; er konnte, im Auftrag des Schultheißen und der Polizeibehörden, Verhaftungen vornehmen, er mußte unliebsame Personen arrestieren oder wegschaffen. Eine wichtige Person war nach wie vor der Feldschütz, bis ins 19. Jahrhundert hinein der Eschhay (Hay = Heger der Ösche) genannt. Von besonderer Wichtigkeit waren die Hirten. Die Herrschaft hatte den Hirtenstab, d. h. das Recht, die Hirten zu bestellen, sie erbaute und ihr gehörte auch das Hirtenhaus, das heute noch steht. Die Gemeinde mußte dafür einen Beitrag von jährlich 18 Schillingen bezahlen. Die Entlohnung der Hirten bestand teils aus Bargeld, teils in Sachleistungen, so dem wöchentlichen Brotlaib, dem sogenannten »Wehnlaib« für das Angewöhnen der Jungtiere auf der Weide. Zuweilen aß der Hirte auch rundum bei den Bauern wie später der Schäfer. Der Gänsehirt bekam bei jedem Rupfen der Gänse seine »Rupfete«, d. h. einen Kuchen. In der Regel stand dem Hirten auch ein Krautland oder ein »Hirtenacker« zu.

Eine wichtige Einrichtung wurde das sogenannte Dorf- oder Ruggericht, von dem wir allerdings in Dischingen nicht viel hören. Aber es muß bestanden haben. Es setzte sich aus gewählten, früher vielleicht auch von der Herrschaft ernannten Vertretern der Gemeinde, den sogenannten »Gerichtsverwandten«, zusammen, einer Art Dorfaristokratie. Den Vorsitz führte natürlich der Orts- bzw. Gerichtsherr, der sich durch seinen Vogt oder den Amtmann vertreten ließ. Die Zuständigkeit dieses Gerichts war sicherlich gering. Es galt, kleinere Vergehen und Verstöße zu rügen (daher Ruggericht), örtliche Streitigkeiten (Beleidigungen), Sachbeschädigungen usw. zu regeln, die Umlagen zu verteilen. Es ging um Saat- und Erntebeginn, die Wahl der Dorfangestellten, aber auch um Kirchenbesuch und Sonntagsheiligung, die damals noch die bürgerliche Gemeinde ahndete. Aber wie gesagt, in Oberdischingen läßt es sich kaum greifen. Noch zur Zeit des Malefizschenken ist immer nur von einem herrschaftlichen Gericht die Rede.

Eine wichtige Neuerung bringt das »Königlich Württembergische Verwaltungsedikt« vom Jahre 1822. Dieses nennt als Organe der Gemeindeverwaltung den Schultheiß, den Gemeinderat und den Bürgerausschuß.

Der Schultheiß ist Gemeindeoberhaupt, Vorsitzender des Gemeinderats und der Gemeindeverwaltung. Die Bezeichnung Bürgermeister wurde erst mit der Gemeindeordnung von 1930 eingeführt. Der Gemeinderat als die von der Gemeinde gewählte Vertretung der Bevölkerung ist das Hauptorgan der Gemeinde; er hat über die der Gemeinde zustehenden Selbstverwaltungsaufgaben zu entscheiden. Die Mitglieder des Gemeinderats werden auf Lebenszeit gewählt. Ihre Zahl hängt von der Größe der Gemeinde ab; im Jahre 1870 waren es sieben, heute sind es zehn. Der Bürgerausschuß ist eine neue Einrichtung. Er war als Kontrollorgan der Bürgerschaft gedacht. Da die Gemeinderäte auf Lebenszeit gewählt waren, hatte der Gemeinderat eine ungemein starke Stellung. Der Bürgerausschuß hatte Zustimmungs- und Kontrollrecht, er konnte auch die Aufsichtsbehörde anrufen. Zahl der Mitglieder: sieben (einschließlich des Obmanns). Der Bürgerausschuß wurde auch in den kommenden Gemeindeordnungen beibehalten und lebte fort bis ins 20. Jahrhundert. Mit der Bestimmung, daß die Gemeinderäte auf Zeit, auf vier Jahre, gewählt werden, erübrigte er sich praktisch und erlosch. In der Gemeindeordnung von 1956 lebte er wieder auf. Er fand jedoch nur geringen Widerhall, und im Jahre 1974 wurde er endgültig aufgehoben.

In der Versenkung verschwunden sind auch die beiden Bürgermeister als Vertreter der Gemeinde. Sie leben als Gemeindepfleger und Fron(bürger)meister mit neuen Aufgaben und Befugnissen weiter.

Auch die eingangs aufgeführten Gemeindeangestellten und -bediensteten lebten bis ins 19. Jahrhundert hinein weiter. So wird noch 1874 ein Nachtwächter vom Gemeinderat bestellt und mit 36 Gulden besoldet. Dabei hatte die Gemeinde längst eine, wenn auch bescheidene, Feuerwehr. Bis zum Jahre 1870 mußte jedes neugetraute Paar einen Feuerlöscheimer beibringen. Da aber die Neuvermählten ihrer Verpflichtung nur mangelhaft nachkamen, beschloß die Gemeinde, jedes neuvermählte Paar zu verpflichten, anstelle des Eimers 4 Gulden bzw. Mark in die Gemeindekasse zu entrichten. Ebenso wird dem Schermausfänger, dem »Mauser«, noch 1872 eine jährliche Entlohnung von 70 Gulden zuerkannt, eine verhältnismäßig hohe Belohnung, die zeigt, wie wichtig der Auftrag genommen wurde.

Liste der Schultheiße in den letzten 150 Jahren

Wie bereits bemerkt, treten Schultheiße seit dem 16. Jahrhundert immer wieder auf, aber bei dem lückenhaften Aktenbestand läßt sich deren genaue Amtszeit nicht ausmachen. Als erster Schultheiß wird Hans Küng genannt, der auch im Stotzinger Salbuch aufscheint. Nach ihm begegnet wiederholt (1661, 1668, 1674) Hans Spleiß, der das hohe Alter von 100 Jahren erreichte. Im 18. Jahrhundert haben wir Jakob Stetter (1710), Simon Ott (1727), der das Widum als Lehen innehatte, Carolus Schmid (1713), der als »Scultetus« (Schultheiß) aufgeführt wird, und Stefan Ott (1796), den wir bereits in Verbindung mit dem Aufstand der Oberdischinger Bauern kennengelernt haben. Eine geschlossene Liste der amtierenden Schultheißen liegt seit 1824 vor:

1824—1836 Schwarzmann	1923—1944 Josef Schlick, seit 1930 mit dem Titel Bürgermeister
1836—1851 Braig	
1851—1861 Mack	1944—1945 Rupert Ströbele als Stellvertr.
1861—1870 Stefan Ott	1945—1946 Georg Rapp
1870—1885 Freudenreich	1948—1952 Erich Klumpp
1885—1896 Lukas Ott	1952—1955 Vinzenz Ströbele
1897—1904 Schwarzmann	1956—heute Alois Speiser
1904—1923 Stefan Ott	

Bis auf Erich Klumpp und Alois Speiser waren alle Amtsinhaber Bauern. Mit Alois Speiser trat zum ersten Mal ein Verwaltungsmann an die Spitze der Gemeinde.

Seit dem Jahre 1948 besitzt die Gemeinde auch ein *Wappen*. Auf Antrag des Gemeinderats verlieh das Innenministerium mit Entschließung vom 10. Oktober 1948 der Gemeinde das Wappen »Rotes Gehörn in weißem Feld«. Dieses Wappen — achtendiges rotes Hirschgeweih mit rotem »Grind« (Schädelansatz) — ist dem Stammwappen der Schenken von Castell entnommen und wird seit 1948 im Dienstsiegel der Gemeinde geführt.

Zur wirtschaftlichen Entwicklung

Das alte Dischingen war natürlich ein Bauerndorf. Die Bauern und Seldner waren weithin Selbstversorger, d. h. sie besorgten sich außer dem Bedarf an Nahrungsmitteln auch ihre Kleidung und ihr Schuhwerk selber, sie spannen und woben. Sie verfertigten auch ihre Arbeitsgeräte (Rechen, Gabeln usw.) und wohl auch ihre Töpfe und Schüsseln selber. Sie waren auch ihre eigenen Zimmerleute; das germanische Haus war ja ein Holzhaus, es hatte Wände, d. h. um Pfosten gewundenes Reisigwerk, das mit Kalk und Mörtel beworfen wurde. (Die Steinmauer brachten erst die Römer.) Mit einem Wort: sie waren ihre eigenen Handwerker.

Mit der Zeit setzte indes eine fortschreitende Arbeitsteilung ein. Von den nunmehr begegnenden Handwerken war das älteste und angesehenste das des Schmieds. Er war zunächst der »Universalhandwerker«, denn er bearbeitete nicht nur Metalle, vor allem Eisen, sondern auch andere feste Stoffe wie Holz und Stein. Schmieden bedeutete ursprünglich ganz allgemein etwas bearbeiten, verfertigen. Im Zug der fortschreitenden Arbeitsteilung bilden sich immer neue Handwerke aus, früh schon das des Zimmermanns, von dem sich später der Wagner und der Schreiner abspalten. Spät erst taucht der Schlosser auf, denn Schlösser begegnen erst im hohen Mittelalter. Das wichtige, altehrwürdige Handwerk des Spinnens und Webens wird bis in das 19. Jahrhundert hinein teils als selbständiges Handwerk, teils im Nebenerwerb betrieben.

Als Vertreter des Schmiedehandwerks seien hier herausgestellt die Sippen Schmid und Strobel. Als erster der Sippe Schmid, die sich schon durch ihren Namen als solche ausweist, erscheint im Jahre 1461 Meister Peter Schmid. Die Sippe der Strobel taucht hier allerdings erst 1789 auf, hat dann aber durch Generationen die Werkstatt in der Herrgasse inne. Im Bauerndorf selbst waren die Sippen Gauch und Hospach als Schmiede tätig.

Als besonders wichtige Gewerbe seien hier noch hervorgehoben der Beruf des *Müllers* und des *Wirts*.

Die älteste Mühle in Dischingen war sicher die sogenannte Höllmühle am nördlichen Eingang des Orts. Sie wurde von dem Bach getrieben, der von den Fuchsbäu hervorkommt, am Dorfeingang in eine kleine Schlucht einmündet, wo der Bach etwas gestaut werden konnte. Der Nachteil war von Anfang an die viel zu geringe und ungleichmäßige Wasserführung, die den Mahlbetrieb sehr beeinträchtigen mußte.

Dagegen verfügte die benachbarte Ersinger Mühle, die von der Riß gespeist wurde, das ganze Jahr hindurch über eine mehr als ausreichende Wasserkraft. Sicher sind die Dischinger Bauern schon früh immer wieder dorthin gegangen, wenn ihre eigene Mühle versagte. Natürlich war die Voraussetzung eine Brücke über die Donau. Von einer solchen wird in der Tat bereits um 1400 berichtet, ebenso wird schon im Jahre 1508 ein Jakob Unsaeld als Müller von Ersingen genannt. Zeitweilig scheint die Höllmühle ganz brach gelegen zu haben, denn im Jahre 1710 erhielt ein Müller namens Jakob Schmidt die Erlaubnis zur Wiederaufrichtung der »öd liegenden« Mühle, wobei er einen Mahl- und einen Gerbgang einrichten durfte. (Der Gerbgang diente dazu, den Kern des Dinkels von den ihn umgebenden Spelzen zu befreien; mit dem Abgang des Dinkels in den ersten Jahrzehnten des 20. Jahrhunderts erübrigte er sich.) Umgekehrt wird im Jahre 1721 zwischen der Herrschaft Dischingen und dem Ersinger Müller Johann Fröscher ein Vertrag abgeschlossen, in dem die Dischinger Bauern in die Ersinger Mühle »gebannt« wurden, d. h. sie wurden bei Strafe — das ist der damalige Sinn des Wortes Bann — verpflichtet, in der Ersinger Mühle mahlen zu lassen. Für den Ersinger Müller ist das natürlich ein Geschäft; er muß dafür der Herrschaft jährlich 10 Mittlen Gerste und 10 Mittlen (1 Mittle sind 22 Liter) feinstes Pasteten-(oder Mutschel-)Mehl abliefern.

Der Malefizschenk machte alledem ein Ende, indem er am Ende der Allee eine Mühle, genauer eine oberschlächtige Mahlmühle, anlegte, die von dem abgeleiteten Dorfbach getrieben werden sollte. Die Sache hatte von Anfang an zwei Haken: Einmal reichte auch jetzt die Wasserführung nicht immer aus, weswegen ein größerer Mühlteich als Wasserspeicher angelegt werden mußte. (Wir erinnern uns der Spöttelei, wonach der Malefizschenk eine Mühle ohne Wasser gebaut habe.) Viel größer noch war die Gefahr der allmählichen Versumpfung der anliegenden Herrgaßhäuser. Die Ablösung der Mühle und eine Neuführung des Dorfbachs wurden eine Notwendigkeit. Davon war bereits die Rede. Im Gefolge dieser Änderung stellte die Mühle Oberdischingen auf die Elektrizität als Energiequelle um, mit der sie heute noch betrieben wird.

Ein wichtiges Gewerbe war auch das des Wirts. Bereits im Jahre 1530 erscheint ein Theis (Matthäus) Feger als »Wirt ze Dischingen«, ebenso 1563 ein Hans Metzger, 1670 ein Georg Stetter und 1777 dann ein Philipp Mack als »Tafernwirt« (von taverna = Gasthof, Schenke). In all diesen Fällen dürfte es sich um die Wirtschaft »Zum alten Wirt« handeln, die dort stand, wo an der Stelle des heutigen Rappshofs die alte Dorfgasse in die Hohlgasse umbog. Noch bis ins 20. Jahrhundert hinein wurde der Hof bei »Altewirts« genannt. Als zu Beginn des 18. Jahrhunderts Graf Marquard Willibald Antoni die erste Dreifaltigkeitskapelle erbaute, ließ er daneben eine Wirtschaft erstellen, die heutige »Krone«. (Sie hieß ursprünglich wohl »Zu den drei [göttlichen] Kronen« im Hinblick auf die göttliche Dreifaltigkeit.) Die Wirtschaft erfreute sich allerdings nicht immer des besten Rufs. Einmal wird sie einem »Beständer« weggenommen und einem andern lehenbar verliehen mit der Auflage, streng auf Ordnung zu halten und regelmäßig abzurechnen.

Als der Malefizschenk die Herrengasse erbaute, bestimmte er den südlichen Eckbau am östlichen Eingang dieser Residenzstraße, wie sein Gegenüber ein sehr stattliches Gebäude, zum Wirtshaus, der heutige »Löwen«, in dem er selbst noch gelegentlich Gäste bewirtete. Natürlich wurde auch der »Löwen« gegen einen hohen »Bestand« (Übernahmegebühr) ausgegeben. Lange Zeit war er im Besitz einer Familie Schuster. Wahrscheinlich wurde damals der Gasthof »Zum alten Wirt« aufgelassen. Dafür wurde gegenüber dem Bräuhaus die sogenannte »Bräuhausschenke«, kurz »Schenk« genannt, eröffnet. Jedenfalls erscheint diese aktenmäßig in der Bestandsaufnahme der Jahre 1824—26. Da ist die Rede von einer »Taferne«, wohl dem »Löwen«, einer Schildwirtschaft auf dem Dreifaltigkeitsberg, also der »Krone«, und einer »neu aufgekommenen Bierschenke«.
Die anderen Gaststätten, also die »Post«, der »Adler«, als jüngste die »Bierhalle«, sind wohl im Lauf des 19. Jahrhunderts entstanden. Zeitweilig gab es auch eine Gaststätte »Zur Schweiz«. Sie stand an der Stelle des heutigen »Stetterbeck«, der früher auch, nach der Gaststätte, der »Schweizerbeck« hieß. Ob aber je eine Gaststätte »Zum Lamm« bestand, von der der Name

Lampenberg herkommen soll, ist schon aus sprachlichen Gründen fraglich. Auch erscheint dieser Name nie in den Akten.

Die Gaststätte »Zur Post« gehörte offenbar der Herrschaft Kaulla. Im Jahre 1873 übernahm sie ein gewisser Heinrich Lipp, der im Feldzug 1870/71 das Eiserne Kreuz erhalten hatte. Wohl im Hinblick darauf wurde er im Jahre 1876 zum »Postexpeditor« (Posthalter) ernannt. Er hatte also die Posthalterei inne. Bis etwa zu Beginn des Ersten Weltkriegs hielt hier noch die Postkutsche an. Lipps Schwiegersohn, der »Ökonom und Gastwirt« Martin Bekker, machte allerdings im Jahre 1911 Konkurs und wird bereits 1912 als »früherer Posthalter« bezeichnet.

Im Jahre 1872 beantragte und erhielt der Metzger Matthäus Gulden vom Königlichen Oberamt die Erlaubnis, eine Schankwirtschaft gegen einen Konzessionsbetrag von 28 Gulden 36 Kreuzer zu eröffnen. Bauriß und Situationsplan waren eingereicht und genehmigt worden. Es handelte sich also um einen völligen Neubau und damit wohl um die »Bierhalle«, die inzwischen wieder aufgehoben und abgebrochen wurde (1974).

Noch sei eines lang eingegangenen, aber früher hoch im Kurs stehenden Gewerbes gedacht, dem des *Baders*.

Bereits im Jahre 1504 wird für Oberdischingen eine Badestube bezeugt, sie wird noch wiederholt genannt, so auch im Salbuch von 1562. Sie ist dort als Fall-Lehen bezeichnet, das an einen Hans Hieber gegen 3 Gulden jährliche Gült ausgeliehen ist. Das späte Mittelalter und die frühe Neuzeit bis zum Dreißigjährigen Krieg waren ausgesprochen badefreudige Zeiten. Für die Städte, auch die kleinen, war es eine Selbstverständlichkeit, ein Badhaus zu besitzen. Man badete in Zubern und in »Gelten«, und wer es sich leisten konnte, blieb den ganzen Tag im Bad, ließ sich auch auf ein querliegendes Brett Speis und Trank servieren, wie alte Stiche und Holzschnitte zeigen.

Das Bad unterstand dem Bader. Er rieb den Leuten den Rücken ab, übergoß sie zur Anregung des Blutkreislaufs mit kaltem Wasser oder bearbeitete die Rücken mit Birkenruten. Er ließ die Vollblütigen zur Ader, mit Hilfe des sogenannten »Schneppers«, und setzte Schröpfköpfe an; das Becken, dessen er sich zum Auffangen des Blutes bediente, wurde nachher zum Abzeichen des Friseurs! Er war überhaupt ein vielbeschäftigter Mann: Er barbierte die Leute »über den (in den Mund gesteckten) Löffel«, er zog kranke Zähne und richtete gebrochene Glieder wieder ein. Freilich, in diesem Punkte stand es nicht zum besten: die Armen blieben in der Regel »bresthafte« Krüppel (bresthaft kommt von bersten, brechen). Mit einem Wort: der Bader war der Vorläufer des Wundarztes und späteren praktischen Arztes. Als solcher bekämpfte er die Hartleibigkeit mit der Klistierspritze, bei Furunkeln legte er Zugpflaster an. Als sein eigener Apotheker stellte er Salben, vor allem gegen Läuse, her und bereitete die mannigfachsten Tränke und Mixturen.

Natürlich war auch der Bader ein gelernter Mann. Er machte seine dreijährige Lehrzeit bei einem Meister durch, dann ging er auf Wanderschaft. Dazu kam in der Regel noch eine Art praktisches Jahr. Alles das mußte der Bader nachweisen, wenn er sich um den Posten eines Bademeisters bewarb.

Von der ganzen Herrlichkeit ist nur der »Friseur« übriggeblieben, das glänzende Messingbecken und der Sippenname Bader, den es in Oberdischingen noch gibt.

Die beiden Zunft- und Handwerksordnungen aus den Jahren 1718 und 1726

Nach dem Vorbild der Zünfte in den Städten strebten auch die Handwerker auf den Dörfern danach, sich eine feste Ordnung zu geben und die Ausbildung des Nachwuchses einheitlich und verpflichtend zu regeln; sonst wären sie von den städtischen »Kollegen« nicht anerkannt worden. In diesem Sinn traten auch die Dischinger Handwerker im Jahre 1718 an den damaligen Orts- und Lehensherrn, den Grafen Marquard Willibald Antoni, mit der Bitte heran, eine feste Handwerksordnung zu erlassen und darin auch die Ausbildung der Lehrlinge und Gesellen zu regeln. »Nach reiflicher Überlegung, eingeholtem Rat und Gutachten« willfahrte der Graf ihrer Bitte und gab noch im gleichen Jahr eine umfängliche, sehr ins einzelne gehende Satzung heraus. Sie ist, wie auch die von 1726, im Urtext erhalten und besagt u. a. folgendes:

1. Die Handwerker sollen sich insgesamt eines ehrbaren, frommen Wandels befleißigen. Jedes Handwerk soll eine eigene Wachskerze für die Kirche »Unserer Lieben Frau« stiften. Jedes Handwerk soll zwei Prozessionsstangen anfertigen lassen und diese am Fronleichnamstag dem Allerheiligsten vorantragen.
2. Jedes Handwerk soll an der Oktav des hl. Willibald (7. Juli) ein Seelenamt halten lassen. Nach dem Gottesdienst soll jedes Handwerk auf seiner Herberge zusammenkommen und zwei Kerzenmeister (Vorsteher) wählen, welche »die das Jahr vorfallenden Sachen ausrichten« und am Ende des Jahres Rechenschaft ablegen sollen.

Wichtig ist weiter folgendes:

3. Wer in unserem Flecken Meister werden will, der soll bei einem redlichen Meister nach des Handwerks »Gebrauch und Ordnung« lernen und darauf zwei Jahre — als Meistersohn ein Jahr — auf die Wanderschaft gehen. Er muß ehelich geboren sein, und es soll darüber schriftliche Urkunde bei der Zunftlade niedergelegt werden.
4. Jeder, der Meister werden will, muß ein Meisterstück machen und vorlegen. Als Meisterstück wird verlangt von einem
   Seiler: ein Zugseil, 10 Klafter lang (Klafter = das Maß der ausgetreckten Arme);
   Häfner: ein Hafen auf 50 Maß, ein Essigkrug, die Aufstellung eines »gevierten« Ofens mit drei Gesimsen;
   Schneider: ein Rauchmantel, ein Meßgewand, ein Barett, ein »Mannmodirock«, ein Weiberwammes mit Schossen, ein bürgerliches »Weiberpriestlein« (Brusttuch?), ein Paar Stiefelstrümpf, eine Pfarrkutte;
   Sattler: ein gut sitzender Reitsattel;
   Bäcker: eine »Hitz« weißes und eine »Hitz« schwarzes Brot, »in einem fremden Ofen«;
   Dreher: ein »wohlformiertes« Rad, in welchem zwei Läufe oder Scheiben angebracht sind;
   Schreiner: ein Kasten mit zwei Türen, First und Kreuz;
   Metzger: einen gemästeten Ochsen, eine Kuh oder ein Kalb schlachten;
   Schuster: hat eine Kuhhaut »ohne Mängel und Makel«, »wohlgeschmirbt und zugerichtet«, vorzulegen und daraus ein Paar Reitstiefel, ein Paar Falzstiefel und ein Paar Hirtenschuhe zu verfertigen;

Schmied: ein Roß beschlagen, »doch zu den vier Eisen kein Maß mitnehmen«;
Wagner: einen vorderen halben Wagen »ohne Mangel« herstellen;
Zimmerleute und Maurer: sollen einen »wohlproportionierten Abreiß« (Riß) herstellen, offenbar für einen Dachstuhl oder aufgehendes Mauerwerk;
Küfer: soll ein Faß von vier Eimern herstellen;
Müller: Text teilweise unlesbar. Offenbar geht es um ein bestimmtes Maß, das in andere Maße (Fruchtmaße) umgewandelt werden soll;
Weber: sollen ein »flächsenes« Tuch zu 20 Ellen herstellen, das nicht schmäler als 1½ Ellen sein soll. Auch soll jeder vier »Schneller« (Garnknäuel) vorlegen.

Anmerkung: Obwohl die Bierbrauer und die Ziegler nach eingeholter Erfahrung solche Meisterstücke nicht machen müssen, werden sie doch in diese (Zunft-)Ordnung aufgenommen.
Wer die Meisterprüfung bestanden hat, der soll ... 6 Pfund Wachs oder den entsprechenden Betrag in die Handwerkskasse legen, dem Handwerk einen Gulden und den Kerzenmeistern »ein ehrliches Mahl« oder je 30 Kreuzer geben. Meistersöhne geben nur die Hälfte.
Aus den weiteren Bestimmungen noch folgendes:
Wenn ein Meister einen Lehrjungen annimmt, so soll er ihn zunächst 14 Tage zur Probe behalten; dann soll er ihn, sofern er tauglich erscheint, den Meistern vorstellen und mit beglaubigter Urkunde als ehelich geboren in das Handwerksbuch eintragen lassen. Der Junge entrichtet dafür dem Handwerk zwei Pfund Wachs und den Meistern zwei Viertel Wein. Meistersöhne entrichten wie üblich die Hälfte.
Hat der Lehrjunge seine drei Lehrjahre »unausgesetzt erstanden«, so soll er wiederum den Meistern vorgestellt und ihm der Lehrbrief ausgehändigt werden.
Wenn ein Meister seinen Lehrbuben »übel traktieren« sollte, so daß er die drei Lehrjahre nicht durchhalten kann, so darf derselbe die nächsten zwei Jahre keinen Lehrbuben einstellen. Sollte der Lehrbub mutwilligerweise weggelaufen sein, so hat er das halbe Lehrgeld, nach mehr als 1½ Jahren das ganze Lehrgeld zu entrichten.
Niemand soll in unserem Dorf »auf Stör« (d.h. als nicht zugelassener Handwerker) arbeiten; wer dabei ertappt wird, hat 2 Gulden 15 Kreuzer Strafe zu bezahlen.
Kein Meister soll einem andern seine Kunden abspenstig machen, noch übel über ihn reden, bei Strafe eines Gulden.
Kein Meister darf mehr als zwei Gesellen haben; wer sich dagegen vergeht, soll einen Gulden Strafe bezahlen.
Damit jeder Meister sein Auskommen findet, sei jedem gestattet, auch auswärts in Städten und Flecken zu arbeiten.
Damit niemand sagen kann, er habe die Satzung nicht gekannt, soll diese, wenn nicht alle Quatember, so doch alle Jahre wenigstens einmal deutlich verlesen werden.

An der Satzung fällt auf, wie stark die Zunft im kirchlichen Leben verankert ist. Dieser Zug ist zweifellos von den viel älteren städtischen Zünften übernommen worden, wo auch jede Zunft ihren Schutzpatron und ihre eigene Fahne mit dessen Bildnis hatte. Diese wurde an der Fronleichnamsprozession, flankiert von den »Prangstangen«, dem Allerheiligsten vorausgetragen. Ebenso wurde der Tag des Zunftheiligen festlich begangen.
Des weiteren wird ersichtlich, wie stark der soziale Bezug entwickelt ist: Lehrling und Geselle kommen zu ihrem Recht, ebenso die verwitwete Meistersfrau, die nicht darben soll. Sehr ist der Zunft daran gelegen, daß alle

Meister Beschäftigung haben: Keiner darf mehr als zwei Gesellen halten, so
daß auch der kleinere und schwächere sein Auskommen hat. Das war sehr
sozial gedacht, aber es hemmte die freie Entfaltung des Tüchtigen. Allerdings
gab es auch Möglichkeiten, aus dieser Ordnung auszubrechen. Großartiges
Beispiel die Fugger in Augsburg, die auch als zünftige Weber begannen, später reiche Kaufherren wurden, deren Nachkommen heute noch als Fürsten
und Grafen auf ihren Schlössern und Gütern sitzen. Als drittes fällt schließlich auf, daß von der Einbeziehung der Zunft in die Wehrverfassung der Zeit
und des Ortes mit keinem Wort die Rede ist. In den Städten, vor allem in
den Reichsstädten wie in dem benachbarten Ulm, waren die Zünfte das
Rückgrat der Stadtverteidigung; freilich haben wir es in dem damaligen
Dischingen mit Lehensleuten zu tun.
Einige Jahre später wandten sich die Seiler, die Häfner, die Weber und die
Schneider mit der Bitte an den Grafen, ihnen eine eigene Zunftordnung »einzurichten«, da sie es nicht für tunlich fanden, mit den andern Handwerkern
zusammenzugehen. Die Gründe hierfür werden nicht recht durchsichtig; offenbar wollten sie sich einfach von den andern absetzen. Der Graf, nunmehr
Graf Marquard Willibald, kam ihnen entgegen und erließ »nach genugsam
reifer Überlegung und eingeholtem Rat und Gutachten« im Jahre 1726 für
die genannten Gewerbe eine neue Zunftordnung, die sich von der ersten allerdings nur unwesentlich unterscheidet. Die allgemeinen Bestimmungen bleiben dieselben, die Anforderungen an die Meisterprüfungen ändern sich nur
geringfügig; so soll das Zugseil der Seiler jetzt 18 Klafter lang sein. Auch die
Erleichterungen für die Meistersöhne bleiben bestehen.
Man kann die beiden Handwerks- bzw. Zunftverfassungen durchaus als eine
sehen. Ihre Bedeutsamkeit ist nicht zu unterschätzen: sie faßten das ganze
Handwerk in einen festen Rahmen, gaben ihm Ordnung und Gestalt und
sorgten damit für eine »zünftige« Arbeit und einen gediegenen Nachwuchs.

Von der Blütezeit des Handwerks unter dem Malefizschenken war bereits die
Rede, aber die Aufhebung der Zuchtanstalt, verbunden mit der Einstellung
der Gerichtsbarkeit des Grafen, brachte einen starken Rückschlag. Das zeigt
auch eine Bemerkung in der Ehinger Oberamtsbeschreibung von 1826, wo es
heißt: »Das viele Bauwesen, der Aufenthalt des Grafen und seiner Beamten,
brachte mancherlei Nahrung und Gewerbe ins Dorf. Aber unter den jetzigen veränderten Umständen hat alles sehr gelitten.« Viele brotlos gewordenen Arbeiter und Handwerker zogen weg, die meisten nach Ulm, das in den
Jahren der aufkommenden Industrialisierung Arbeit und lohnenden Verdienst bot. Dazu kam, daß im 19. Jahrhundert in Oberdischingen kein zugkräftiger gewerblicher oder industrieller Betrieb Fuß faßte. Zwar berichtet
Pfarrer Hensinger unter dem Jahre 1843, daß hier eine Zündholzfabrik errichtet worden sei, aber offensichtlich hatte sie nicht lange Bestand. Die Ehinger Oberamtsbeschreibung von 1893 führt an gewerblichen Betrieben auf:
eine Brauerei, eine Käserei, eine Mühle und eine kleine Dosenfabrik
(Schrode). Die Ungunst der Lage — 6 km zu der nächsten Bahnstation —

wirkte sich nachteilig aus. Die Nähe Ulms zog die Industrie eben magnetisch an. Noch 1895 waren in der Landwirtschaft rund zwei Drittel, im Handwerk etwa 30 Prozent und die übrigen im Dienstleistungsgewerbe, Handel und Verkehr tätig.

Eine kleine Entschädigung bot der *Markt*. Seit 1838 besaß die Gemeinde die Marktgerechtigkeit und damit das Recht zur Abhaltung von (vier) Märkten im Jahr. Markttage waren der 19. März, der 17. Juli, der 20. Oktober und der 27. Dezember. Der Markt umfaßte einen Vieh- und Schweinemarkt, der droben am Käppele, und einen Krämermarkt, der in der Herrengasse abgehalten wurde. Im Zuge der veränderten wirtschaftlichen Verhältnisse sanken die Märkte bald zur Bedeutungslosigkeit herab. Sie erloschen etwa um 1906. Im Jahre 1924 wurde das Marktrecht aufs neue beantragt und genehmigt. Aber die Märkte waren von Anfang an schlecht beschickt und besucht. Der Krämermarkt ging praktisch um 1925 ein, der Vieh- und Schweinemarkt hielt sich bis gegen 1930. Im Jahre 1941 wurde die Marktgerechtigkeit endgültig amtlich aufgehoben.

Das 20. Jahrhundert brachte Änderungen der verschiedensten Art mit sich. Zunächst stagnierte die wirtschaftliche Entwicklung noch. Einen Schlag für die Gemeinde bedeutete die Stillegung der Fuggerschen Brauerei. Eine Anzahl Arbeiter wurde dadurch brotlos, außerdem ging der Gemeinde eine wichtige Steuerquelle verloren. Schließlich übernahm die Gemeinde das ganze Anwesen (Bräuhaus, Mälzerei, Küferwerkstatt) zum Preis von 250 000 RM. Davon waren 100 000 RM bar, der Rest in Raten zu entrichten. Die Gemeinde versuchte natürlich, das für sie unrentable Objekt wieder loszuwerden und fand schließlich in Egon Kahlmann, Fabrikant in Ehingen, einen Käufer. Aber Kahlmann geriet in Konkurs, und die Gemeinde erwarb aus der Konkursmasse das ganze Anwesen wieder zurück. Schließlich stieß sie es an Josef Entenmann in Munderkingen um 390 000 RM (Inflationsgeld) ab. Das Gelände, auf dem die Brauerei stand, trat sie im Jahre 1956 im Tausch gegen Gelände hinter der Kirche an den Anrainer Josef Ott, Bauer, ab.

Von den 1950er Jahren an vollzieht sich auch in Oberschwaben ein mächtiger wirtschaftlicher Aufschwung, an dem auch Oberdischingen indirekt teilhat. Ein innerer Strukturwandel geht vor sich, die Zahl der Beschäftigten in den einzelnen Wirtschaftsbereichen in Oberdischingen verschiebt sich beträchtlich, wie die Jahresaufstellung zeigt:

	1907	1933	1949	1961	1970	1975/76
Land- und Forstwirtschaft	202	208	204	189	99	62
Handwerk und Industrie	98	120	191	242	314	448
Dienstleistungen, Handel u. Verkehr	36	63	137	178	208	243
insgesamt	336	391	532	609	621	753

Was besagen diese Zahlen? Die Zahl der in der Land- und Forstwirtschaft Beschäftigten hält sich in etwa bis gegen 1960 hin, von da ab sinkt sie rasch.

Hauptgrund: viele Seldner geben ihre Bauernschaft auf oder betreiben sie nur noch als Nebenerwerb. Die Zahl der Knechte und Mägde geht laufend zurück, die Mechanisierung in der Landwirtschaft macht sie überflüssig. Die Umstellung der größeren Höfe auf Monokulturen (Weizenbau, Schweinezucht usw.) läßt den Bedarf an Arbeitskräften weiterhin sinken. Heute gibt es im ganzen Dorf kaum noch einen Knecht oder eine Magd. Seit einer Reihe von Jahren gibt es im Dorf auch kein Pferd mehr.
Dagegen hat die Zahl der im Handwerk und in der Industrie Beschäftigten laufend stark zugenommen. Das Dorf selbst betrifft dies indes nur in geringem Maß. Was Oberdischingen auch heute noch an industriellen Betrieben aufzuweisen hat, ist wenig. Da ist seit 1957 die Firma *Heinrich Bareiss Apparatebau* mit einem Dutzend Beschäftigten, jetzt in neuer Fertigungshalle. Die Produktion umfaßt heute Prüfpräzisionsgeräte verschiedener Art: Härteprüfer für Plastik und Gummiwerkstoffe, für weichelastische Stoffe jeder Art, selbst für die Brotkrume. Der Abnehmerkreis ist weit gestreut; die Hälfte der Produktion geht ins Ausland, vor allem nach England, Amerika, China.
Von erheblicher Bedeutung wurde in jüngster Zeit das Unternehmen »Microelektronik« (Inh. Dipl.-Ing. Andreas Lewicki). Dieses stellt mikroelektronische Bauelemente für Luft- und Raumfahrt, Kernforschung und Medizin her. Es hatte im Jahre 1968 in einem Privathaus zunächst Räume gemietet, wo mit der Produktion von Mikroschaltungen begonnen wurde. Durch Patente und Referate bei internationalen Kongressen gelang es dem Inhaber, die Fachwelt auf das junge Unternehmen aufmerksam zu machen. Heute gehören zu dessen Kunden außer Großfirmen der elektronischen Industrie wissenschaftliche Forschungsinstitute und internationale Luft- und Raumfahrtkonzerne. Die Firma exportiert nach USA, Südafrika, Kanada, Japan, Schweiz und den Benelux-Staaten. Seit 1974 arbeitet die Belegschaft, meist Frauen, im Gelände der Allee in einer Fertigungshalle mit einem angebauten Bürotrakt.
Die bereits dargelegte wachsende Zahl der Beschäftigten war nur möglich durch den Zuzug zahlreicher Arbeiter und Angestellter sowie deren Familien aus der näheren und weiteren Umgebung. Die Nähe Ulms als eines ungemein leistungs- und aufnahmefähigen Arbeitsmarktes sowie die günstigen Baugründe an den Hanglagen machten Oberdischingen zum begehrten Wohnort für Arbeiter und Angestellte. Dazu kam die wachsende Zahl der Heimatvertriebenen aus dem Osten.
Ergebnis dieser Entwicklung war die rasch steigende Zahl von Pendlern. Seit vielen Jahren waren Arbeiter aus Oberdischingen vor allem nach Ulm gegangen. Sie fuhren zunächst mit dem Fahrrad nach Erbach, von da mit dem Zug nach Ulm und abends auf dem gleichen Weg zurück. Dies bei jedem Wind und Wetter! Schon im Jahre 1949 betrug die Zahl der Auspendler 123, im Jahre 1970 war sie auf 367 angestiegen. Davon gingen nach Ulm 286, Neu-Ulm 10, Einsingen 25, Erbach 26, Ehingen 20. Von 1971 bis 1976 stieg die Zahl der Auspendler stetig von 451 auf 637 an.

Gemessen an der hohen Zahl der Auspendler ist die der Einpendler verschwindend gering (1970: 14 Personen).

Natürlich haben sich auch die Verkehrsverhältnisse ganz entscheidend gewandelt. Nicht nur, daß heute ein Großteil der Arbeitnehmer einen eigenen Wagen oder ein Motorrad besitzt, die Bundesbahn unterhält einen sehr dichten Busverkehr zwischen Ulm und Ehingen, so daß die genannten Arbeitsorte jederzeit bequem erreichbar sind.

Für die Zusammensetzung der Bevölkerung und damit für die soziale Struktur des Dorfes aber bedeutet dies, daß Oberdischingen in wachsendem Maß zur *Arbeiterwohngemeinde* wird. Der Schwerpunkt der Bevölkerung liegt heute schon eindeutig bei der Arbeiterschaft.

Für die gewandelten wirtschaftlichen Verhältnisse zeugt auch die Tatsache, daß seit vielen Jahren zwei Bankinstitute hier eine Niederlassung haben: die Raiffeisenbank, die seit dem Jahre 1897 hier vertreten ist und auch ein landwirtschaftliches Warenhaus mit großen Umsätzen unterhält, sodann die Sparkasse, von der seit 1906 hier eine Filiale arbeitet.

Vom Auf und Ab der Einwohnerzahlen

Die erste Urkunde, die Rückschlüsse auf die Größe des alten Dorfes und die mutmaßliche Einwohnerzahl gestattet, ist das wiederholt genannte Salbuch der Herren von Stotzingen aus dem Jahre 1562. Dieses führt für das damalige Dischingen 20 Bauern und 33 Seldner an, dazu 7 Bauern und Seldner, die andern Herrschaften unterstanden. Dazu kommt die Herrschaft selbst mit ihren Angestellten und Bediensteten, ferner die Dorfangestellten (Hirten, Nachtwächter, Mauser usw.) und die unerläßlichen Handwerker. Rechnen wir die 20 Bauern mit Dienstboten zu je 8–10, im Durchschnitt zu 9 Köpfen, so ergibt dies ca. 180 Personen; 32 Seldner zu je 6 Köpfen, ca. 200 Personen; die 7 andern Bauern und Seldner, ca. 50 Personen; die Herrschaft mit Angestellten, ca. 30 Personen; Handwerker und Gemeindebedienstete, ca. 50 Personen, so kommen wir auf eine Gesamtzahl von etwa 510 Personen.

Diese Zahl dürfte annähernd stimmen. Wie die späteren Aufstellungen zeigen, hat sich die Zahl der Höfe und Selden in der kommenden Zeit nicht vermehrt, die der Selden eher abgenommen. So dürfte sich bis zum Dreißigjährigen Krieg (1618–48) die Einwohnerzahl kaum verändert haben. Der Krieg selbst bringt dann einen gewaltigen Aderlaß, vor allem durch Hunger und durch Seuchen. Wir haben allerdings aus unserm Ort wenig unmittelbare Nachrichten aus jener Zeit. Im geschichtlichen Teil vorne war bereits davon die Rede, aber nach dem, was für die Umgebung (Ehingen, Ersingen, Ulm) bezeugt ist, muß es auch in Dischingen schlimm genug zugegangen sein. Leider lassen uns die Pfarrbücher für die Kriegszeit so gut wie ganz im Stich. Das Konzil von Trient (1545–63) hatte einstmals den Ortspfarrern zur Auflage gemacht, über die anfallenden Geburten bzw. Taufen, Eheschließungen und Todesfälle Register zu führen. Das war zweifellos auch geschehen, aber in den Wirren des langen Krieges ging alles zugrunde. Ein sehr unvollständig erhaltenes Taufregister meldet für das Jahr 1645 einen Täufling (Katharina Seifert), Taufpaten: vier Soldaten! Die nächsten Eintragungen beginnen erst wieder mit 1648. Das ebenso unvollständig erhaltene Sterberegister meldet für das Jahr 1647 einen, für 1648 zwei Todesfälle. Damit ist natürlich nicht viel anzufangen; es sei denn, man nehme an, das Dorf sei gegen Ende des Krieges fast völlig entvölkert gewesen. Einige Rückschlüsse in dieser Hinsicht lassen die im geschichtlichen Teil genannten Zahlen zu. Daß Dischingen in jenen Jahren etwa auf die Hälfte oder gar ein Drittel seiner Einwohnerzahl absank, ergibt sich auch aus der Zahl der zerstörten Höfe und Selden — über die Hälfte — sowie der sehr interessante Umstand, daß in den Jahren und Jahrzehnten nach dem Krieg sehr viele Menschen aus den Nachbarländern nach Dischingen *eingewandert* sind. Dies ergibt sich aus den pfarramtlichen Registern, die ab 1648 unvollständig, ab 1660 wieder regelmäßig und im ganzen wohl zuverlässig geführt wurden.

Es wanderten ein in den Jahren:

1660 Martin Greber von ..... (unleserlich) »aus dem Thyroll«
   Jakob Herzog aus »Cantone Lucernensis« (Kanton Luzern)
   Barbara Reithmayerin aus der Steiermark
   Elisabeth Müllerin aus ..... (unleserlich) in Bayern
   Hans Bolle von Oberdorf »ex Bavaria« (aus Bayern)
   Friedrich Neißer aus Fischingen in Helvetia (Schweiz)
1661 Martin Gerber von Steinach (Tirol)
   Philipp Lam von Steinach (Tirol)
   Nicolaus Haabermacher aus Canton Luzern
   Angela N... (unleserlich) »ex urbe St. Galli« (Stadt St. Gallen)
1662 Maria Bühlerin aus dem Thurgau
   Barbara Schwäglerin aus dem Canton Luzern
   Conrad Hug von Geiggenhofen, Helvetia
   Ulrich Berger, Thurgau
   Barbara Kellerin, Thurgau
   Ulrich Winkler aus Wasserburg (wohl am Inn)
   Maria Bichlerin aus Peterzell (Thurgau)
1663 Maria Hermann aus Malters im Luzerner Gebiet
   Jodocus Haabermacher aus Canton Luzern
   stirbt Anna Küngi; ihr Gatte Hans Küngi war aus der Schweiz eingewandert
   Catharina Pfauin aus dem Canton Luzern
   Anna Suterin (Sauter) aus der Schweiz (»ex Helvetia«)
   Thomas Hillger von Bogenhausen, damals bei München
   Barbara Wolfin aus Irsee bei Kaufbeuren
   Barbara Keller von Hotwil im Thurgau
1664 heiraten Thomas Berger, Bogenhausen, und Maria Goggelmayer,
   beide aus Bayern, in Dischingen ein
   Ulrich Lam von Steinach heiratet in Dischingen ein
   Bonaventura Burghoferin aus Bonndorf im Schwarzwald

Maria Diendorferin aus St. Leonhard in Oberösterreich
Jakob Hertzog, Canton Luzern, heiratet in D. ein
1666 heiraten Joh. Georg Rapp aus dem Elsaß »prope Argentoratum«
(aus der Umgebung von Straßburg) und Elisabeth Bernerin aus Tirol in D.
Jakob Mayer aus Sursee (?), Canton Luzern, heiratet in D. ein
Wolfgang Maurer, aus dem Stift-Kemptischen Gebiet, heiratet in D. ein
Mechthilde Seitzin ex Bavaria heiratet in D. ein
Agnes Neunerin ex Bavaria heiratet in D. ein
1668 Ulrich Müller aus dem Canton Luzern heiratet in D. ein
Georg Moll »aus dem Tyrol« erscheint als Trauzeuge
1669 Josef Mayer aus Sursee (?), wohl Bruder des Jakob Mayer, heiratet in D. ein
1670 Hans Gatterer von »Othinbeyren« (Ottobeuren) heiratet ein
Andreas Fux aus dem Schongauischen (bayerisches Allgäu) heiratet ein
1671 Thomas Messmer aus Welschingen, Hegau, heiratet ein
1672 Dorothea Egin aus Pfarrei Memmingen heiratet ein
Georg Lotringer, dem Namen nach aus Lothringen stammend, wandert ein
und stirbt 1675
1673 Franz Riede aus Tirol heiratet ein
Agnes Schmidin aus Landeck, Tirol, heiratet ein
1675 Johannes Wagner aus der Gegend von Feldkirch heiratet ein

Von jetzt ab geht die Einwanderung laufend zurück, reicht aber bis in den Anfang des nächsten Jahrhunderts hinein.

Diese Aufstellung ist zweifellos nicht vollständig und in allem zutreffend. Hier sind nur die Personen erfaßt, die irgendwie durch die pfarramtlichen Register gegangen sind. Sicher sind mehr eingewandert, die nicht erfaßt wurden; es gab ja kein Einwohnermeldeamt. Manche sind sicherlich gekommen und wieder gegangen, wenn es ihnen nicht gefiel, ohne daß ihre Namen irgendwo festgehalten wurden.

Interessant ist für uns: Der größte Teil der Einwanderer stammt aus der Schweiz, dem bayerischen Allgäu und den österreichischen Alpenländern, d. h. aus Gegenden, die vom Krieg nicht oder nicht sehr berührt wurden. In den Alpenländern herrschte vielfach Überbevölkerung. Diese stieß nun in die vom Krieg verödeten, ausgesogenen Gebiete hinein und füllte die Leerräume langsam auf.

Zweifellos sind auch in die Nachbarorte und die weitere Umgebung Dischingens Einwanderer aus diesen Gebieten eingezogen. So hat der Verfasser der Heimatgeschichte von Ehingen, Dr. Franz Weber, rund 200 Fälle von Einwanderern aus den gleichen Gegenden festgestellt.

Wie sich das Dorf in den Jahrzehnten nach dem Krieg wieder langsam füllt, ergibt sich wiederum aus den Pfarrbüchern, die, wie bereits dargelegt, in den Jahren nach 1648 zunächst unvollständig und unzuverlässig, dann aber ab 1660 offenbar recht verantwortungsbewußt geführt wurden.

Die Zusammenstellung für die Jahre 1648—80 ergibt das nachstehend tabellarisch erfaßte Bild:

Jahr	Eheschlie-ßungen	Taufen	Todesfälle	Jahr	Eheschlie-ßungen	Taufen	Todesfälle
1648	3	9	2	1665	5	18	10
1649	3	5	?	1666	7	19	12
1650	1	4	?	1667	1	17	6
1651	2	10	?	1668	5	6	9
1652	—?	6	?	1669	3	17	5
1653	—?	1	offenbar	1670	2	20	2
1654	3	7	fehlen	1671	3	14	11
1655	—?	—?	Ein-	1672	2	19	2
1656	—?	—	tragungen	1673	2	21	5
1657	—	3	?	1674	6	18	6
1658	—	5	?	1675	6	28	28 (Seuche?)
1659	1	5	?	1676	4	24	9
1660	3	9	1?	1677	4	19	6 (lückenh.)
1661	4	7	1?	1678	4	29	27
1662	3	10	1?	1679	7	26	24
1663	5	9	9	1680	2	18	50
1664	4	13	10				

Die Zahlen lassen ab 1660 ein langsames Anwachsen der Eheschließungen, ein stetes Anwachsen der Geburtenziffern erkennen. Die Sterbeziffern gehen sehr auseinander, offenbar aufgrund der Tatsache, daß immer wieder infolge ansteckender Krankheiten, vor allem bei Kindern, diese Ziffer hochschnellt. Es kommt vor, daß innerhalb weniger Tage aus einer Familie zwei, in einem Fall sogar drei Kinder kurz hintereinander sterben. Ebenso, daß zwei, ja drei kleine Kinder an einem Tag beerdigt werden.

In den Jahrzehnten zwischen 1680 und 1700 bewegt sich die Durchschnittszahl der Eheschließungen etwa um 10, die der Geburten zwischen 13 und 31, in der Regel um etwa 24, die der Todesfälle zwischen 15 und 25, einige Male liegt sie bei 30, einmal sogar bei 34. In diesen Fällen haben wir es sicher mit großer Kindersterblichkeit zu tun. Im Jahre 1728 meldet das Sterberegister sogar 49, das Jahr darauf 41 Todesfälle. Die Kinder sterben damals vor allem an Diphtherie, Scharlach, Masern, Keuchhusten.

Für die Folgezeit lassen sich etwa folgende Einwohnerzahlen errechnen: um das Jahr 1790 rund 600, um 1800 etwa 800, für das Jahr 1808 etwa 840, 1821 rund 900 und 1826 935 Köpfe. Dies ist die höchste Ziffer, von da ab geht es wieder abwärts. Wir sehen, wie sich unter der Herrschaft des Malefizschenken die Einwohnerzahl laufend rasch erhöht; nach seinem Tod sinkt die Zahl wieder rasch ab, wie die folgenden Zahlen für Oberdischingen beweisen:

Jahr	Einwohner	Jahr	Einwohner	Jahr	Einwohner
1861	840	1905	822	1950	933
1871	772	1910	790	1955	1002
1880	820	1925	829	1960	1050
1890	801	1933	829	1964	1113
1900	801	1939	758		

Von jetzt ab geht es stürmisch aufwärts, wie die Zahlen zeigen (jeweils am 1. Januar):

Jahr	Einwohner	Jahr	Einwohner	Jahr	Einwohner
1965	1125	1969	1351	1973	1433
1966	1224	1970	1340	1974	1457
1967	1225	1971	1350	1975	1512
1968	1293	1972	1356	1976	1545

Über die Ursachen dieser raschen Aufwärtsbewegung sind wir uns bereits klargeworden. Dazu kommen noch die vielen Ostflüchtlinge. Andererseits dürfen wir die Verluste der beiden Weltkriege nicht übersehen.

Der Aderlaß der beiden Weltkriege

Im Ersten Weltkrieg (1914—18) sind insgesamt 130 Bürgersöhne ausgerückt; von diesen sind 31 nicht mehr zurückgekehrt.
Im Zweiten Weltkrieg (1939—45) sind insgesamt 168 Bürgersöhne ausgerückt; von diesen sind 68 gefallen und vermißt.
Im ganzen hat die Heimat den Verlust von 99 Söhnen zu beklagen. Das Kriegerdenkmal auf dem Friedhof hält die Namen der Gefallenen und Vermißten fest. Ehre ihrem Andenken!

Die Vertriebenen aus den deutschen Ostgebieten

In den Jahren 1945—48 haben insgesamt 186 Flüchtlinge aus den Ostgebieten in Oberdischingen eine neue Heimat gefunden. Wie die Aufstellung zeigt, kamen sie aus den verschiedensten Gebieten:

Schlesien	57	Tschechoslowakei	10	Thüringen	4
Ostpreußen	36	Sudetenland	9	Sachsen	4
Westpreußen	22	Jugoslawien	7	Rumänien	2
Ungarn	15	Ostpommern	6	Westbrandenburg	1
Danzig	13				

Gewiß ist es für diese Menschen nicht leicht gewesen, sich in den neuen Verhältnissen zurechtzufinden. Unterkunft, Konfession, Sprache, Umgangsformen machten ihnen gewiß zu schaffen. Heute, nach 30 Jahren, hat sich dieses alles eingespielt, und vor allem für die Jungen ist Oberdischingen inzwischen *die* Heimat geworden.

Ein Vertriebenen-Ehepaar berichtet über seine Erlebnisse

Johannes Zink aus Tomendorf, Kreis Allenstein/Ostpreußen, jetziger Inhaber des ehemaligen Herrschaftsgutes: Ich bin gebeten worden, über meinen Weg und die Umstände zu berichten, die mich nach Oberdischingen führten.
Ich war Soldat an der Ostfront und zur Zeit des Einmarsches der russischen Armee am 20. Januar 1945 in Urlaub. Ich habe daher den ganzen angestauten Haß der Besatzungstruppen über mich ergehen lassen müssen. Stalin, damals Herr in Rußland, hatte der Truppe in den ersten 14 Tagen nach der Eroberung Ostpreußens alle Freiheiten gegeben. Ganze Familien, vom Säugling bis zum Greis, wurden ohne Grund erschossen. Es würde zu weit führen, hier über Einzelheiten zu berichten. Aber wie sehr wir der Verzweiflung nahe waren, möchte ich doch kurz schildern. Nachdem wir, meine Eltern, meine Schwester und ich, die ersten Tage mit viel Glück überlebt hatten, waren wir entschlossen, unsern Hof zu verlassen und lieber in einer Sommerhütte für das Vieh bei 25 Grad Kälte zu erfrieren, als uns weiterhin den Repressalien der Russen auszusetzen. Die Hütte lag in einer Moorniederung und war nur für Ortskundige erreichbar. Einem bei unserem Nachbarn arbeitenden Gefangenen, der uns nach tagelangem Suchen gefunden hatte, haben wir unser Leben zu verdanken. Er überbrachte uns die Nachricht, daß Stalin inzwischen die Narrenfreiheit der russischen Soldaten aufgehoben hatte.
Einige Tage später wurde ich mit vielen andern Dorfbewohnern, vom Jugendlichen bis zum Greis, interniert und nach Rußland in den Ural verschleppt. Die Hälfte der Verschleppten hat die vierwöchige Bahnfahrt im Viehwagen nicht überstanden. Bis zu den ersten Entlassungen im Herbst 1945 starben weitere 30 Prozent im Lager. Völlig entkräftet — ich wog noch 42 Kilogramm — wurde ich als einer der ersten entlassen und nach Frankfurt an der Oder gebracht. Die Rückkehr in die Heimat wurde uns aber nicht gestattet. Auf unser Begehren wurde uns erwidert, daß alle Deutschen aus den Ostgebieten ausgewiesen werden und daß unsere Angehörigen, sofern sie noch am Leben sein sollten, wahrscheinlich schon in einer der westlichen Besatzungszonen seien.
Nach tagelangem Suchen nach einer Unterkunft nahm mich eine Bauernfamilie namens Schulze in der Mark Brandenburg aus Mitleid auf. Eine Schwester meiner Mutter war Steyler Missionsschwester in Liedberg/Rheinland. Auf Einladung der Schwester Oberin Potens fuhr ich dorthin und hatte das Glück, wieder in meinem Beruf, in der dem Kloster gehörenden Landwirtschaft, arbeiten zu können.
Liedberg wurde eine der entscheidenden Stationen meines Lebens. Aus dem Gedanken heraus, eines Tages doch wieder in die alte Heimat zurückkehren zu können, entschied ich mich, meinem Beruf treu zu bleiben; ich wollte ja den elterlichen Hof übernehmen. Es sollte jedoch anders kommen.
Schwester Oberin Potens wurde 1948 nach Oberdischingen versetzt. Das Jahr darauf erhielt ich von ihr das Angebot, die Leitung des dortigen landwirtschaftlichen Betriebs des Missionshauses St. Hildegard zu übernehmen. Mir war, als hätte ich das große Los gewonnen. Ich mußte nun nicht mehr, wie fast alle Heimatvertriebenen, den Kampf um den Arbeitsplatz und das tägliche Brot führen. Die seelische Belastung und die Unsicherheit, ob ich jemals wieder irgendwo als Bauer Fuß fassen könnte, waren doch so groß, daß sie drohten, die letzte Energie aufzuzehren.
So bin ich nun auf der Suche nach einer neuen Heimat am 1. April 1949 im Schwabenland angekommen. Der Kontakt mit den Berufskollegen wurde mit Hilfe der Schwestern, die rührend um mein Wohl besorgt waren, bald hergestellt. Besonderes

Verständnis für meine Lage fand ich bei allen, die meine Heimat im Kriege kennengelernt hatten. Sehr interessant war für mich die erste Begegnung mit dem damaligen Leiter des Landwirtschaftsamtes Ehingen. Dieser, Oberlandwirtschaftsrat Reuter, kam nach einigen Sachfragen auch auf meine Herkunft zu sprechen und meinte, der Name Zink stamme wahrscheinlich aus Württemberg. So kann es sein, daß ich in die Heimat meiner Vorfahren zurückgekehrt bin.

Frau Gertrud Zink berichtet:
Meine Eltern waren Pächter eines Bauernhofes in Rosengarth, Kreis Heilsberg in Ostpreußen, auf dem mein Bruder und ich bis 1945 eine sorglose Kindheit verbrachten. Ende Januar 1945 drangen die Russen hier ein. Mein Vater wurde verschleppt und ist seitdem verschollen. Mitte Februar wurde ich als 15jähriges Mädchen ebenfalls verschleppt und in den Ural gebracht, wo ich in Steinbrüchen und am Straßenbau arbeiten mußte. Das gleiche Schicksal traf meine Mutter, die zwei Jahre in einem Lager bei Murmansk am nördlichen Eismeer verbringen mußte. Mein Bruder, damals 13 Jahre alt, blieb allein in der Heimat zurück.
Ich hatte das Glück, als zu schwächliche Jugendliche im August 1945 wieder entlassen zu werden. Frankfurt an der Oder war die letzte Station meiner Haft. Der weitere Weg führte mich dann über Berlin in ein Lager in der Altmark, wo ich Aufnahme in einem Bauernhof fand.
Nun begann die Suche nach meinen Angehörigen. Nach 2½ Jahren fand ich meine Mutter. Meinen Bruder wiesen die Polen im Jahre 1947 aus. Bald danach gingen wir schwarz über die Grenze nach Westdeutschland. Hier mußten wir ebenfalls einige Lager hinter uns bringen, bis wir dann im Frühjahr 1948 im Rheinland ansässig wurden. Seit meiner Heirat im Jahre 1953 wohne ich nun mit meinem Mann in Oberdischingen.

Kirchlich-religiöses Leben in Oberdischingen

Pfarrer, Frühmesser, Kapläne, Patres

Oberdischingen ist, wie wir hörten, eine sehr alte Pfarrei, d. h. es hatte schon im Jahre 1275 einen eigenen Pfarrer, der allerdings nicht besonders gut besoldet war. Er hatte ein unterdurchschnittliches Einkommen — 8 Pfund Heller —, so daß er keine Türkensteuer abliefern mußte.
Im Jahre 1460 stiftete der Ulmer Patrizier und damalige Ortsherr von Dischingen, Martin Greck, auf den Altar »Unserer Lieben Frau« eine »Ewige Pfründ- und Frühmesse« und stattete diese mit einem »Ziegelhaus, Hofstatt, Stadel und Garten zwischen dem Pfarrgarten und der Gemeinde gelegen« sowie mit Äckern und Wiesen zu einer hinlänglichen Versorgung des Frühmessers aus. Auch die Obliegenheiten des Frühmessers wurden dabei festgelegt: er mußte vor allem die Frühmesse lesen, wie sein Titel besagt; darüber hinaus mußte er in allem dem Pfarrer an die Hand gehen. Diese Stiftung wurde im Jahre 1709 von Graf Marquard Willibald Antoni erneuert.
Im Jahre 1795 kam noch die Familienkaplanei dazu, eine Stiftung des Grafen Franz Joseph von Castell, Domherr zu Mainz und zu Augsburg, Onkel des Malefizschenken. Sie wurde mit Franziskanern aus Ehingen besetzt.
Im Jahre 1829 wurden durch Graf Franz Joseph Frühmeßpfründe und Familienkaplanei zusammengelegt. Seitdem hatte Oberdischingen einen Pfarrer und einen diesem unterstellten Kaplan. Das Haus des Frühmessers wurde 1884 an den Schreiner Ziegler um 2000 Mark verkauft und aus dem Erlös das Schweizerische Anwesen als sogenanntes Kaplaneihaus erworben (heute Wohnung und Eigentum des Schulleiters, Rektor Hübner). Die Scheune, die zum Anwesen des Frühmessers gehörte, war bereits 1831 dem Schreiner Ziegler auf Abbruch überlassen worden.
So hat Oberdischingen durch die Jahrhunderte zwei, später sogar drei Geistliche gehabt, so daß an Seelsorgern offenbar kein Mangel war. Die Listen der Inhaber des Pfarramts sind unvollständig, doch soll hier wenigstens die Abfolge der Pfarrer und Pfarrverweser seit Beginn des letzten Jahrhunderts festgehalten sein:

1801—1811 Pfarrer Philipp Anton, Graf Schenk von Castell
1811—1851 Pfarrer Johann Wunibald Hensinger
1852—1888 Pfarrverweser und Pfarrer Anton Herlikofer
1888—1889 Pfarrer Hitzel
1889—1892 Pfarrer Zimmermann
1892—1894 Pfarrer Bühler
1894—1895 Pfarrer Graf
1895—1907 Pfarrer Maximilian Bökeler
1907—1916 Pfarrverweser Kaplan Strigl
1909—1917 Pfarrer Arthur Gutmann
1917—1918 Pfarrverweser Lorenz Huber

1918—1936 Pfarrer Wilhelm Betz
1936 Pfarrverweser Eugen Bolter
1936—1953 Pfarrer Karl Edelmann
1953—1959 Pfarrer und Dekan i. R. Josef Schmitt
seit 1959 Pfarrer Martin Übelhör

Kaplan Strigl war der letzte Kaplan in Oberdischingen. Seit seinem Weggang im Jahre 1916 wird die Pfarrei nur von einem Geistlichen versehen. In die seelsorgerischen Aufgaben teilten sich natürlich auch die Patres am Ort, zunächst die Franziskaner aus Ehingen, dann die Karmeliten, heute der Kapuzinerpater Stefan Ötzbrugger, der im Paterhaus im Auftrag der Diözese Einkehrtage abhält.

Die Gotteshäuser der Gemeinde

Die Pfarrei Oberdischingen besaß seit der Mitte des 15. Jahrhunderts (um 1450), wie wir bereits wissen, eine knapp ausreichend große Pfarrkirche. Natürlich hatte die Gemeinde auch vorher eine Kirche gehabt, von der wir jedoch nichts wissen. Zu Anfang des 18. Jahrhunderts (kurz nach 1700) kam die Dreifaltigkeitskapelle dazu. In der zweiten Hälfte desselben Jahrhunderts wurde die Kapelle auf dem Friedhof erstellt, die allerdings für die gottesdienstlichen Verrichtungen in der Pfarrgemeinde kaum in Betracht kam. In den dreißiger Jahren des letzten Jahrhunderts erhielt die Gemeinde die prächtige klassizistische Pfarrkirche, wobei gleichzeitig die alte, zu klein gewordene Pfarrkirche abgebrochen wurde, so daß Oberdischingen geradezu beispielhaft mit Gotteshäusern ausgestattet erscheint.
Im folgenden soll über diese Gotteshäuser bis in unsere Zeit berichtet werden:

Die Pfarrkirche

Sie hat seit ihrer Einweihung im Jahre 1835 und dem Ausbau des Turmes im Jahre 1892 in ihrem Innern zwei wesentliche Umgestaltungen erfahren: einmal die unter Pfarrer Gutmann im Jahre 1911/12 und dann die unter Pfarrer Übelhör im Jahre 1967/68.
Pfarrer Gutmann mit Professor Koch, Würzburg, als beratendem Architekten ließ, sehr auf Kosten der Wirkung, die vier durchlaufenden, ineinander übergehenden Emporen einfach abnehmen und ersetzte sie, unter Wegfall der Empore über dem Hochaltar, durch drei geradlinig geführte und dadurch hart wirkende, getrennte Emporen. Ferner ließ er den Hochaltar, der bisher vorn an der Chortreppe gestanden hatte, an die südliche Kirchenwand zurücknehmen. Die Wand über dem Hochaltar füllte er mit den berühmten Steinreliefs aus der Klosterkirche Blaubeuren aus, die bisher über dem Kircheneingang angebracht waren — ein begrüßenswerte Neuerung —, und krönte die Wand mit einem Dreifaltigkeitsmedaillon und zwei Engeln und Dekorationen im Jugendstil der Zeit um 1900.

Die beiden Seitenaltäre, die bisher auch vorn an den Stufen gestanden hatten, verwies er in die Seitenschiffe, d. h. den rechten und linken Kreuzesarm, und gab ihnen Altarblätter aus der berühmten Beuroner Schule bei. An ihre Stelle trat links eine klassizistische Kanzel und rechts eine Chororgel, ein sogenanntes Fernwerk, das von der Hauptorgel aus bespielt werden konnte.
Das Gestühl wurde ebenfalls aus der Rundung herausgenommen und in rechtwinklige Blockform gebracht, abermals ein Verlust für die Rundkirche. Der an sich geschmackvolle und gut wirkende Kronleuchter bot dafür nur einen schwachen Ersatz. Gleichzeitig erhielt die Kirche ein neues Orgelwerk von der Firma Reiser, Biberach, geliefert, zweifellos eine Bereicherung, doch hat sich das Werk nicht besonders bewährt. Die ziemlich hohen Renovationskosten wurden zum Teil durch eine Lotterie abgedeckt, doch zeigte sich auch die Bürgerschaft recht spendenfreudig.
Im Jahre 1967 schritt Pfarrer Übelhör zu einer zweiten, nicht minder einschneidenden inneren Erneuerung und Umgestaltung. Sie war notwendig geworden, nachdem sich mehrere Rosetten aus dem Kuppelgewölbe gelöst hatten und die Kirche daher gesperrt werden mußte. Die Kuppel wurde überprüft und neu gesichert. Darüber hinaus ließ Pfarrer Übelhör die beiden Seitenemporen abnehmen. Die Kirche gewann so eine bis dahin ungewohnte Weite und Tiefe. Die rückwärtige Chorempore ließ er tiefersetzen, um für das neue Orgelwerk Platz zu schaffen.
Im Sinne der neuen Liturgie erhielt die Kirche einen neuen Hochaltar unmittelbar an den Chorstufen. Damit war auch ein neues Sakramentshäuschen nötig, zu dem Professor Henselmann, Kunstakademie München, den Entwurf lieferte. Die Jugendstilausstattung an der Wand des Hochaltars wurde abgenommen und dem Gestühl die ursprüngliche Rundform wiedergegeben. Mit der Fußbodenbeheizung ging ein alter Wunsch der Kirchenbesucher in Erfüllung. Die Renovationsarbeit wurde mit der Anschaffung einer neuen, sehr leistungsfähigen Orgel mit 3 Manualen und 31 klingenden Registern, erbaut von der Firma Späth, Ennetach, gekrönt.
Mit dieser Renovation hat die Kirche wohl auf lange Zeit hinaus ihre bestimmende Raumwirkung erhalten.

Marienverehrung in Christmarienau

Die alte, 1833 abgebrochene Pfarrkirche war eine Liebfrauenkirche gewesen, wie wohl die erste, vorgotische Kirche auch. Die neue Pfarrkirche wurde auf den Namen Jesu geweiht. Um die alte Marienverehrung nicht ganz in Vergessenheit geraten zu lassen, wurde auf Anregung von Pfarrer M. Übelhör im ehemaligen Herrschaftswald, gegenüber dem Forsthaus, in den Jahren 1960—72 eine neuartige marianische Pilgerstätte geschaffen. Ein Wegweiser zeigt den »Weg Mariens« durch unsere Zeit. Er führt zunächst zu der »Wunderbaren Medaille von Paris«, die an die Erscheinung der Mutter Gottes in Paris im Jahre 1830 anknüpft. Weiter geht es zur Lourdesgrotte, dann zur »Weinenden Mutter« von La Salette, wie sie sich im Jahre 1846 zwei armen Hirtenkindern zeigte. Der Pilgerpfad führt weiter zur Herz-

Marien-Statue von Fatima, zur Erinnerung an die Erscheinung Mariens in Fatima im Jahre 1917. Ziel und Endpunkt der Wanderung ist das Christkönigskreuz, das, die Marienstätten in der Mulde überragend, der Wallfahrtsstätte Christmarienau den feierlichen Abschluß verleiht.

Zur Geschichte der Dreifaltigkeitskapelle

Das Bildstöckle

Die Geschichte der Wallfahrtskapelle zur Hl. Dreifaltigkeit beginnt mit einem Traum. »Anno 1675«, so berichtet das im Pfarrarchiv aufbewahrte »Mirakelbuch« (Buch der Wunder), »träumte dem ehrbaren, wohlgeachteten Christian Stetter, Bauersmann und Untertan allhier zu Dischingen, er solle auf seinem grundeigenen Acker, sonsten der Kreuzacker genannt, auf einem Berglein nächst der Straßen gelegen, ein Bildsaul oder ein Bildhäuslein machen lassen, es werde mit der Zeit eine große und herrliche Wallfahrt entstehen.« Obwohl man ihn allenthalben auslachte, ließ er doch ein kleines »Bildhäuslein« auf dem genannten Acker aufstellen mit einer Tafel darin, auf der er selbst mit seinem Weib und ihren zwölf Kindern abgemalt war. Das Bildstöcklein wurde allgemein des »Christes (Christian) Bachofen« genannt. Die Söhne des Christian Stetter ließen auf eine zweite, jüngere Tafel das Bildnis der Allerheiligsten Dreifaltigkeit malen. Das geschah etwa um 1700. An diesem Bildnis hat sich dann, wie das Mirakelbuch berichtet, in der Folgezeit eine Reihe von Wundern zugetragen. Wir halten einige davon hier fest:

Im Jahre 1704 wurde dem Ehrbaren Michel Rapp und seiner Ehefrau Maria Harrerin ein Söhnlein namens Jakob geboren, das bis zu seinem vierten Lebensjahr weder gehen noch stehen noch sprechen konnte. Eines nachts träumte der Mutter, sie solle »das elende Büble« zu der Christes-Kapelle auf dem Berg tragen, es werde »in allweg« gesund werden. Trotz der Zweifel der Nachbarn trug sie das Kind zu dem Bildstöckle und empfahl es der Hl. Dreifaltigkeit, und als sie nach Hause kam und in der Küche ihre Arbeit tat, fing das Kind auf einmal zu laufen und zu reden an und war völlig gesund. Es starb aber vier Monate danach. »Dies alles haben wir bezeugt Hans Nolle, seine Hausfrau, ihr Sohn Johannes und die ganze Gemeinde allhier.«

Als zweites Wunder berichtet das Mirakelbuch die offenbar kurz danach erfolgte Heilung eines Blinden namens Johannes Hözel (Hetzel?).

Anno 1711 ereignete sich ein drittes Wunder: Das Kind des Ehrbaren Meistermüllers Georg Hildebrand zu Rißtissen und seiner Hausfrau Maria Deiblerin war mit einem Bruch auf die Welt gekommen; darauf haben die Eltern ein »Täfelein« versprochen und gelobt, dieses dreimal »anhero« zu tragen zu der kleinen »Christes Kapellen«, und von der Stund an hat sich das Übel gebessert und ist schließlich ganz verschwunden. »Solches bezeugt die gesamt Ehrsame Gemeind zu Rißtissen.«

Auch in der Folgezeit wurde vielen kranken und »bresthaften« Menschen von »unterschiedlichen Orten herkommen« durch eine Wallfahrt zu diesem

Bildstöcklein geholfen. Dies veranlaßte den damaligen Ortsherrn, Graf Marquard Willibald Antoni Schenk von Castell, im Jahre 1713 aus eigenen Mitteln eine Kapelle »zu Ehren der Allerheiligsten Dreifaltigkeit und der Himmelskönigin Maria von Einsiedeln« zu errichten.

Die Wallfahrtskapelle vom Jahre 1713

Der Graf beauftragte den Maurermeister Christian Wiedemann aus Oberelchingen, »eine ganz neue Kapelle nach dem von ihm verfertigten Riß« zu erstellen, Länge 46 Schuh (ca. 18 m), Breite 24 Schuh (ca. 10 m) und Höhe 30 Schuh (ca. 12 m), »alles im Licht«, mit Gewölbe, achteckigem Turm und Oratorium (Gebetsraum für die gräfliche Familie). Vereinbarter Lohn: 500 Gulden. Der Vertrag wurde im Schloß Trugenhofen ausgefertigt und vom Meister unterschrieben: Christian Wiedemann, Maurer und »Gibser«. Außerdem stiftete der Graf 300 Gulden für einen beständigen Jahrtag, ebenso eine Pfründe für den Stiftungskaplan. Im Jahre 1720 wurde ein Kaplaneihaus erstellt und im Jahre 1730 eine richtige kleine Sakristei angefügt.
Glücklicherweise hat sich ein Bild von dieser Kapelle erhalten. Es war eine kleine Längskirche mit Querschiff und einem Dachreiter (Türmchen) über der Vierung (Mittelpunkt der Kirche). Der Giebel der Westfassade war leicht geschweift und endigte beiderseits in einer sogenannten ionischen Schnecke (Volute). Auch über die Innenausstattung wissen wir genau Bescheid, da diese auf uns gekommen ist. Das Kirchlein hatte drei Altäre. Auf den Hauptaltar kam das wundertätige Bild der Dreifaltigkeit, das zuvor in dem Bildstöckle gestanden hatte, darunter die Statue der Muttergottes von Einsiedeln. Links stand und steht der Josefsaltar mit dem Bildnis des sterbenden Nährvaters Jesu, rechts ein Altar zu Ehren des hl. Joachim und der Mutter Anna, wie sie ihre kleine Tochter (Maria) unterweisen. Das kleine, künstlerisch bedeutsame Bild an der Stirnseite des Hochaltars stellt die Legende vom hl. Augustinus und dem Knäblein dar und nimmt damit Bezug zum Thema der Allerheiligsten Dreifaltigkeit. Die entsprechenden Bilder auf den Seitenaltären stellen rechts den Tod des hl. Nepomuk und links den hl. Franz Xaverius dar. Die Tatsache, daß der hl. Franz Xaverius auch am Weg zur Kapelle begegnet, läßt auf eine tiefere Verehrung dieses Heiligen schließen. Leider befindet sich diese Statue heute in Laupheim.
In den Plastiken links und rechts im Chorraum haben wir den hl. Sebastian bzw. den Pestheiligen Rochus vor uns, die möglicherweise von einem Mitglied der Künstlerfamilie der Hegenauer geschaffen wurden. Die Figurengruppe am Hochaltar zeigt links den hl. Franz Xaverius, rechts den hl. Antonius, über ihnen die Gestalt des hl. Josef; damit kehrt die Dreizahl entsprechend wieder.
Im Jahre 1754 stiftete ein Mitglied der gräflichen Familie ein Prager Jesuskind, das fürderhin zur bleibenden Ausstattung der Kapelle gehörte.
Auch in der neuerrichteten Kapelle trugen sich viele Wunder zu, wie das Mirakelbuch vermeldet.

Gebett
zu der Wunderwürckend Hochheiligsten Dreyfaltigkeit.

O Wunderwürckend Allerheiligste Dreyfaltigkeit! Einiger GOtt, Vatter, Sohn, und Heiliger Geist! ich glaub an dich, ich hoffe auf dich, und liebe dich über alles; bereue auch von Grund meines Hertzens, daß ich dich so vielmahl beleidiget, nicht allzeit, wie schuldig, dich geliebet habe; ich nimme mir kräfftig für mit deiner Gnad dich nimmer zu beleidigen, allezeit zu lieben; und weilen du, O Gnadenvolle Heiligste Dreyfaltigkeit! so liebreich uns zuruffest und einladest, sprechend: Kommet alle zu mir. Siehe, so komme ich deine unwürdige Creatur mit kindlichem Vertrauen zu dir, falle vor deinem Gnaden-Thron auf meine Knie, bitte, wie du selbsten alle aufmunterest und anmahnest, sagend: Begehret, und es wird euch gegeben werden. Also auf deine unendliche Güte vertrauend, begehre und bitte ich, O Heiligste Dreyfaltigkeit! du wollest allvorderist Verzeihung meiner Sünden, Nachlassung wohlverdienter Straffen mir gnädigst ertheilen, in allen meinen Nöthen der Seel und des Leibs vätterlich beystehen; in Creutz und

und ein neues erstellt, in dessen Erdgeschoß der Mesner, im ersten Stock der Kaplan wohnen sollte. Im Jahre 1794 bezieht der Franziskanerpater Apollinaris Thaler aus Ehingen das Kaplaneihaus.
Inzwischen war der Grundstein zur neuen Kapelle gelegt worden (20. April 1795). Im Herbst desselben Jahres wurde der Dachstuhl aufgerichtet und im August des kommenden Jahres die Westfassade mit Aufsatz fertiggestellt. Natürlich wurde die alte Ausstattung in die neue Kapelle übernommen, da der Chor ja stehengeblieben war. Der Hochaltar behielt sein Dreifaltigkeitsbild mit der Muttergottes von Einsiedeln und dem Jesuskind, ebenso die Seitenaltäre ihre Altarblätter (von Franz Joseph Spiegler). Für die plastische Ausgestaltung des neuen Schiffes wurden Josef Rueß von Munderkingen und Josef Moosbrugger aus dem Bregenzer Wald herangezogen. Die Meister gaben dem Kircheninnern ein sehr farbiges Gewand im Stile der Zeit (Empire), so wie wir es heute wieder nach der jüngsten Renovation vor uns haben.
Auf diese Weise erhielt die Kapelle stilistisch gesehen ein Doppelgesicht: der Chor im Stil des Barock, das Schiff, wesentlich jünger, in den Formen des Empire. Indes wird der Stilbruch kaum empfunden.
In dieser Kapelle huldigten die Oberdischinger, wie bereits erwähnt, am 25. November 1806 ihrem neuen Landesherrn, dem König von Württemberg. Den festlichen Gottesdienst zelebrierte der damalige Ortspfarrer, Graf Philipp Anton, der Sohn des Malefizschenken; anschließend wurde das Tedeum gesungen. »Predigt aber war keine«, bemerkt Pater Apollinaris Thaler in seinem Tagebuch. Nach dem Gottesdienst huldigten der gräfliche Pfarrer und die andern Geistlichen »privatim im Zimmer«.

Die Neugestaltung der herrschaftlichen Gruft

Graf Marquard Willibald Antoni hatte die Wallfahrtskirche, die er im Jahre 1712 in Auftrag gab, zugleich zur Gruftkapelle für seine Familie bestimmt. Zu diesem Zweck ließ er eine von außen her zugängliche Gruft mit einem Tonnengewölbe anlegen. Hier fanden in der Folgezeit, angefangen mit dem Stifter und seiner Gemahlin, zahlreiche Mitglieder der Familie bis auf Graf Franz Joseph (gestorben 1845) Aufnahme. Danach wurde die Gruft zugemauert. Im Jahre 1894 wurde der etwa 6 m lange unterirdische Gang zugeschüttet, die Eingangstür samt den Stufen vermauert. Dadurch geriet die Gruft praktisch völlig in Vergessenheit. Als man sich im Jahre 1962 im Zuge der Renovierungsarbeiten daranmachte, die Gruft wieder zu öffnen, da konnten sich nur noch wenige alte Leute, so der Altschmiedemeister Rupert Strobel, des ehemaligen Eingangs entsinnen. Er war nämlich schon dabei gewesen, als man die Gruft zugeschüttet und vermauert hatte. Wie er berichtete, war schon seit langem Grundwasser in die Gruft eingedrungen, etwa 30 cm hoch, hatte die Holzsärge angefressen und mit der Zeit zerstört. Moder- und Fäulnisgeruch hatten sich in der Kapelle verbreitet, derer man durch die Zuschüttung Herr zu werden hoffte. Bei dieser Gelegenheit seien die Särge nach rückwärts gegen die Wand verschoben worden.

Als man nun die ganze Gruft wieder freilegte — es handelte sich um ca. 40 cbm Erdaushub —, fanden sich von der Mitte des Ganges an Sargteile und Reste von Gebeinen und am Ende des Ganges größere Sargteile, vier Schädel und Anhäufungen von Gebeinen vor. Einer der Schädel, ein markanter Langschädel mit deutlichen Resten von brandroten Haaren am Hinterkopf, führte natürlich sogleich auf die Vermutung, es könnte sich um den Schädel des Malefizschenken handeln, wie er uns aus dem Bild des Grafen entgegentritt, und von den brandroten Haaren wissen wir aus Schilderungen von Zeitgenossen. Ein genauer Nachweis läßt sich jedoch kaum mehr erbringen.

Sämtliche in der Gruft aufgefundenen Gebeine der gräflichen Familie wurden sorgfältig gesammelt, in einem größeren Betonsarg zusammengetan und in die Wand vor der Gedächtnistafel eingemauert.

Nach dem sicher unvollständigen Totenbuch (Mortuarium) sind in der Gruft folgende Personen beigesetzt: der Malefizschenk und seine Gattin, die ursprünglich vor dem St.-Anna-Altar beigesetzt war, von deren Kindern die Tochter Philippine, Graf Anton Philipp, der Pfarrer, und der Erbgraf Franz Joseph, ebenso auch der Erbauer der Kapelle. Wir dürfen annehmen, daß auch die Gattin des Erbauers und die Eltern des Malefizschenken dort beigesetzt wurden. Als einzige nicht zur gräflichen Familie gehörende Person fand auch der Kaplan Ulrich Greißle in der Gruft seine letzte Ruhestätte. Er war 15 Jahre in der Kapelle als Seelsorger tätig gewesen und hatte sich um die Wallfahrt und die Dreifaltigkeitsbruderschaft sehr verdient gemacht. Heute ist die ansprechend gestaltete Gruft bequem durch die neuerbaute Sakristei zugänglich. Sie hält ebenso eindringlich wie die architektonischen Zeugnisse das Gedächtnis des Geschlechtes wach, dem Oberdischingen so viel verdankt.

Um das Jahr 1900 erwarb Kaplan Geiger die Dreifaltigkeitskapelle von der Gutsherrschaft um einige tausend Mark und vermachte sie der Pfarrgemeinde. Die liebevolle und sachverständige Renovation der Kapelle in den Jahren 1961—63 durch Kunstmaler und Restaurator Kneer aus Munderkingen gab dieser ihre ehemalige Farbigkeit und ihren Glanz wieder.

Bis zum heutigen Tag ist die Kapelle, das Käppele, den Oberdischingern ans Herz gewachsen und das Ziel von Tausenden von Wallfahrern und Hilfe suchenden Pilgern geblieben. Das Dreifaltigkeitsfest wird auch heute noch, wie wir hören werden, Jahr für Jahr feierlich begangen.

Das Paterhaus

Als der Malefizschenk die Herrschaft übernahm, wollte er es nicht weiterhin bei einem oder zwei Stiftungskaplänen für die Betreuung der Wallfahrt und der Familiengruft belassen. Großzügig wie immer dachte er bei der Neuregelung an eine kleine, von Patres geleitete Privatschule. Zu diesem Zweck ließ er ein neues Kaplaneihaus, das künftige Paterhaus, erstellen und gab diesem zwei stattliche Nebengebäude bei, die zusammen mit dem Paterhaus auch rein ästhetisch eine sehr schöne Gruppe bildeten. Alle drei wurden im

Stil der Zeit, ähnlich wie die Herrengasse, also im Spätbarock, gebaut und ergaben damit einen eindrucksvollen Abschluß des Dorfbildes. (Leider ist eines der beiden Nebengebäude schon lange abgegangen, wodurch die Gruppe viel von ihrer Wirkung verlor.) Auch an die Versorgung hatte der Graf bereits gedacht: sie sollte aus dem gräflichen Speicher und dem gräflichen Brauhaus genommen werden. Zudem sollten die Patres pro Jahr 800 Gulden erhalten. Als Aufgaben waren vorgesehen: die Betreuung der Gruft- und Wallfahrtskirche, täglicher Gottesdienst, alle Sonn- und Feiertage Gottesdienst auch im Zuchthaus (der Zuchthausgeistliche sollte demnach entfallen), Krankenbesuch und Schulunterricht. Höhepunkte des Jahres sollten sein: die feierliche Begehung des Dreifaltigkeitsfestes und die Jahrtage der gräflichen Familie.
Zu diesem Zweck nahm der Graf Verhandlungen mit den Piaristen in Wallerstein im Ries auf. Diese waren durchaus geneigt, auf die Pläne des Grafen einzugehen. Am Ende wurde aber aus der Sache nichts, weil die Patres auf »Exemption«, d. h. Freistellung von der Rechtsaufsicht des Fürstbischofs von Konstanz bestanden, die dieser ihnen aber nicht zugestehen wollte. Zum andern wäre noch die landesherrliche Genehmigung einzuholen gewesen. So zerschlug sich der Plan. Anstelle der Piaristen gewann der Graf die Franziskaner in Ehingen für die Betreuung der Kapelle. Diese nahmen ihre Aufgabe auch bis zur Auflösung des Franziskanerklosters in Ehingen wahr (1802 im Zuge der Säkularisation). Der letzte von ihnen, Apollinaris Thaler, der von 1764 an die Kapelle betreute, erfreute sich einer besonderen Volkstümlichkeit. Er führte auch ein aufschlußreiches Tagebuch, das sich zum Glück erhalten hat.
Als das 250jährige Jubiläum der Wallfahrtskirche herannahte, gingen neben deren Renovation auch Überlegungen einher, wie man das Paterhaus einer neuen sinnvollen Verwendung zuführen könnte. Diese führten auch zum Ziel.

Die Karmeliten ziehen im Paterhaus ein

Pfarrer Übelhör wandte sich zunächst an die Diözese Rottenburg, die wohl lebhaftes Interesse zeigte, aber keine Möglichkeit sah, das Objekt selbst zu übernehmen. Da erfuhr er durch Zufall, daß der Prior des Karmelitenklosters in Mainz in Süddeutschland ein geeignetes Anwesen suche, um dort eine Niederlassung des Ordens zu gründen. Sogleich wandte sich der Pfarrer an den Prior, und dieser griff nach Überwindung mancher Bedenken und Schwierigkeiten zu, nachdem auch die Ordensobern in Rom den Schritt gebilligt hatten. Nur der käufliche Erwerb und die unumgänglichen Umbauarbeiten waren dem Orden aus finanziellen Gründen nicht möglich. Schließlich erwarb die Diözese das Paterhaus, das Seitengebäude und die Nebengebäude selbst. Nur die Kapelle blieb Eigentum der Kirchengemeinde.
Damit war der äußere Rahmen, waren die Voraussetzungen für die Übernahme des Objekts durch die Karmeliten geschaffen. Über die Aufgaben des neuen Karmels war man sich rasch einig: die Patres sollten die gottesdienst-

lichen Obliegenheiten in der Kapelle wahrnehmen und den über Gebühr in Anspruch genommenen Ortspfarrer entlasten; sie sollten bei Bedarf auch in der Umgebung einspringen, vor allem aber sollten sie die berühmte Wallfahrt wieder zur alten Blüte bringen — Aufgaben, denen sich die Patres von Anfang an unter Einsatz ihrer ganzen Kraft unterzogen. Am 1. September 1963 fand die feierliche Einweihung des Paterhauses und die Übergabe desselben an die Karmeliten durch Seine Exzellenz Weihbischof Sedlmeier statt. Einer der ersten Schritte war die Schaffung eines ausreichenden Beichtraums und einer neuen Sakristei.

Leider war dem neuen Karmel nur ein kurzer Bestand beschieden. Infolge des wachsenden Priestermangels sahen sich die Ordensobern im Bamberg immer weniger imstande, den eigenen seelsorgerlichen Verpflichtungen nachzukommen. Sie waren daher gezwungen, die junge Filiale im Jahre 1974 wieder aufzuheben und die Patres zurückzurufen. Damit war das Paterhaus wieder verwaist. Heute ist es wieder besetzt: in ihm wohnt der Kapuzinerpater Stefan Ötzbrugger, der im Auftrag der Diözese Cursillos, d. h. Einkehrtage im Sinne der religiösen Vertiefung und Erneuerung, veranstaltet.

Die Friedhofskapelle und der Friedhof

Der älteste Friedhof lag, altchristlichem Brauche folgend, unmittelbar rund um die Kirche, also im ehemaligen »Doktorsgarten«. Die Kirche wollte ihre Toten um sich haben. Aber der Friedhof war größer als der heutige Garten, er reichte tief in die jetzige Durchgangsstraße hinein. Im Zuge der Bauarbeiten des Malefizschenken mußte er an der Straßenseite zurückgenommen werden. Bei Grabungen haben sich wiederholt menschliche Gebeine gefunden. Im Zusammenhang mit dem Abbruch der alten Pfarrkirche wurde auch der Friedhof aufgelassen.

Der heutige neue Friedhof wurde vom Malefizschenken etwa um 1780 angelegt, weil der bisherige nicht mehr ausreichte. Er ließ dort auch eine Totenkapelle erstellen, die im Jahre 1786 eingeweiht wurde. Sie war, wie die Pfarreibeschreibung vom Jahre 1892 berichtet, »im Stil der Kapelle in Bach«, das zur Herrschaft Dischingen gehörte, erbaut und der hl. Elisabeth geweiht. Die Kapelle lag, nach der gleichen Quelle, »rechts vom Gottesacker und bildete einen Teil der Umfassungsmauer«. Das will doch wohl heißen: sie lehnte mit ihrer Rückseite an die alte Häusergruppe (Kneer, Kästle usw.) an. Sie muß sehr früh baufällig geworden sein, denn schon in der Pfarrbeschreibung von 1811 heißt es, daß sie »sehr ruinös« sei. Es wurden in ihr auch keine regelmäßigen Gottesdienste abgehalten, »sondern ein einziger Jahrtag, auf Verlangen weitere Jahrtage, etwa 20 im Jahr«. In gleicher Weise äußert sich die Pfarreibeschreibung von 1824. Es wurde nichts an der Kapelle getan, ganz einfach, »weil ganz und gar kein Fonds zu ihrer Unterhaltung vorhanden« war. Wenig später ersucht Graf Franz Joseph um die Erlaubnis, die Kapelle abzubrechen. Er erhält sie auch mit der Bedingung, daß die Umfassungsmauern des Friedhofs nicht beschädigt werden dürfen, wenn je, so seien

diese wieder herzustellen. Der Abbruch (1826) muß nicht gründlich vorgenommen worden sein, denn noch die Pfarreibeschreibung von 1892 weiß von Resten der alten Friedhofskapelle zu berichten.
Im Jahre 1876 wurde der Friedhof auf Beschluß der bürgerlichen Kollegien erweitert. Zugleich wurde ein Weg dem Friedhof entlang, »dem Dorf gegenüber«, geschaffen und an diesem der jetzige Eingang angebracht. Dagegen ist von einem »Klösterle«, also einer Ordensniederlassung beim Friedhof draußen, in den vorhandenen Quellen nie die Rede, nirgends begegnet der in Oberdischingen heute noch geläufige Ausdruck. Wohl aber ist es möglich, daß dort draußen einmal eine kleine Schwesternstation war. Die Patronin der Friedhofskapelle — die hl. Elisabeth — legt das nahe, aber quellenmäßig läßt sich dieses »Klösterle« nirgends fassen.

Das Pfarrhaus

An dieser Stelle sei auch ein Blick auf das Pfarrhaus geworfen, den stattlichen Bau mit dem reizvollen Barockgiebel, der sich so gut in das Herrschaftsviertel einfügt. Er ist eine echte Schöpfung des Barock; die schwungvollen Voluten (Einwölbungen) mit dem abschließenden Giebeldreieck an der Stirnseite beweisen es. Es wurde im Jahre 1750 von Graf Marquard Willibald, dem Vater des Malefizschenken, sicher an der Stelle eines zu klein und unwohnlich gewordenen Vorgängers erbaut. Die schönen Maße lassen erkennen, daß ein tüchtiger Architekt am Werke war. Zu seinen Bewohnern gehörte auch Graf Philipp Anton, der ja zehn Jahre die hiesige Pfarrei innehatte.
Zum Pfarrhaus gehörten von Anfang an der vordere und der rückwärtige Garten. Dieser hatte einen Pumpbrunnen, der auch dem benachbarten Frühmesser zur Verfügung stand. Vor allem aber gehörte zum Pfarrhaus der danebenliegende Hof, das sogenannte Widum, heute Semeshof (Simeonshof) genannt, weswegen man in Dischingen heute noch vom »Pfarrhof« spricht.
Allerdings litt das Pfarrhaus von Anfang an stark unter der Feuchtigkeit, ein Nachteil, der erst mit der Tieferlegung des Dorfbaches endgültig gebannt werden konnte.

Die Fatima-Bewegung nimmt in Oberdischingen Wohnung

Im Frühjahr 1976 erwarb die Fatima-Bewegung, Bereich Schwaben, deren zweiter Vorsitzender Pfarrer Martin Übelhör ist, den linken Flügel des ehemaligen Kanzleigebäudes der Herrschaft Oberdischingen. Es wird als »Haus Maria Königin« künftig ein geistig-religiöses Zentrum und eine Stätte religiöser Begegnung sein. Dieser Schritt fand die allgemeine Billigung, da auf diese Weise das Gebäude eine neue bedeutsame Bestimmung erhielt. Zusammen mit dem neuen Rathaus gegenüber soll es eine gründliche innere Erneuerung und äußere Überholung erfahren. Das wird sich auch auf das Ortsbild sehr vorteilhaft auswirken.

Zum kirchlichen Leben in Oberdischingen

Bündnis gegen das Fluchen

In einer Pfarreibeschreibung aus dem frühen 19. Jahrhundert werden die Oberdischinger als fromme Leute bezeichnet, nur der Kleiderluxus und die Hoffart werden gerügt.
Wir haben keinen Anlaß, an beidem zu zweifeln. Die Oberdischinger besuchten sicher regelmäßig ihren Sonntagsgottesdienst, nahmen die Osterbeichte und die Osterkommunion wahr und lieferten ihre Beichtzettel und Ostereier ab. Sie nahmen an den Bittgängen nach Öpfingen und Donaurieden teil. In der Kirche und bei den Prozessionen sorgten Schulmeister und Mesner für Zucht und Ordnung.
Von besonderer Frömmigkeit und religiösem Eifer zeugt ein Protokoll vom 6. Februar 1727 über ein »von gesambter Gemaindt allhier geschlossenes *Bündtnis* wegen künftiger Bestraf- und Ausreuthung des Gotteslästern, Sakramentieren, unnöthigem Schwehren (Schwören) und boshaften Fluchen«.

»Demnach der iezmahlige Herr Pfarrer allhier in einer unlängst gehaltenen Predigt mit einem wunderbaren Eifer der gesamten Gemaindt allhier fürstellig gemacht, welcher maßen der Allerhöchste durch das vielfältig in Schwung gehende Gotteslästern ... sehr beleidiget und zu eiligem Zorn angereizt werde, wohingegen seiner unendlichen Mayestätt zu einem großen Wohlgefallen geraichete ..., wenn die ganze Gemaindt sich einhellig zusammen verbinden und untereinander einen Pact und löblichen Bund aufrichten würden, kraft dessen vorgemelte Laster ... bald möglichst auszureuthen und auszutilgen getrachtet würde.«

Es wurde also an dem benannten 6. Februar, als die ganze Gemeinde zur Frühjahrsabrechnung im gräflichen Amtshaus versammelt war, der einhellige Beschluß gefaßt, dem Pfarrer durch Handschlag zu geloben, daß

1. jeder, der aus Mutwillen oder Unwillen oder sonst einer geringen Ursache sagt »Sakrament«, schuldig sein soll, 2 Landmünzen (wohl Heller) als Strafe zu erlegen.
2. jeder, der sagt: »Du Sakramentsnarr, du Sakramentshund, du Sakramentsbestia und was diesem gleich ist«, 3 Landmünzen Strafe erlegen soll.
3. jeder, der sagt: »Gottes 1000 Sakrament, 100 Sakrament, Bluth Sakrament, Gotteskreuzsakrament, und was diesem gleich ist«, soll 4 Landmünzen Straf erlegen.
4. wer aber in der Gottlosigkeit sich so weit vergreifen sollte, daß er dieses Geld zuvor erlegte, damit er alsdann sicher sakramentieren dürfe, der soll ebensoviel Gulden als sonst Landmünzen erlegen.
5. wer aber flucht: »Der Teifel holl mich, oder daß dich der Teifel holl ..., und was diesen Flüchen gleich ist«, der soll ebenfalls 3 Landmünzen erlegen.

6. wenn einer aber in der Gottlosigkeit noch weiterschreiten und Gott herausfordern sollte oder ihm eine Sünde der Ungerechtigkeit zumesse, der solle nach den weltlichen Gesetzen abgeurteilt und scharf bestraft werden.

7. das vorstehende Verbot soll nicht nur die älteren Mannspersonen sondern auch die Frauen und Kinder, ebenso Knechte und Mägde, gleichermaßen verpflichten.

8. wenn jemand einen andern in der angegebenen Weise fluchen hört, so soll er das unverzüglich anzeigen. Wenn es mehrere hören, so sollen sie unter sich ausmachen, wer die Anzeige erstattet. Die Anzeige hat bei dem Pfarrer zu geschehen, das Strafgeld aber soll dem Heiligen-(Kirchen-)pfleger abgeliefert werden.

9. auch wenn ein Fremder sich hier gegen dieses Verbot verfehlen sollte, so soll er zunächst in Güte ermahnt werden; läßt er nicht ab, so soll auch er zur Bezahlung der Strafe angehalten, im Weigerungsfall der Obrigkeit angezeigt und in Gewahrsam genommen werden.

So geschehen und am 7. Februar 1727 von der Schenk Castellschen Oberamtskanzlei ausgefertigt. Leider haben sich weder Mitteilungen über die Wirksamkeit dieses so lobenswerten Vorhabens erhalten, noch sind Aufzeichnungen über die eingegangenen Strafgelder überliefert.

Das Dreifaltigkeitsfest einst und heute

Der Höhepunkt des Kirchenjahres war und ist in Oberdischingen keines der großen Vierfeste, sondern das Dreifaltigkeitsfest. An ihm strömten seit Jahr und Tag Hunderte und Tausende auf dem Käppelesberg zusammen, um der Allerheiligsten Dreifaltigkeit und der Muttergottes von Einsiedeln ihre Verehrung darzubringen und ihren Schutz zu erflehen. Vor allem für die Mitglieder der nach ihr bezeichneten Bruderschaft ist dieser Tag *der* Festtag des Jahres.

Mit Böllerschüssen wurde der Tag eingeleitet, Fahnen prangten, die Natur selbst leistete mit der Blütenpracht der Rotdornbäume ihren Beitrag. Eine große Kanzel war im Freien errichtet, alles war auf Glanz und Pracht und Festesfreude gestimmt.

Mit einem feierlichen Hochamt und Sakramentsempfang, mit einer Festpredigt im Freien, zu der ein bekannter oder gar berühmter Kanzelredner gebeten wurde, mit einer feierlichen Vesper am Nachmittag und einer Andacht am Abend wurde der Tag begangen.

Von dem Umfang und dem Ausmaß der früheren Wallfahrt geben uns einige Daten aus dem Beginn des vorigen Jahrhunderts willkommenen Aufschluß. So besitzt das Pfarramt eine Abrechnung zum Dreifaltigkeitstag des Jahres 1802, der wir folgendes entnehmen:

»Über Einnahm und Ausgab am Fest der Heiligsten Dreyfaltigkeit:«
(1 Gulden = fl(orin) = 60 Kreuzer)

Einnahmen:	11. Juni aus den Opferstöcken:	16 fl 35 Kreuzer
	13. Juni auf den Deller (Teller)	12 fl 34 Kreuzer
	21. dto. aus den Opferstöcken	24 fl 24 Kreuzer
	Summa	53 fl 33 Kreuzer
Ausgaben:	für 10 Beichtväter à 1 Gulden	10 fl
	den beiden Heiligenpflegern	1 fl
	den beiden Mesnern à 30 Kr.	1 fl
	dem Strumpfwirker als Aushelfer	1 fl
	für Kost und Trunk per 3 Tag	1 fl
	6 Ministranten à 6 Kr.	36 Kreuzer
	dem Blasbalgzieher	6 Kreuzer
	vor die Bruderschaftsmeß (vor = für)	24 Kreuzer
	vor des Anton Höfeles Jahrtag	28 Kreuzer
	dem Amtknecht für Wachen und Aufsicht	36 Kreuzer
	dem herrschaftlichen Baumeister	36 Kreuzer
	den zwey Beywächtern	24 Kreuzer
	für 22 Musikanten à 36 Kr.	13 fl 12 Kreuzer
	vor 9 Holzfuhren pro 1801	18 fl
	Item (dasselbe) pro 1802	18 fl
	Summa	66 fl 22 Kreuzer

»Da nun der Mesner aber nur 53 Gulden 33 Kreuzer eingenommen, nach dem Anschluß aber 66 Gulden 22 Kreuzer ausgegeben, so gehen dieselben auf künftige Rechnung zu guten: 12 Gulden 49 Kreuzer«.

Wir sehen: 10 Beichtväter hatten zu tun und jeder bekam 1 Gulden – neben Verköstigung und, soweit notwendig, Unterkunft.
Ähnliche Abrechnungen liegen auch für eine Reihe anderer Jahre vor. So notiert u. a. Lehrer Sontheimer als »Ausstand vom Dreyfaltigkeitsfest 1805«:

1. Mein Bub als Singer	20 Kreuzer
2. Der Magg von Schelklingen als Geiger	24 Kreuzer
3. für Abholung der Trompeten in Ehingen	20 Kreuzer
Summa	1 fl 4 Kreuzer

Über die Zahlen der erwachsenen Teilnehmer(innen) lassen die Rechnungen über die jährlich an die Dreifaltigkeitskapelle gelieferten Hostien einen indirekten Schluß zu. So liegt z. B. eine Rechnung vor aus dem Jahre 1803 (genauer vom 8. Mai 1802 bis 16. April 1803) über 1000 große Hostien und 7000 kleine, wobei die großen den Geistlichen, die kleinen dem Volk zukamen. Zweifellos fiel ein großer Anteil dieser Hostien auf das Dreifaltigkeitsfest.

Ganz von selbst hat sich dieser Tag zu einer Art Volksfest entwickelt, an das sich der Verfasser von seiner Kindheit und Bubenzeit her sehr wohl erinnert. Da waren Buden und Stände aufgeschlagen, und wir Buben konnten uns kaum satt sehen an den süßen verlockenden Dingen, die da ausgebreitet waren. Wie rasch waren die wenigen Kreuzer vertan, die vom Vater und der Mutter und dem »Detle« (Paten) erbettelt wurden! Wir waren damals keineswegs verwöhnt; da brauchte es nicht viel zu einem Kinderfest!
Mit besonderer Feierlichkeit wurde der Dreifaltigkeitstag im Jahre 1961 begangen. Damals hatten die Oberdischinger Wallfahrer von Einsiedeln als Geschenk des dortigen Abtes ein Gewand für die jahrhundertealte Gottesmutter von Einsiedeln im Käppele mitgebracht. Der Abt ließ es sich nicht nehmen, selbst nach Oberdischingen zu kommen, die Festpredigt zu halten und das Hochamt zu zelebrieren.
Bis heute hat der Dreifaltigkeitssonntag nichts von seinem Glanz und seiner Würde eingebüßt. Mag der Tag mit weniger Gepränge begangen werden, mag die Zahl der Wallfahrer kleiner geworden sein – aus dem Oberdischinger Kirchenjahr ist er nicht wegzudenken.

Die Bruderschaften

Seit Jahrhunderten hat es in Oberdischingen drei Bruderschaften gegeben: die Dreifaltigkeits-Bruderschaft, die Rosenkranz- bzw. Herz-Marien-Bruderschaft, die Corporis-Christi-Bruderschaft. Hier sei von den beiden ersten die Rede, von der dritten hat sich keine schriftliche Überlieferung erhalten.

Zur Gründung und Geschichte der Dreifaltigkeits-Bruderschaft

Im Jahre 1722 verbanden sich 12 Männer aus Öpfingen, die vom Erbacher Jahrmarkt heimkehrend am Käppele vorüberkamen, in diesem aus spontanem Entschluß zu einer »Geistlichen Gesellschaft«. Sie beschlossen, beim Tode eines Mitglieds ihrer Gesellschaft zwei Messen für dieses in der Dreifaltigkeitskapelle lesen zu lassen und ein neues Mitglied, »Bruder oder Schwester« aufzunehmen. So geschehen im Jahre 1722. Eine einfache, aus wenigen Statuten bestehende Satzung wurde geschaffen und im folgenden Jahr vom Generalvikariat der Diözese Konstanz bestätigt. In den Jahren 1732, 1733 und 1758 wurden der Kapelle beglaubigte, mit Ablässen versehene Reliquien vermacht. Besonders hervorgehoben sei die Überlassung der Gebeine des Märtyrers Innocentius. Im Jahre 1754 wurde die Bruderschaft in ein »Geistliches Totenverbündnis« umgewandelt, das sich zugleich eine neue Satzung gab, die von Kaplan Ulrich Greißle als »Primissarius« (Vorstand) entworfen wurde. Darin wird als Zweck des Bündnisses genannt:

> 1. die Förderung der Ehre Gottes, insbesondere der Allerheiligsten Dreifaltigkeit und der Gebenedeiten Muttergottes. Daher soll auch das Dreifaltigkeitsfest besonders feierlich begangen werden.

2. nach Kräften dahin zu wirken, daß der Name Gottes weder von ihnen noch von ihren Untergebenen durch Fluchen oder Lästern entweiht werde.

Darüber hinaus verpflichten sich die Mitglieder zur Teilnahme an den Totengottesdiensten für ihre verstorbenen Brüder und Schwestern; ferner soll jedes Mitglied an der feierlichen Bruderschaftsandacht am letzten Sonntag jedes Monats teilnehmen. Schließlich sollen sich alle Mitglieder am Titularfest (Dreifaltigkeitssonntag) in der Kapelle einfinden, die Sakramente empfangen, an der feierlichen Prozession teilnehmen und das jährliche Bruderschaftsopfer entrichten.
Im Jahre 1760 verleiht Clemens XIII. der Heiliggeist-(Dreifaltigkeits-)Bruderschaft einen Indulgenz-(Ablaß-)brief über eine Seelenmesse am Altar der Bruderschaft (Hochaltar). Weitere Ablässe und geistliche Zuwendungen sind in dem Heftchen, das jedes neu eintretende Mitglied erhält, aufgeführt.
Im Jahre 1900 wurde die Bruderschaft erneuert. Sie nennt sich seitdem »Dreifaltigkeitsbruderschaft zur Förderung der Ehre Gottes und Mariens, zur Stärkung des Glaubens und zum Trost der Armen Seelen«. Aus der Satzung sei hervorgehoben:

Vorstand und Leiter der Bruderschaft ist der jeweilige katholische Ortspfarrer von Oberdischingen oder dessen Stellvertreter. Der Pfarrer wählt aus den ältesten Mitgliedern zwei geeignete Persönlichkeiten, die unter seinem Vorsitz den Bruderschaftsrat bilden.
Mitglieder der Bruderschaft können hiesige und auswärtige männliche und weibliche Personen vom 14. Lebensjahr an werden.
Die Mitglieder beginnen und heiligen alle Tage ihres Lebens im Namen des Vaters und des Sohnes und des Heiligen Geistes.

Die übrigen Bestimmungen schließen sich inhaltlich ganz an die Statuten der früheren Satzung an.

Die Rosenkranzbruderschaft zu Ehren der Seligen Jungfrau Maria (heute Herz-Marien-Bruderschaft)

Wann diese gegründet wurde, läßt sich nicht mehr feststellen. Jedenfalls wurde bereits im Jahre 1660 von dem damaligen Ortspfarrer und Präses Hingeler ein neues Mitgliederverzeichnis angelegt. 1660 – das war also kurz nach dem Dreißigjährigen Krieg, als alles drunter und drüber gegangen war – nennt das von Pfarrer Hingeler erstellte Mitgliederverzeichnis bereits 260 Namen. Die meisten von ihnen sind »Desingani«, also Dischinger; bei den auswärtigen ist der Wohnort angegeben (z. B. »ex Simatingen«, d. h. aus Sulmetingen).
Anläßlich des 300jährigen Jubiläums im Jahre 1960 wurde die Bruderschaft in eine Herz-Marien-Bruderschaft umgewandelt. Sie zählt heute noch etwa 250 Mitglieder aus Oberdischingen und Umgebung.

Für die Heimatgeschichte sind diese Mitgliederverzeichnisse von besonderer Bedeutung durch die Fülle der alten Namen, die einmal den Grundstock eines Oberdischinger Familienbuches abgeben könnten. Sie wurden auch hier für den Abschnitt »Namenkundliches« herangezogen.

Der Kirchenkonvent — Soziale Fürsorge

Die Leitung des örtlichen Kirchen- und Schulwesens lag im 18. und 19. Jahrhundert in den Händen des sog. Kirchenkonvents, aus dem später die Ortsschulbehörde bzw. der Ortsschulrat hervorging. Dieser Kirchenkonvent befaßte sich in erster Linie mit der Schul- und Kirchenzucht, mit der Schulaufsicht und vor allem mit der sozialen Fürsorge. Den Vorsitz hatte der Ortspfarrer; ihm gehörten weiter der Schultheiß, Mitglieder des Gemeinderats und der Schulmeister an, der zugleich Kassier und Rechner des Stiftungs- und Armenfonds war.

Die Sitzungsprotokolle dieses Konvents liegen vom Jahre 1852 an vor. Sie sind angefüllt mit Anzeigen, Verhandlungen und Bestrafungen, von Versäumnissen der Christenlehre, aber auch der Schulversäumnisse. Diese alle wurden sehr streng geahndet. So erhielt ein notorischer Kirchen- bzw. Christenlehre-Schwänzer einmal 24 Stunden Arrest. In der Regel wurden die ersten Versäumnisse mit je 6, die folgenden mit je 12 Kreuzern bestraft. Die Sünder wurden vorgeladen, mußten Rede und Antwort stehen und mit Unterschrift sich zu dem Vergehen und der dafür angesetzten Strafe bekennen. Ebenso streng schritt der Konvent gegen jede Art von Sonntagsentweihung durch knechtliche Arbeit, gegen Fluchen und Schwören, gegen unbefugten Wirtshausbesuch der Jugendlichen und gegen übermäßig ausgedehnte Leichenschmäuse ein. Selbst die Erwachsenen durften das Wirtshaus am Sonntagnachmittag erst nach Beendigung der Sonntagsandacht aufsuchen. Ebenso unnachsichtig wurden Schulversäumnisse abgeurteilt. Mancher Dienstherr, mancher Hausvater wurde vorgeladen und mußte Rede und Antwort stehen. Die Bußgelder flossen in der Regel der Armenkasse zu, die freilich laufend in Anspruch genommen wurde.

Nach Ausweis der Protokolle gab es damals viele arme Leute in Oberdischingen. Das Geld war, verglichen mit den heutigen Verhältnissen, unvorstellbar knapp. Keine Sitzung, ohne daß nicht ein alter, kranker oder kränklicher Mensch an der Türe des Konvents anklopfte und um eine Unterstützung oder Erhöhung derselben oder um Bezahlung der Arzt- und Apothekerrechnungen bat. In der Regel wurde, wenn echte Bedürftigkeit vorlag, nach Kräften geholfen. Freilich waren, nach unseren Begriffen, die bewilligten Beträge klein. So erhält eine alte Witfrau, »die sehr arm und gegenwärtig krank ist«, auf ihre Bitten die wöchentliche Unterstützung für die Zeit ihrer Krankheit verdoppelt. Auch die Fürsorge für die Waisen, die Unterbringung im Dorf, die Einweisung in das Ortsarmenhaus oblagen dem Kirchenkonvent. Erstaunlich ist, daß die Kasse gegen bestimmte Sicherheiten auch Geld auslieh; sie war also zugleich eine Art Darlehenskasse.

Woher bekam der Konvent das Geld? Da war einmal ein Stiftungsfonds da, der von der Gemeindekasse laufend Zuschüsse erhielt. Aus ihm wurden z. B. auch die Gehälter der Lehrer bezahlt. Daneben gab es, wie bereits bemerkt, eine Armenkasse, der vor allem die o. g. Strafgelder zuflossen. Außerdem bestand eine ganze Anzahl von Stiftungen. So hatte Graf Franz Joseph kurz vor seinem Tod (1845) eine Stiftung in Höhe von 200 Gulden für die Ortsarmen gemacht, die dann Jahre später verteilt wurde. In ähnlicher Weise stiftete Jahrzehnte danach der Gutsbesitzer Friedrich Kaulla anläßlich der Verlobung seiner Tochter Pauline 25 Gulden. Ebenso gab es eine Alois und Theresia Ottsche Stiftung, deren jährliche Zinsen in Höhe von ca. 50 Gulden, später etwa 80 RM, den Bedürftigen zugewendet wurden. Ebenso hatte ein Pater Ignaz Miller im Jahre 1885 eine Stiftung für arme Kinder hinterlassen. Ein paar Jahre zuvor (1879) hatte ein Major Georg Hermann den Betrag von 2000 RM den Ortsarmen ausgesetzt. Die Witwe des Schultheißen Freudenreich übergab nach dem Tode ihres Mannes gemäß dessen letzten Verfügungen dem Schulfonds den Betrag von 500 RM. Sie selber vermachte testamentarisch den gleichen Betrag als Schulhilfe für arme Kinder.

Wir sehen: anstelle der öffentlichen Hand, die heute in Notfällen angegangen wird, sprang damals die Opferbereitschaft, die Freigebigkeit, der soziale Sinn der Besitzenden und Begüterten ein; solche gab es in jedem oberschwäbischen Dorf, ganz abgesehen von den Gutsbesitzern. Auf der andern Seite waren Armut und Not stark verbreitet; Krankenhilfe und Altersversorgung standen damals auf schwachen Füßen. Noch aus meiner Kindheit erinnere ich mich mancher alten Taglöhnersfrau, die von den »großen« Bäuerinnen die Woche rundum mit einer guten, kräftigen Suppe »verhalten« wurde.

Im 20. Jahrhundert löste sich der Kirchenkonvent auf; seine Nachfolge traten die Ortsschulbehörde, der Kirchenstiftungsrat usw. an.

Es muß noch darauf hingewiesen werden, daß bereits im Jahre 1817 ein Armenverein und im Jahre 1907 ein Wohlfahrtsverein ins Leben gerufen wurden. Dieser Wohlfahrtsverein St. Gebhard besteht heute noch. Er ist Besitzer und Träger von St. Gebhard und des Kindergartens; zu seinen Aufgaben gehört auch die Dorfkrankenpflege. Hier haben sich Schwester Marie und Schwester Luise sehr verdient gemacht (siehe unten).

Zur Geschichte der Schule

Seit wann Oberdischingen eine Schule hat, läßt sich nicht mehr genau ausmachen. Wir hörten bereits, daß aus der Zeit des Dreißigjährigen Krieges ein Schulhaus und ein Schulmeister erwähnt werden, allerdings mit dem gewichtigen, vielsagenden Zusatz: »derzeit nicht vorhanden«. Aber daß ein Schulmeister dagewesen sein muß, erhellt schon aus dem Umstand, daß auch seine Besoldung angegeben ist: vier Immi Vesen, vier Immi Gerste, vier Immi Roggen. Freilich, um welche Art von Schule es sich dabei gehandelt hat, können

wir nur vermuten. Am ehesten eine Art Singschule, in der, wie wir aus andern Quellen wissen, musikalisch begabte Buben im Singen der Kirchenlieder und vielleicht auch der lateinischen Choräle ausgebildet wurden. Schulmeister war wohl der Organist; denn aus dem Stand der Organisten und der Mesner ist der Schulmeister, später Lehrer genannt, hervorgegangen. Damals trug er die Bezeichnung »Schulmeister« noch zu Recht; denn bis zur Einrichtung von Lehrerseminaren machte er damals noch seine Lehrlings- und seine Gesellenzeit durch wie die anderen Handwerker, ehe er sich um eine Schul-Meister-Stelle bewerben konnte. Auch das geringe Entgelt läßt erkennen, daß es sich damals nur um eine Nebenbeschäftigung handeln konnte.
Näher kommen wir an unsere Frage heran, wenn im Jahr 1728 ein Johann Georg Bauer als Organist in den Urkunden auftaucht, der dann unter dem Namen Jörg Bauer im Jahr 1750 als »Organist und Schullmeister« wieder erscheint. Aufschlußreich ist die Reihenfolge: erst der Organist, dann der »Schullmeister«. Auch hier wird es sich kaum um einen Schulmeister im späteren Sinn des Wortes gehandelt haben. Es gab ja noch keine allgemeine Schulpflicht, und wahrscheinlich konnte der »Schullmeister« auch nicht mehr als lesen und schreiben. Wenn Schulbetrieb, dann sicher nur freiwillig und nur im Winter.
Genauer sehen wir dann wieder im Jahr 1760, da hat Dischingen schon eine richtige Schule; denn da bestätigt der »Klosterzimmermann und Bronnenmeister« Johann Butzhuber, daß er »anno 1760 beide Gebäu, nämlich den Kirchenthurn und das Schulhaus verfertiget habe«. Aus dem Jahr 1765 liegt eine Rechnung vor, nach der Johann Schuhmacher, »Schulmeister in Dischingen« für seine Gesangsleistung beim Begräbnis des Dekans Josef Gerhard Heiss den Betrag von 4 Gulden und 6 Kreuzer erhalten hat. Der verhältnismäßig hohe Betrag kam sicher nicht nur ihm, sondern vor allem seinem Chor zugute.
Im Jahr 1774 führte die Kaiserin Maria Theresia in ihren Landen – und damit auch in Vorderösterreich, zu dem Oberschwaben damals zählte – die allgemeine Schulpflicht mit verbindlichem Stoffplan und festen Schulzeiten ein. Gemeint ist damit eine Jahresschule, bei der im Winter jeden, im Sommer teilweise jeden zweiten Tag Schule zu halten war. Die geistlichen und weltlichen Herrschaften übernahmen im Lauf der nächsten Jahre diese Schulordnung, Dischingen sicher auch. Als der Malefizschenk zur Herrschaft kam, fand er also bereits ein Schulhaus mit Schulmeister vor. Aber im Zug seiner ausgreifenden Bautätigkeit ließ der Graf das damalige Schulhaus offenbar niederreißen, ohne ein neues zu erstellen. Wahrscheinlich brachte er die Schule irgendwo anders recht und schlecht unter. Sicher lag damals das Schulwesen in Dischingen längere Zeit im argen. Wir haben dafür zwei untrügliche Kronzeugen: im Jahre 1800 protestierte der Erbgraf Franz Joseph in dem uns bereits bekannten Schreiben an den Fürstbischof von Konstanz gegen den geplanten Kirchenbau seines Vaters und weist auf die Notwendigkeit eines Schulbaus hin, da »sich die Schulanstalten in dem erbärmlichsten Zustand befinden«.

In die gleiche Kerbe schlägt das Schreiben seines Bruders Philipp vom 10. Juni 1809 an das Königliche Oberamt Ehingen. Graf Philipp war damals Pfarrer und Schulvorstand in Dischingen. Sein Schreiben wirft ein grelles Schlaglicht auf die damaligen Schulverhältnisse in Dischingen:

»Schon seit vielen Jahren ist das hiesige Schulwesen in Verwirrung gewesen; ohngeachtet aller von seiten der Geistlichkeit sich gegebener Mühe, so war es doch keine Möglichkeit, es in Ordnung zu bringen, weil von seiten des Amtes und der Herrschaft, welche es sich schon seit 50 Jahren zum Grundsatz gemacht haben, in allen Zweigen der Verwaltung Unordnung herrschen zu lassen, niemals keine Unterstützung gefunden. Nun aber, seitdem wir das Glück haben, zum Königreich Württemberg zu gehören, so ist nun freilich das Schulwesen in der gehörigen Ordnung nach Allerhöchster Vorschrift. Aber kein Schulhaus ist nicht vorhanden. Wer sollte das glauben; wer aber mit der ehemaligen Verfassung bekannt ist, wird es sehr leicht begreiflich finden. Anno 1790 hatte man noch ein bequemes Schulhaus, 1798 gefiel es der Herrschaft nach eigenem Willen, das Schulhaus abzunehmen (abreißen) ... und dem Lehrer eine andere Wohnung zu bestimmen. Zur Schule wurde in dem unausgebauten Schloß unten eine Stube angewiesen, in dieser wurde Schule gehalten bis zum Ende des Jahres 1806. Als im Juni 1807 das durch angelegtes, aber nicht untersuchtes Feuer das Schloß abbrannte, so wurde gleich von seiten des Pfarramts die Vorstellung gemacht, um Anstalt auf den folgenden Winter zu treffen, einen besseren Platz anzuweisen, um die Schule halten zu können. Alle Erinnerungen waren vergeblich, die Zeit nahte heran, endlich wurde wieder in einem unausgebauten Hause in der Neuen Gasse (Herrengasse) eine elende Stube angewiesen, die so schlecht versorgt war, daß man bei strenger eingetretener Kälte genöthiget war, die Schule einige Wochen auszusetzen, ansonsten die guten Kinder verfroren wären. Im verflossenen Schuljahr wurde nun wieder eine andere Stube angewiesen und das war in dem ehemals so rühmlichen Zuchthaus, da ist es aber auch unmöglich, die Schule länger zu halten wegen denen außerordentlich vilen Ungeziefer, die sich dort finden und die Eltern am Ende ihre Kinder nicht mehr schicken wollen, welches ihnen auch nicht zu verübeln ist.
Wolle doch ein wohllöbliches Oberamt alles dieses gütigst besorgen (bedenken) und schnelle und dringend als möglich die Veranstaltung treffen, daß diesem Elend abgeholfen wird ...«

So schreibt der geistliche Sohn über die Behandlung des Schulwesens durch seinen Vater! Das Schreiben muß seine Wirkung getan haben; denn kurz darauf erklärt sich der Graf bereit, der Gemeinde für die Erbauung einer Schule den Betrag von 800 Gulden zur Verfügung zu stellen und verlangt als einzige Gegenleistung nur einen immerwährenden Jahrtag für sich und seine Familie. Auf diese Weise kam die Gemeinde damals, wohl 1812, zu ihrer Schule. Der ewige Jahrtag wird heute noch gehalten (der sog. Schul- und Armenjahrtag), wobei die Gemeinde dem Pfarrer das übliche Stipendium bezahlt.

Damit hatte Oberdischingen also sein Schulhaus. Es handelt sich um das ehemalige Rathaus; im ersten Stock des Gebäudes war die Schule mit zwei Sälen untergebracht; das Erdgeschoß wurde Lehrerwohnung, schon damals klein und dürftig. Außerdem war noch eine Dachkammer für einen eventuellen zweiten Lehrer vorhanden.

In der Beschreibung der Pfarrstelle vom Jahre 1811 heißt es: »Die Werk- und Sonntagsschule werden nach den Allerhöchsten Vorschriften gehalten«. Um 1820 haben wir bereits eine zweiklasige Schule mit einem ständigen Lehrer und einem »Provisor«, der in der Dachkammer des Schulhauses wohnt. Die Schule wird von 65 Knaben und 60 Mädchen besucht; in die Sonntagsschule (Fortbildungsschule) gehen 60 Burschen und 65 Mädchen.
Noch ist es um Besoldung, Wohnung und Ansehen des Schulmeisters recht schlecht bestellt. Er ist keineswegs Staatsbeamter sondern Angestellter der Gemeinde und wird auch von dieser besoldet. Die Besoldung besteht teils in Bargeld, vom Gemeindepfleger ausbezahlt, teils in Naturalien. Dazu steht ihm ein Stück Gemeindeland (Krautacker) zu. Der Schulmeister ist Organist, Mesner, Schreiber, Hochzeitsmusikant, Heiligenpfleger, Umgelter, Rechner bei der Darlehenskasse usw. Er hat in der Regel viele Kinder und ein schmales Gehalt. Das Lied vom »armen Dorfschulmeisterlein« geht um. Auch seine Vor- und Ausbildung ist zunächst noch, bis die ersten Lehrerseminare kommen, sehr dürftig. Immer noch tritt er bei einem Dorfschulmeister als Lehrling ein; nach 2 bis 3 Jahren wird er nach bestandener Prüfung, die der Herr Dekan vornimmt, Provisor; später wird er dann von einer Gemeinde – nach vorgeführtem Orgelspiel – gewählt und von seinem Patronatsherrn, dem Ortsherrn, bestätigt.
Ein anschauliches Bild von den Verhältnissen gibt ein Bittgesuch, das der Provisor Johann Maier in Dischingen im Jahre 1822 an seinen »Gnädigen Patronatsherrn«, den Grafen Franz Joseph richtet:

»Euer Hochgräfliche Durchlaucht!
Der erhabenen wohltuenden Gesinnung zufolge, durch welche Eure Hochgräfliche Durchlaucht jedem Nothleidenden zu helfen bereit stehen, wage ich es Hochderselben meine mißliche Lage zu schildern und meine allerunterthänigste Bitte zu Füßen zu legen.
1. Stamme ich von armen unbemittelten Eltern, welche durch Bezahlung einer Summe von beinahe 300 Gulden, die sie von ihrem täglichen Erwerb für mich während meiner dreijährigen Lehrzeit zu entrichten hatten, in einen noch dürftigeren Zustand versetzt worden sind, insbesondere daß dies in einer Zeit geschah, in welcher die Armen in beinahe ganz Europa mit der allgemeinen Theuerung hart zu kämpfen hatten (1816–18). Diese meine armen unbemittelten Eltern sind nun gänzlich außerstand, mich fernerhin zu unterstützen; im Gegenteil sind sie izt meiner Hilfe sehr bedürftig ... Allein wie gering war mir dies bisher möglich. Denn
2. ohne andersweitige Hilfsquellen erlaubt mir mein geringer Gehalt (jährlich 120 Gulden) kaum, mich auch nur mit den notwendigsten Kleidungsstücken zu versorgen.
3. Scheinen die mehrsten Hilfsmittel zu meiner weiteren Ausbildung und Vervollkommnung für mich auf immer versagt zu sein, indem meine Jugendjahre schnell vorüber eilen, ohne in Ermanglung einer Auswahl der unentbehrlichsten musikalischen Elemente pp meine Kenntnisse und Fertigkeiten erweitern zu können.
Diese meine Not bewog mich, voll Vertrauen zu Eurer Hochgräflichen Durchlaucht wohlwollender Teilnahme, Hochdieselben um die gnädigste Erlaubnis zu bitten, sooft als nötig und mir immer möglich wäre, im Hochgräflichen Rentamt schreiben zu dürfen. Dabei würde ich mir auf das Strengste angelegen sein lassen, eine Arbeit zu liefern, so gut es nach meinen Kräften geschehen könnte ...

Auf die Gewährung meiner allerunterthänigsten Bitte harrend, verbleibe ich in tiefstem Respekt
Euer Hochgräflichen Durchlaucht
allerunterthänigster, treu gehorsamster .....«

Leider ließ sich nicht ausfindig machen, ob »Hochdieselben« auch der »allerunterthänigsten Bitte« entsprochen haben. Doch sei das eine noch festgestellt: der Ton dieses so sympathischen, bildungsbeflissenen jungen Lehrers ist keineswegs demütiger und untertäniger als der anderer Bittgesuche in dem gleichen Aktenbündel. Wohl aber muß es zu denken geben, daß hier ein immerhin gebildeter Mensch, der nach eigener Aussage schreiben konnte wie gestochen, der die Rechtschreibung und den Satzbau einwandfrei beherrschte, um ein so geringes und gering bezahltes Geschäft derartig auf den Knien daherkommen mußte.

Für das Jahr 1824 entnehmen wir der amtlichen Beschreibung der Pfarrstelle über den damaligen »Schulstand«:

Werktagsschule: 67 Knaben, 75 Mädchen.
Sonntagsschule: 54 Jünglinge, 65 Jungfrauen.

Die Werktagsschule wird im Winter jeden Tag ganztägig mit Ausnahme des Mittwoch- und Samstagnachmittags, im Sommer am Dienstag, Donnerstag und Samstag, die Sonntagsschule jeden Sonntag von 11.30 Uhr bis 13 Uhr gehalten. »Bis jetzt ist der Schuldienst noch nicht (wieder) mit dem Mesnerdienst verbunden wie zur Zeit der Souveränität der Gutsherrschaft ... wohl aber ist der Organistendienst mit dem Schuldienst vereiniget«.

Im Anschluß an die Maßnahmen im Hungerjahr 1816/17 wurde hier eine *Arbeits- und Industrieschule* eingerichtet. Ausgangspunkt waren die sozialen Bemühungen des Wohltätigkeitsvereins und der Königlichen Armenkommission, die von der Königin Katharina, Gemahlin König Wilhelms I., ins Leben gerufen worden war. Diese Bemühungen beschränkten sich nicht auf die Verteilung von Almosen, sondern wirkten mit Nachdruck auf die Besserung der wirtschaftlichen Verhältnisse hin, vor allem durch intensive Pflege des Hanf- und Flachsanbaus, sowie durch Erlernen des modernen verbesserten Spinnens, der Spitzenklöppelei, Stroh- und Flechtarbeiten, vor allem aber auch durch die Intensivierung des Obst- und Gartenbaus. Dabei sollen die Buben Unterricht im Obstbau erhalten, der eben erst richtig aufkam, im Winter theoretisch, im Frühjahr und Frühsommer praktische Unterweisung über das »Bölzen« (Pelzen) und Okulieren sowie das fachgemäße Schneiden der Bäume. Den Unterricht erteilt der Lehrer, der als Entgelt den Ertrag der dafür vorgesehenen Bäume erhält. Unter dem Jahr 1834 ist der Sattler Anton Sommer erwähnt, der im Obstbau offenbar Besonderes leistete und dafür auch 1823 auf dem Cannstatter Volksfest, das König Wilhelm ins Leben gerufen hatte, den (einen?) Goldenen Ehrenpreis in Höhe von 20 Dukaten (Goldstücken) erhielt. Der Schreinermeister Ludwig Sandherr und der Maler Christian Sommer werden beauftragt, Unterricht in technischem Zeichnen zu geben, dieses jeweils im Rahmen der Sonntagsschule.

Für die oben erwähnte Industrie-(Handarbeits-)schule für die Mädchen wurde eine Lehrerin namens Veronika Kronenthaler gewonnen. Aus dem Vermögen des Wohltätigkeitsvereins sowie aus Zuschüssen seitens der Gemeinde wurden Geräte (Spinnräder usw.) sowie Arbeitsmaterial (Wolle usw.) beschafft, wobei den Kindern armer Mitbürger die Wolle umsonst überlassen wurde.

Die Schule unterstand damals einer Schulkommission. Die Leitung lag in den Händen des Ortspfarrers, die Stellvertretung hatte der Schultheiß inne, der Lehrer fungierte als Protokollschreiber. Die Oberaufsicht hatte der Königl. Schulinspektor, der ebenfalls Geistlicher war.

Zum Jahr 1842 berichtet die Pfarrbeschreibung über die Schule: »Zahl der Kinder: in der Werktagsschule 53 Knaben, 61 Mädchen, in der Sonntagsschule 33 Jünglinge und 36 Jungfrauen. (Wir sehen, die Zahlen sind rückläufig.) Die Lehrerwohnung ist beschränkt und ungesund. Der Schuldienst ist mit dem Organisten-, aber nicht mit dem Mesnerdienst verbunden.«

Die schulischen Lernmittel mußten natürlich bezahlt werden. Bei Vermögenslosen sprang der »Armenunterstützungsfonds« ein. (So bezahlt dieser u. a. einmal einem armen Schüler eine »Biblische Geschichte« um 20 Kreuzer und einen Katechismus um 14 Kreuzer; zwei andere erhalten das »Lesebüchlein« zu 12 Kreuzern.)

Aus dem Jahr 1845 liegt eine Mitteilung des Schulinspektors vor, wonach »die Schulzimmer sowohl der ersten wie der zweiten Klasse sowohl was den Gesamtraum derselben wie auch in Beziehung auf den Längenraum der Subsellien (Schulbänke) entschieden zu klein sind« (Visitationsprotokoll aus dem Jahr 1845). Die daraufhin eingeleiteten Verhandlungen führten zur Erbauung eines neuen Schulhauses im Jahre 1852, das wenigstens räumlich eine wesentliche Verbesserung darstellte. Das bisherige Schulhaus wird Rathaus, die Lehrerwohnung wird trotz der anerkannten Mängel beibehalten.

Wie übel es auch um die Wohnung des Provisors stand, läßt die Eingabe des Provisors Kofler aus dem Jahr 1845 erkennen. Die Gemeinde hatte ihm, da die Dachkammer im alten Schulhaus doch als zu dürftig anerkannt wurde, ein anderes, aber offenbar nicht viel besseres Zimmer in einem Privathaus beschafft; denn die Eingabe an das Königl. Schulinspektorat stellt fest:

»Die Wohnung ist außer dem Schulhaus in einem Privathaus, weil ersteres an Platz zu beschränkt ist... Da dieselbe aber so ungemein an Raum beschränkt ist, so daß man kaum eine Bettlade und einen kleinen Kasten aufstellen kann, viel weniger ein Klavier, das ich mir anzuschaffen gedenke, da sie, was noch das schlimmste ist, so feucht und kalt ist, zudem sie äußerst schlechte Wände hat und dem Wind ausgesetzt ist, daß sie nicht nur für die Gesundheit höchst nachteilig, sondern auch für die darin befindlichen Möbel und insbesondere für ein ordentliches Klavier sehr schadhaft (schädlich) seyn muß, so glaube ich, gerechte Ursache zu haben, diese meine Beschwerden dem Hochlöbl. Königl. Schulinspektorat anzuzeigen...«

Leider ließ sich nicht feststellen, welcher Erfolg der Eingabe beschieden war. Sie wirft aber ein Licht auf die Wertschätzung und die soziale Stellung, die der Lehrerstand damals – allenthalben – erfuhr.

Aus dem Bericht des Pfarramts vom Jahr 1861/62 geht hervor, daß die Werktagsschule von 55 Knaben und 47 Mädchen, die Sonntagsschule von 25 Jünglingen und 31 Jungfrauen besucht wird. Die Zahlen sind also immer noch rückläufig.

Im Jahr 1869 trat der bisherige ständige Lehrer Buschor nach langjährigem Dienst in der Gemeinde in den Ruhestand. Neben seiner Schularbeit und Tätigkeit als Organist hatte er viele Jahre lang die Stiftungspflege, den Schulfonds und das Armenwesen inne gehabt. In Anbetracht seiner Verdienste verehrte ihm die Gemeinde zum Abschied 28 Gulden. Immer noch waren die Lehrer unzulänglich bezahlt, ein Teil des Gehaltes bestand noch in einer »Fruchtbesoldung«. So standen dem Lehrer Buschor $9^{1}/_{3}$ Zentner Kernen (aus dem Dinkel) und $8^{1}/_{4}$ Zentner Roggen zu.

Sein Nachfolger wurde ein Lehrer Berg, der allerdings schon 1874 starb. Im Jahre 1872 erhielten die Lehrer eine nicht unerhebliche Gehaltsaufbesserung, der ständige Lehrer 100 Gulden pro Jahr, der Provisor 80 Gulden. Im gleichen Jahr wird wegen des ständigen Sinkens der Schülerzahlen die zweite Schulstelle aufgehoben, nachdem Lehrer Berg sich bereit erklärt hatte, diese im Wege des Abteilungsunterrichts zu übernehmen. Er erhält dafür eine jährliche Entschädigung in Höhe von 150 Gulden.

Im Jahre 1874 übernimmt Lehrer Rupert Brechenmacher die Schule, zunächst als Amtsverweser, danach hat er die Stelle hauptamtlich bis 1896 inne. Als Amtsverweser erhält er ein Gehalt in Höhe von 400 Gulden, und für den Abteilungsunterricht, wie sein Vorgänger, eine Zulage von 150 Gulden »nebst dem nötigen Holz«. In der sehr beschränkten Lehrerwohnung zog er sieben Kinder groß, darunter auch den bereits zu Wort gekommenen späteren Professor J. K. Brechenmacher.

Bereits im Jahre 1872 war eine Winterabend-Fortbildungsschule für die männliche Jugend eingerichtet worden; sie sollte vor allem mit den neuen Maßen und Gewichten vertraut machen, die im Zuge der Reichsgründung eingeführt worden waren, also Reichsmark (RM) für Gulden, Meter für Elle usw. Die Entlohnung durch die Gemeinde beträgt bei zwei Wochenabenden zu je 2 Stunden pro Winter 30 Gulden, doch schießt der Staat noch zu. Als eine der wohl letzten Analphabeten unterzeichnet Frau Kunigunde Braig noch im Jahre 1875 mit 3 Kreuzen auf dem Rathaus! Mit der Einführung der Reichsmark werden natürlich die Gehälter usw. auf die neue Währung umgestellt. So erhält der Lehrer Brechenmacher anstelle der bisherigen 600 Gulden nunmehr 1034 RM. Gleichzeitig werden auch die kleinen Beträge umgerechnet, die Pfarrer, Kaplan usw. anläßlich des Schuljahrtags für den Malefizschenken und seine Nachkommen erhalten, nämlich

der Pfarrer bisher	1 Gulden 16 Kreuzer, nunmehr		1,90 RM
der Kaplan	30 Kreuzer		0,90 RM
der Lehrer	12 Kreuzer		0,40 RM
der Mesner	12 Kreuzer		0,40 RM
die Stiftungspflege	20 Kreuzer	(für Wachs)	0,70 RM

Um dieselbe Zeit vollzog sich auch ein gewichtiger Ruck in der inneren Ausgestaltung der Volksschule: sie, die sich bisher im wesentlichen auf Lesen, Schreiben und etwas Rechnen beschränkt hatte, bekam im Jahre 1870 einen neuen Lehrplan, der auch die »Realienfächer« – Geschichte, Erdkunde, Naturkunde – enthielt und damit die Schulbildung auch auf dem Land auf eine neue Stufe hob; von jetzt ab wurde das Realienbuch, an das sich die älteren Leser gewiß noch erinnern werden, ein wesentlicher Teil der Schulausstattung, das in keinem Schulranzen, in keiner Schultasche mehr fehlen durfte.

Im Jahre 1911 wurde die Schulkasse, die bisher beim örtlichen Schulfonds gelegen hatte, der Gemeindepflege übergeben, der von jetzt ab auch die Besoldung der Lehrer zukam.

Gemäß Verfügung des Ministeriums für das Schul- und Kirchenwesen vom Dezember 1920 ging mit dem 1. Januar 1921 der Vorsitz im Ortsschulrat an den Schulvorstand über. In Oberdischingen fand die Übergabe in der Ortsschulratssitzung vom 12. Januar 1921 durch Pfarrer Betz an Hauptlehrer Kuttler in aller Form statt.

Im Jahre 1922 wurde die Oberstufe der Schule in den Rathaussaal verlegt, da der Schulsaal sich angesichts der sehr großen Schülerzahl als zu klein erwies. Schultheiß und Gemeinderat zogen einstweilen in die leerstehende Lehrerwohnung um, da bereits 1911 das sog. Kaplaneihaus dem Schulvorstand als Wohnung zur Verfügung gestellt worden war.

Mit Beginn des Schuljahrs 1923 wird die Schule dreiklassig, ab Frühjahr 1932 wieder zweiklassig.

Während des Zweiten Weltkrieges war in den Jahren 1943–45 auch ein Lehrer namens Albert Feldtrauer aus dem Elsaß hier im Schuldienst tätig.

Das Jahr 1955 brachte einen geradezu revolutionären Durchbruch im Oberdischinger Schulwesen. Die Gemeinde beschloß einen Neubau, der wirklich dem Wort »Schulhaus« Rechnung tragen sollte. Nach langen Auseinandersetzungen war auch die Platzfrage glücklich gelöst: auf die Anhöhe hinter der Kirche und »Grafenwald« mit Luft und Sonne und freiem Blick nach allen Seiten sollte es zu stehen kommen, ein Schulhaus mit drei Klassenzimmern, einer hauswirtschaftlichen Berufsschule und den notwendigen Nebenräumen. Die Kosten in Höhe von 450 000 DM waren für die Gemeinde, die ohnehin über keine großen Einnahmen verfügte, gewiß keine Kleinigkeit, es gab manche heiße Debatte darüber. Aber die Zukunft strafte die Schwarzseher Lügen. Im Herbst des Jahres 1958 fand die feierliche Einweihung statt. Die Zahl der Schüler belief sich auf rund 100.

Keine zwanzig Jahre später, anno 1971 kam im Zug des Schulentwicklungsplans ein gewichtiger Erweiterungsbau dazu. Die jetzige Grund- und Hauptschule umfaßt zwei Grundschulklassen für die Schuljahre 1 und 2 (das 3. und das 4. Grundschuljahr gehen nach Öpfingen in die Schule), dazu fünf doppelt geführte Hauptschulklassen, also insgesamt 12 Klassen. Die Hauptschüler kommen von Öpfingen, Gamerschwang, Griesingen, Rißtissen, Ersingen, Donaurieden. Der Neubau umfaßt 10 Klassenzimmer, 1 Physiksaal, 1 Musik-

und Zeichensaal, 1 Werkraum mit Nebenräumen, 1 Lehrschwimmbecken, 1 Photolabor, neuerdings auch eine Turnhalle.

Gesamtkosten des Neubaus 3,3 Millionen DM
Zahl der Lehrkräfte 12 ständige, 4 unständige
Schulleiter Rektor Hübner
Gesamtzahl der Schüler 406 (Januar 1976)

Damit hat das Schulwesen in Oberdischingen heute einen festen Boden unter den Füßen. Nach langen Jahren unwürdiger Enge und unzureichender Unterbringung hat die Schule heute Raum auf viele Jahre hinaus.
Die Namen der Schulleiter in den letzten hundert Jahren:

1852–1869   Hauptlehrer Buschor
1870–1874   Hauptlehrer Berg
1874–1896   Hauptlehrer Brechenmacher
1896–1914   Hauptlehrer Hummel
1914–1934   Hauptlehrer Kuttler
1934–1936   Hauptlehrer Fleischle
1937–1951   Hauptlehrer Biesinger
seit 1951   Rektor Hübner

Die Kinderschule St. Gebhard

Im Jahre 1899 erwarb der damalige Pfarrer Bökeler um 3000 Mark ein altes Bauernhaus mitten im Dorf samt Scheuer und Garten, dem Bäcker Eberle gehörig; auf diesem Grunde erstand dann die »Kinderschule mit großem Spielgarten«. Den Kaufpreis erlegte ein Gönner, der Fabrikant Gebhard Ott in Nürnberg, ein gebürtiger Oberdischinger. Ihm zu Ehren erhielt die neue Stiftung den Namen St. Gebhard. Ein Wohltätigkeitsverein wurde gegründet, eine Satzung aufgestellt, ein Vorstand mit Ausschuß ins Leben gerufen, und die Bauarbeiten konnten beginnen. Bereits am 1. Mai 1900 konnte man das schöne Heim beziehen; am Dreifaltigkeitssonntag fand die Einweihung statt. Damit war den Drei- bis Siebenjährigen eine Heimstatt gegeben und den damals in der Regel kinderreichen Müttern eine Last abgenommen.
Als Betreuerinnen stellten sich zur Verfügung Schwester Maria Braig, Kindergärtnerin, aus Oberdischingen, kurz »Schwester Marie« genannt, und Schwester Luise Burkard aus Gutenzell, Handarbeitslehrerin und Krankenschwester, kurz »Schwester Luis« genannt.
Zugleich wurde ein Bühnenraum mit Schnürboden eingerichtet, so daß auch Theater gespielt werden konnte von und für Kinder und ebenso für Erwachsene. Gleichzeitig wurde auch der Grundstock zu einer Ortsbücherei gelegt, die Kinder wie Erwachsene gern in Anspruch nahmen. Damit war ein für eine Landgemeinde in jener Zeit völlig ungewöhnliches Werk geschaffen. Wie-

viel Gutes ist der Gemeinde daraus zugeflossen! Ich habe diese Kinderschule an die vier Jahre besucht und erinnere mich mit Dankbarkeit an jene Zeit. Hier habe ich mir auch die ersten Bücher zum Lesen geholt, Jugendbücher von Christoph von Schmid. Ich hörte später auch von einem Erwachsenen, der an langen Winterabenden die vielbändige Weltgeschichte von Weiß durchgelesen hat!

Es ist eine simple Pflicht der Dankbarkeit, der beiden Schwestern zu gedenken, die zum Gelingen des Werkes das meiste beigetragen haben. Keines von den vielen Kindern, die diese Schule, heute würde man sagen: diesen Kindergarten, besucht haben, werden die Schwester Marie mit ihrer Heiterkeit und ihrem urwüchsigen Humor vergessen, die das Herz so ganz auf dem rechten Fleck hatte und die die kleinen Theaterstücke, die zu Weihnachten aufgeführt wurden, ihren jungen Spielern mundgerecht zu machen wußte. Wie vielen ungezählten Kranken hat Schwester Luise in zahllosen Nachtwachen Hilfe und Linderung gebracht, und wie vielen jungen Mädchen hat sie in langen Jahren Stricken, Häkeln und den rechten Umgang mit der Nähnadel gelehrt! Die beiden Schwestern gehören in das Ehrenbuch der Gemeinde! Als am 1. Mai 1961 das 60jährige Jubiläum der Schule gefeiert wurde, durfte die Jubilarin des Tages, die 81jährige Schwester Luise – Schwester Marie war bereits im Jahr 1934 gestorben – den Dank von mehr als einer Generation für die selbstlose Hingabe an ihren Auftrag entgegennehmen. Kaum je hat sich eine Einrichtung so segensreich ausgewirkt wie diese Kinderschule mit ihren beiden guten Geistern!

Heute ist aus der ehemaligen Kinderschule natürlich ein richtiger Kindergarten geworden. Die Missionsschwestern von St. Hildegard haben ihn in ihre Obhut genommen, und die katholische Jugendgruppe hat ihr Heim darin aufgeschlagen.

Rückschauend gilt unser Dank darüber hinaus dem hochherzigen Stifter und den tatkräftigen Männern der ersten Stunde, die in mutigem Zugriff ein so fruchtbringendes Werk ins Leben gerufen haben.

Brauchtum und Gemeinschaftsleben – Die Vereine

Gemeinden sind Gefüge von Kraftfeldern. Solche Kraftfelder stellen auch die Vereine dar. Sie gestalten das Gemeinschaftsleben wesentlich mit, darum sollen sie auch hier zu Wort kommen.

Der Liederkranz

Das Gründungsjahr läßt sich nicht mehr eindeutig feststellen. Nach dem Aufdruck auf der alten Fahne war es das Jahr 1837. Dementsprechend beging der Verein auch seine Jubiläen, als letztes das 125jährige im Jahre 1962. Damit dürfte der Oberdischinger Liederkranz eine der ältesten Vereinigungen dieser Art überhaupt sein. Unsere Liederkränze, Liedertafeln usw. lösten in den ersten Jahrzehnten des 19. Jahrhunderts den zunftgebundenen Meistergesang in den Städten ab. Damit begann ein neuer Tag im Leben des deutschen Liedes, das Lied als Volksgesang, das auch rasch in den Dörfern Eingang fand.
Aus dem Jahre 1862 liegt ein Protkoll vor, aus dem zu entnehmen ist, daß der Verein sich praktisch aufgelöst hatte. Es wurde darüber beraten, was mit der vorhandenen Fahne, den Instrumenten und Musikalien usw. geschehen sollte. Dabei wurde beschlossen, die Vereinsfahne einem Mitglied in Verwahrung zu geben, das sie einem später neugegründeten Gesangverein aushändigen sollte. Für den Fall des Ablebens aller Mitglieder soll die Fahne der Gemeinde übergeben werden. Unterzeichnet wurde das Protokoll von den anwesenden 9 Mitgliedern, an ihrer Spitze Lehrer Buschor, der Vorsitzende des bisherigen Vereins.
Die Protokolle des neuen Vereins beginnen mit dem Jahre 1877, offenbar wurde er in diesem Jahr neu ins Leben gerufen. Erster Vorstand: Hafnermeister Freudenreich.
Im Jahre 1909 gibt sich der Verein, nunmehr als »Liederkranz«, eine neue Satzung. Von 1910 an beginnen regelmäßige Protokolle. Der Verein veranstaltet Weihnachtsaufführungen, wirkt beim Königsfest mit, besucht auch auswärtige Veranstaltungen. Nach einem Verzeichnis vom 1. Januar 1912 zählte der Verein damals 32 aktive und 25 passive Mitglieder. Das 75jährige Jubiläum im Jahre 1912 wurde festlich begangen, noch festlicher das hundertjährige, bei dem auch die Zelter-Plakette dem Verein überreicht wurde. (Zelter, ein bekannter Komponist, war Begründer der ersten Berliner »Liedertafel«; er darf als der Vater aller nachfolgenden »Liederkränze«, »Liedertafeln« usw. gelten).
Im Jahre 1919 übernahm August Eh den Verein. Jahrelang bewährter Dirigent war Hauptlehrer Kuttler. Auch im Zweiten Weltkrieg hielt der Verein zunächst durch, naturgemäß nahm die Zahl der aktiven Mitglieder laufend ab. Die üblichen Weihnachts- und Neujahrsfeiern entfielen. Des öfteren war der Verein auch ohne Dirigenten. Eine Notiz aus dem Jahre 1942 meldet: »Von jetzt ab ruhte der Verein.«

Nach dem Krieg wurde er erneut ins Leben gerufen. Die Vorstandschaft übernahm Zahnarzt Dr. Haselhofer. Im Juni 1962 wurde das 125jährige Jubiläum mit vielen auswärtigen Vereinen und Gästen begangen.
Heute liegt die Stabführung in den bewährten Händen von Rektor Hübner. Zahl der aktiven Mitglieder: rd. 50, der passiven: rd. 40. Vorstand: Josef Denkinger. In all den vielen Jahren hat der Gesangverein bzw. Liederkranz mit seinen Aufführungen und Darbietungen das örtliche Gemeinschaftsleben wesentlich bereichert. Ein Volk ist eine Gemeinschaft nicht nur von schaffenden, sondern auch von feiernden Menschen. Gemeinschaftserlebnisse wie Fest und Feiern heben den Menschen über den Alltag hinaus, der Einzelne erfährt sich als Glied eines größeren Ganzen, das ihn trägt und aus dem sein Leben »Kraft, Mut und Sinn gewinnt«, wie ein Dichter einmal gesagt hat. Keine Gemeinschaft kann solche Erlebnisse entbehren, sie gehören zu unserem Menschsein. Darin liegt der tiefere Sinn der Tätigkeit solcher Vereinigungen. Das gleiche gilt auch für den Musikverein.

Der Musikverein

Seit 1843 bestand in Oberdischingen eine Musikkapelle. Aus einer späteren Niederschrift geht hervor, daß der Verein sich ursprünglich »Musik- und Gesangverein« nannte. Diese Bezeichnung fand sich auch auf der alten Vereinsfahne samt der Jahreszahl 1843.
Einer alten Zeitungsnotiz ist zu entnehmen, daß die »Dischinger Blechmusik« im Jahre 1862 auf der Ehinger Fasnet aufgetreten ist. Dann wurde es offenbar ruhig um sie. Um die Jahrhundertwende setzte sich Pfarrer Bökeler tatkräftig für die Neugründung des eingeschlafenen Vereins ein. Auch dem damaligen Kriegerverein lag viel daran; der brauchte vor allem für Königs- und Kaisersgeburtstag eine schneidige Blasmusik für seinen Kirchgang!
In der Tat trat dann am Geburtstag Kaiser Wilhelms II. im Jahre 1909 die neue Kapelle zum ersten Mal in Aktion. Den Gründerstamm bildeten Malermeister Eh, Josef Albrecht, Eugen Ott, Eugen Ernst, Xaver Schmid, Hans Schmid, Matthias Albrecht – sieben wackere Schwaben.
Der Erste Weltkrieg lähmte den Verein; aber bereits 1919 fanden sich bewährte Musiker und junger interessierter Nachwuchs zur Wiederaufnahme des Musizierens zusammen. An Hauptlehrer Hermann Kuttler hatte die Kapelle einen Dirigenten von hohem Können und starkem Idealismus. Er führte sie in jahrelangem Bemühen zu allseitig anerkannter Höhe empor.
1923 wurde August Eh zum Vorsitzenden gewählt. Jahre später rief Hauptlehrer Kuttler zur Gründung eines Musikvereins auf, der auch – hauptsächlich aus finanziellen Gründen – passive Mitglieder aufnehmen sollte. Der Gedanke zündete, der Musikverein wurde gegründet, 1. Vorstand wurde der damalige Bürgermeister Josef Schlick. Dem Ausschuß traten auch die Vorstände der andern Vereine bei: Josef Ott II für den Liederkranz, Josef Sommer für den Kirchenchor, Rupert Schrode für den Militärverein, Hans Schrode für den Radfahrverein, Alois Fasnacht für den Gewerbeverein und

Max Stetter für den Jungmännerverein. (So viele Vereine hatte Oberdischingen damals!)
Nach wiederholtem Dirigentenwechsel übernahm Anton Zugmaier, der bisher als Trompeter tätig war, die Kapelle und führte sie bis zum Ausbruch des Zweiten Weltkriegs, der natürlich auch aus den Kreisen der Musiker seine Opfer holte. Tod, Gefangenschaft, späte Heimkehr kennzeichnen die folgenden Jahre.
Mit Genehmigung der französischen Militärregierung wurde der Musikverein auf der Gründungsversammlung vom 19. Juni 1947 wieder ins Leben gerufen, Peter Braig wurde zum 1. Vorsitzenden gewählt, und Anton Zugmaier übernahm nach seiner Rückkehr aus der Gefangenschaft wiederum den Dirigentenstab.
Bereits im Jahre 1952 wurde dem Musikverein die Ausrichtung des 4. Kreismusikfestes übertragen, dessen Durchführung ihm zur vollen Ehre gereichte. In der Folgezeit wurde eine Jugendgruppe gebildet und eine Tanzkapelle ins Leben gerufen. Im Jahre 1962 gab Peter Braig sein Amt als 1. Vorsitzender ab, sein Nachfolger wurde Alois Volz. Drei Jahre später legte nach vierzigjähriger Musiker- und Dirigentenzeit Anton Zugmaier den Dirigentenstab nieder. Seine Nachfolge trat der bisherige Jugendleiter Hans Schrode an, der die Kapelle heute noch führt.
Im Jahr 1968 konnte die Kapelle ihr 125jähriges Jubiläum unter starker Anteilnahme der heimischen Bevölkerung und der Umgebung festlich begehen. Heute stellt der Verein eine leistungsstarke Mittelstufenkapelle mit rund 40 aktiven Musikern, 20 Jungmusikern und rund 130 passiven Mitgliedern dar. 1973 trat Alois Volz zurück, die Nachfolge übernahm August Deckert.
Der Musikverein spielt im geselligen Leben des Dorfes eine bedeutende Rolle, er ist vom Gemeindeleben nicht wegzudenken. Höhepunkt des Jahres ist für ihn das »Malefizschenken-Fest«, das im Sommer abgehalten wird und jung und alt gesellig vereint.

Der Sportverein

Er wurde im Jahre 1926 unter dem Namen »Arbeiter-Sportverein« gegründet. Gründer und 1. Vorstand war Franz Rathgeb, Schriftsetzer. Der Verein widmete sich vor allem dem Fußball. Im Jahre 1928 nahm er eine Namensänderung vor und nannte sich jetzt »DJK« (Deutsche Jugendkraft). Der 1. Vorsitzende war jetzt Heinrich Kuhn. Der Verein nahm nun auch die Leichtathletik auf.
Im Jahr 1939 wurde der Verein von der NSDAP verboten, die Kasse beschlagnahmt, die Vereinsfahne eingezogen. Ein neuer Sportverein (SVO = Sportverein Oberdischingen) wurde ins Leben gerufen. Von 1939 bis 1945 ruhte der Sportbetrieb so gut wie ganz.
Im Jahr 1946 wurde von den jungen Heimkehrern der Sportverein erneut aufgezogen, dieses Mal wieder unter der Bezeichnung »Sportverein Oberdischingen«. Den Vorstand hatte zunächst Richard Hospach bis zu seinem

Lebensende inne. Seine nächsten Nachfolger waren Hans Erath und nach ihm Revierförster Franz Gaub. Als großzügiger Förderer verdient Metzgermeister Josef Dosch Erwähnung. Mit der Zeit hat sich der Verein auch am dörflichen Theaterspiel beteiligt, er hat eine Jugendgruppe ins Leben gerufen und zählt heute alles in allem an die 200 Mitglieder.

Neben diesen drei wichtigsten Vereinen müßte noch eine ganze Anzahl anderer, jüngerer Vereinigungen genannt werden. So besitzt Oberdischingen seit 1959 eine Schützengilde, die z. Zt. rund 100 Mitglieder zählt. Sie hat sich jetzt auch ein eigenes Schützenheim in der Nähe des Gottesackers geschaffen.

Seit Jahren gibt es auch einen hiesigen Ortsverein »Rotes Kreuz«, der sich selbstlos in den Dienst des Nebenmenschen stellt.

Als jüngste Vereinigung hat sich 1973 eine Ortsgruppe der »Lebensrettungsgesellschaft« gebildet. Als Übungsgelegenheit steht ihr das Lehrschwimmbecken in der Hauptschule zur Verfügung.

Diese vielen Vereine und Vereinigungen haben eines gemeinsam: sie bereichern und vertiefen das Gemeinschaftsleben. In gegenseitigem Geben und Nehmen erfüllt sich das menschliche Leben. Ohne Einsatzbereitschaft, Idealismus und selbstlosem Opfergeist kann keine Gemeinschaft bestehen. Ohne sie würde jedes Gemeinschaftsleben sehr rasch verarmen und veröden. Darum verdienen alle, die sich hier einsetzen, unsern Dank.

Die Oberdischinger Fasnacht – einst und heute

In meiner Kindheit wurde die Fasnacht – schwäbisch: Fasnet – in Oberdischingen recht einfach begangen. Wir Buben schlüpften in eine alte, mit »Bletzen« versehene Hose, drehten einen alten Rock um, so daß das Innere nach außen schaute, stülpten einen alten Hut auf den Kopf, kauften, wenn es hoch kam, bei »Schrodes« eine Larve um 10 Pfennige, nahmen einen langen Stecken oder eine lange Rute zur Hand, und so ausstaffiert gingen wir als »Maschkere« auf die Straße. Wo wir ein Mädchen sahen, sprangen wir ihm nach und fuchtelten ihm mit der Rute zwischen den Füßen herum, bis es kreischend entsprang. Natürlich hatte keiner von uns eine Ahnung, daß sich hinter diesem Herumfuchteln ein alter, längst sinnentleerter Fruchtbarkeitszauber verbarg.
Höhepunkt der Fasnet war das Abbrennen des großen »Himmelsfeuers« oder »Funkens« am Sonntag nach Fasnacht, wenn die Dämmerung hereingebrochen war. Wir hatten in Oberdischingen drei Himmelsfeuer, eines auf dem Hägelesberg beim Wasserreservoir, eines auf dem Lampen- und das dritte auf dem Galgenberg. Das größte war natürlich immer das auf dem

Hägelesberg. Schon wochenlang zuvor hatten wir Holz und Reisig auf Schlitten und Karren zusammengefahren, hatten alles Brennbare, das nicht niet- und nagelfest war, an uns genommen – der »Küferhof« bei der Brauerei erwies sich dabei immer besonders ergiebig – und auf dem Hägelesberg aufgehäuft. Am Abend des Funkensonntags wurde dann der Funken entzündet. Das war, neben den Fasnetsküchle, ein ganz großes Erlebnis. Weithin ins Oberland hinein flammten immer neue »Funken« auf, wir blieben und schauten, bis der letzte Funken erloschen war. Natürlich war keinem von uns klar, um was es da eigentlich ging, was der Funken zu bedeuten hatte. Wer wußte schon, daß auf ihm einstmals die Winterhexe als Strohpuppe verbrannt und der Winter damit ausgetrieben wurde? Unsere alemannischen Vorfahren stellten sich den Winter als ein altes, dürres Weib als Verkörperung der Unfruchtbarkeit und als lebensfeindliche Macht vor, die es zu vernichten galt. Für sie war die Fasnacht eine sehr ernsthafte Sache, der Winter war damals noch eine recht ungemütliche Zeit, die Leute hungerten und froren, wie wir es uns gar nicht mehr vorstellen können. Daher rückte man der Winterhexe mit allen Mitteln auf den Leib: mit Vermummungen – die Bubenlarve war der letzte Rest davon – mit Lärm und Peitschenknall, um die Wintergeister zu erschrecken und zu vertreiben. An vielen Orten kam hinzu die Einholung des Frühlings in Gestalt einer mächtigen Tanne, die mit ihren immergrünen Nadeln die Verheißung der kommenden warmen Jahreszeit darstellte. Das ist die Wurzel des Narrenbaums, der heute in vielen Orten gesetzt wird.

Das Wort Fasnacht hat nichts mit Fasten zu tun, obwohl man es gelegentlich mit »t« (Fastnacht) schreibt. Das Wort und die Sache sind viel älter als die Fastengebote der Kirche. Es hängt vielmehr mit dem Wort »faseln« zusammen, das heute soviel bedeutet, wie unsinniges Zeug daherreden. Früher bedeutete es: sich toll, übermütig gebärden und noch früher: so viel wie fruchtbar machen, fruchtbar werden. In der Tat ist die Fasnacht ein alter Fruchtbarkeitsbrauch, sie lag und liegt daher auf der Grenzscheide zwischen Winter und Frühjahr. Sie stellt den Auftakt zum neuen Frühling dar.

Heute glauben wir alle längst nicht mehr an die Winterhexe und deren Vertreibung in der Fasnacht. Geblieben aber ist die Freude am Lärm und am Umtrieb, an der unbekümmerten Fröhlichkeit und der damit verbundenen Narrenfreiheit, die ungestraft mißliebige Personen und spaßhafte Vorkommnisse aufs Korn nimmt und dem allgemeinen Gelächter preisgibt. Aus diesem Grund hat die Fasnacht überlebt, feiert sie heute – freilich mit völlig neuer Sinngebung – immer neue Triumphe.

Ein wichtiger Tag war dabei auch der »gumpige« Donnerstag, ein Tag der Umzüge und der Ausgelassenheit (das Wort »gumpen, gampen« bedeutet so viel wie hüpfen, springen, tanzen – vgl. unser Volkslied »... und im Wasser gampet d'Fisch«). Ihm gegenüber dann der »broomige« Freitag. Das Wort »Broom« bedeutet Ruß; mit dem hat man sich, zusammen mit Fett, das Gesicht eingeschmiert, auch noch ein Rest der alten Vermummung. So lebt, meist unverstanden, das alte Brauchtum weiter und feiert heute allenthalben wieder fröhliche Urständ.

So auch in Oberdischingen. War die Fasnacht vor 50 und mehr Jahren eine Angelegenheit der Buben, so nimmt heute das ganze Dorf daran teil. Die jetzige Fasnacht hat sich ein prächtiges Ansehen gegeben mit Präsident und Elferrat, mit Festwagen und Prinzengarde, mit »Maschkere« aller Art und schmetternden Musikkapellen. Die Festwagen bringen geschichtliche Ereignisse und aktuelle Anliegen auf originelle Weise zur Darstellung. Daß auch der Malefizschenk mit dabei ist, versteht sich von selbst. Das bezeugt auch der Dischinger Fasnetsruf: Malefiz! Die Begeisterung ist groß, das ganze Dorf ist auf den Beinen, die Herrengasse gedrängt voll. Getragen wird die heutige Fasnacht vor allem von den Vereinen, die mit Geld und Witz nicht sparen. Daß es an den sonstigen üblichen Fasnetsbelustigungen nicht fehlt, vom Fasnachtsball bis zu den Fasnetsküchle, versteht sich von selbst.

Das Malefizfest

Der Malefizschenk erlebt in unserer Zeit eine wahre Auferstehung. Während ihn die älteren Generationen vor allem als strengen Herrn in Erinnerung hatten, dem man lieber aus dem Weg ging, ist er für das heutige Geschlecht in erster Linie der Mann, der die Kirche, die Herrengasse und die Kapelle erbaut, die Allee gepflanzt und Dischingen zu einem Klein-Paris gemacht hat. Das bezeugt auch das Malefizfest, das vor etwa zehn Jahren ins Leben gerufen wurde und heute der musikalische Höhepunkt des Oberdischinger Jahres ist. Es wird in erster Linie vom Musikverein bestritten, aber auch die andern Vereine, vor allem Kirchenchor und Liederkranz, wirken mit. Es dauert, gut oberschwäbisch, gleich drei Tage, von Christi Himmelfahrt bis zum darauffolgenden Sonntag. Ein Festprogramm wird ausgearbeitet, ein großes Festzelt aufgeschlagen, Honoratioren und Nachbarvereine werden eingeladen – mit einem Wort: es geht hoch her. Vor mir liegt die »Einladung zum Malefizfest 1971«, unterzeichnet vom Ersten Vorstand (Alois Volz) und dem Dirigenten der Musikkapelle (Hans Schrode).

PROGRAMM

Donnerstag, 20. Mai 1971   Christi Himmelfahrt
    14.30 Uhr Unterhaltungsmusik mit den Musikkapellen Ringingen und Oberdischingen
    19.30 Uhr Musik – Stimmung – Tanz: »Die fidelen Oberschwaben«
Samstag, 22. Mai 1971
    20.00 Uhr Kameradschaftskonzert mit den Musikkapellen Dischingen – Oberdischingen sowie dem Liederkranz Oberdischingen
Sonntag, 23. Mai 1971
    10.30 Uhr Frühschoppenkonzert mit dem Kirchenchor Dischingen und Musikkapelle Oberdischingen
    ab 14 Uhr Nachmittagskonzert der Musikkapellen Ersingen, Oberdischingen und der Jugendkapelle Oberdischingen
    20.00 Uhr Musik – Stimmung – Tanz mit der Tanzkapelle »Malvados«

Berühmte Oberdischinger

Deren gibt es nicht allzu viele. Des berühmtesten haben wir bereits ausführlich gedacht, des Malefizschenken natürlich. Aber es sei hier mindestens noch von zwei Männern die Rede, von denen der eine als Arzt jahrzehntelang segensreich gewirkt hat, während der andere wenigstens hier geboren wurde und seine Jugendjahre hier verbracht hat.

Gustav Adolf Renz, der »Doktor von Dischingen«

Auf dem rückwärtigen Teil des Oberdischinger Friedhofs findet sich eine Grabsäule mit der Aufschrift »Renzsche Familiengruft«. Wenn der Besucher dann nähertritt, entnimmt er den Inschriften u. a.:

Dr. Gustav Adolf Renz	Luise Friederike Renz
fast 50 Jahre Arzt dahier	gest. 10. Oktober 1871
gest. 30. Oktober 1881	

Dieser Mann also ist der berühmte »Doktor von Dischingen« mit seiner Frau. Sie hatten zwei Söhne, von denen der eine Arzt, der andere Apotheker wurde. Der Apotheker Gustav Adolf Renz (1832–1905) liegt ebenfalls hier begraben, desgleichen seine beiden Kinder Gustav Adolf Renz, Archivrat (1862–1946) und Adrienne Renz (1891–1965). Platz und Grabsäule sind ein Geschenk der Gemeinde Oberdischingen, ein Zeichen des Dankes für langjährige, verdienstvolle Tätigkeit.

Wer ist nun eigentlich dieser »Doktor von Dischingen«? Wir wissen recht gut Bescheid über ihn dank der Aufzeichnungen, die einer seiner Enkel, der oben genannte Archivrat G. A. Renz, im Jahre 1911 unter dem Titel »Der Doktor von Dischingen« veröffentlicht hat. Auf diese stützen sich auch die nachfolgenden Ausführungen.

Der Vater dieses »Doktors von Dischingen« war Wundarzt und Geburtshelfer gewesen, zuerst in Haisterkirch, dann in Wurzach, das damals noch Residenzstadt des Hauses Waldburg war. Daneben führte er noch eine Gaststätte »Zur Krone«. Diese hatte in der Zeit der napoleonischen Kriege sehr unter Quartierlasten zu leiden, kam völlig herunter; der Besitzer mühte sich umsonst, von der österreichischen Regierung eine Entschädigung zu erhalten. Kurz gesagt, der Mann kam praktisch unter den Schlitten. Er hatte zwei Söhne, von denen der eine Medizin studierte, der andere Apotheker wurde. Beide mußten unter den größten Entbehrungen studieren. So legte der kommende Mediziner den weiten Weg von Wurzach zur Universität Freiburg noch zu Fuß zurück, mit derben Stiefeln und einem Knotenstock ausgestattet und im Rucksack die nötige Wäsche und die unumgänglichen Bücher. Dank seiner zähen Energie schaffte er das Studium, und auf Grund seiner guten Zeugnisse erhielt er auch gleich eine Stelle in seiner Heimatstadt Wurzach. Er heiratete hier ein, und er hätte zweifellos hier sein Auskommen gehabt, wenn nicht sein Vater, der mit der Zeit völlig aus der Bahn geraten war, seine Honorare bei den Patienten eingezogen und für sich verbraucht hätte. Dem sah der Sohn eine Zeitlang zu, und als die Dinge sich nicht änderten, packte er kurz entschlossen seinen kleinen Hausrat zusammen und zog mit Weib und Kind – dem Vater des Erzählers – nach Oberdischingen, wo eben die Stelle eines Leibarztes beim Grafen Franz Joseph, verbunden mit einer Distriktspraxis, frei geworden war. Das war im Jahre 1828.

Er bezog das heutige »Doktorhaus«, d. h. die Räume im ersten Stock des linken Flügels des Kanzleigebäudes, in dem der Malefizschenk nach dem Brand seines Schlosses Wohnung genommen hatte und wo er ja auch gestorben ist. Im Doktorhaus spukte es, ein Klopfgeist weckte die Doktorsleute jede Nacht aus dem Schlaf, bis sie sich an ihn gewöhnt hatten. Das Sterbezimmer des Malefizschenken wurde scheu gemieden, denn in diesem konnte angeblich niemand Schlaf finden.

Neben seinem Auftrag als gräflicher Hausarzt hatte unser Doktor eine umfängliche, mit der Zeit immer größere Landpraxis, die er nur mühsam mit Hilfe seiner Doktorchaise bewältigte, wobei er entweder selbst kutschierte oder die Zügel dem »alten Braig«, gelegentlich auch dessen Tochter, dem »Lisabethle« anvertraute.

Ein schwäbischer Landarzt war damals nicht auf Rosen gebettet. Gewiß, es gab viel weniger Ärzte, die Sprengel waren groß; aber die Leute gingen auch nicht so leicht zum Arzt – es gab genug Bauern, die eher den Tierarzt holten, als nach dem Doktor schickten. Vor allem aber gab es viel unerwünschte Konkurrenz in Gestalt von Heilkünstlern und Kurpfuschern jeder Art – Bader, Quacksalber, Feldscherer, Gesundbeterinnen und Wallfahrerinnen, die gegen einen halben Laib Brot für Kind und Rind am Gnadenort zu beten versprachen. (Unser berühmter Landsmann, der Dichter Michel Buck, der als Oberamtsarzt in Ehingen starb, hat ebenfalls oft genug darüber geklagt.) Dazu kamen die schlechten Wegverhältnisse. Kurzum, man mußte etwas können, mußte seinen Mann stellen, eine eiserne Gesundheit besitzen und sich von keiner Situation umwerfen lassen. Alles das traf auf unsern Doktor zu. Im Laufe einer mehr als vierzigjährigen Praxis verschaffte er sich einen angesehenen Namen weiterum. Er wird ein gesuchter und anerkannter Arzt. Daneben hat er noch Zeit, sich an Treibjagden zu beteiligen – er ist ein leidenschaftlicher Jäger und ein treffsicherer Schütze. Im Doktorhaus häufen sich die Preise, die er von Schützenfesten oder vom Volksfest in Cannstatt zurückbringt. Nur zur geliebten Violine oder zum Cello, die er von der Universität mitgebracht hatte – er hatte dort mit Musikstunden sein erstes Geld verdient – reichte es immer seltener.

»Von Gestalt ein nicht gar großer, aber herkulisch gebauter Mann, dessen markante Züge ein breiter Ohrenbart ... umrahmte, aus dessen sonst glattrasiertem Gesicht ein paar scharfe durchdringende Grauaugen herausleuchteten, war der Doktor von Dischingen, seinem ganzen Wesen nach eine durch und durch rechtschaffene, menschenfreundliche, lebensfrohe Schwabennatur, dabei zielbewußt, ungemein energisch, ja herrisch, gewalttätig. Irgendeinen

Widerspruch oder Ungehorsam gegen seine stets klar und ruhig erteilten Anordnungen gab es nicht, weder außerhalb noch innerhalb der Familie, wo seine Autorität unbegrenzt war« – so schildert ihn der Enkel.
An die fünfzig Jahre wirkte der inzwischen unter dem Namen »Doktor von Dischingen« weitbekannte Arzt. Als Siebziger bemerkte er einmal, daß er jetzt bereits der dritten Generation in die Welt hinein und aus ihr herausgeholfen habe, und daß es an der Zeit sei, jüngeren Kräften das Feld zu räumen. Die Oberdischinger wußten, was sie an ihm hatten, und als er dann im 74. Lebensjahr starb, da war es für die Gemeinde ganz selbstverständlich, dem verdienten Mann ein Ehrengrab zu bereiten, in dem er nun mit den Seinen ruht.

Nur am Rand sei vermerkt, daß dieser »Doktor von Dischingen« einen echten, vollgültigen Nachfahren in der Gestalt des Dr. Adolf Munding (1868–1941) gefunden hat, der, von Unlingen am Bussen stammend, ebenfalls an die vierzig Jahre als Distriktsarzt in Oberdischingen tätig war. Ein echter Oberschwabe, kraftvoll und urwüchsig, wie sein berühmter Vorgänger, zugleich ein bewußter Oberdischinger, ein Sammler und Heimatfreund, vor allem Malefizschenk-Kenner, dies schon zu einer Zeit, da sich noch niemand um diesen kümmerte. Seine Tochter Toni (gest. 1975) hat das Erbe des Vaters liebevoll betreut, sie hat sich auch um das Heimatbuch sehr verdient gemacht.

Der Doktor von Dischingen und der Bauer

Erzählt von seinem Enkel Gustav Adolf Renz

Die Oberdischinger Herrengesellschaft hatte sich wieder einmal, wie allwöchentlich, am Donnerstag abend in ihrem Stammlokal im Gasthof »Zum Löwen« eingefunden, diesmal jedoch in der großen Gaststube, weil im Nebenzimmer eine bauliche Reparatur vorzunehmen war. Die Herren unterhielten sich wie immer in gemütlicher Weise über lokale und politische Tagesfragen, doch ward ihr Gespräch immer wieder unliebsam durch einen an einem entfernten Tisch sitzenden, halb betrunkenen Bauern gestört, der fortwährend in ihre Unterhaltung hineinsprach.
Das ging so eine Zeitlang, bis meinem Großvater die Geschichte zu dumm wurde. Er begab sich zu dem Krakeeler hinüber und sagte, sich gewaltsam beherrschend, in ruhigem Ton zu diesem: »Wenn Ihr Euch an unserm Gespräch mit Teufelsgewalt beteiligen wollt, dann setzt Euch zu uns, das Dazwischenreden aber über die ganze Stube hinüber verbitten wir uns«!
Der Angeredete sah den Sprecher ohne ein Wort der Erwiderung lächelnd an und wartete ruhig, bis dieser sich wieder auf seinem Platz niedergelassen hatte, dann fing er genau wie zuvor an, den Herren dreinzuschreien.
Ein zweites Mal trat mein Großvater zu dem Bauern hin, und seine Stimme hat jetzt einen merklich schärferen Ton angenommen: »Jetzt frage ich Euch zum letzten Mal, wollt Ihr nun still sein oder nicht?«
Der Bauer gab wiederum keine Antwort, der Vorgang von vorhin wiederholte sich, ja schließlich begann er ein Lied von undefinierbarer Melodie zu singen, augenscheinlich legte es der boshafte Prolet darauf an, die Herrengesellschaft zu verulken. Da hatte aber meines Großvaters Empörung den Siedepunkt erreicht. Mit ein paar raschen Schritten war er drüben, und mit dem wütenden Zuruf: »Du elender Bauern-

lümmel, Dir will ich Mores lehren!«, hieb er diesem eine donnermäßige Ohrfeige herunter. Kaum war dies geschehen, so fiel der Mann wie vom Blitz getroffen über den Stuhl auf den Fußboden herab und gab kein Zeichen mehr von sich.
Natürlich geriet die ganze Gesellschaft in die größte Aufregung. Mein Vater sprang eiligst in die nur wenige Schritte entfernte Apotheke hinüber und holte ein Fläschchen Essigäther zum Anstreichen (Einreiben). Endlich gelang es seinen und des Großvaters Bemühungen, den Ohnmächtigen wieder zu sich zu bringen. Mit einem Ruck erhob sich der Mann, schüttelte sich wie ein Pudel, der unversehens aus dem zweiten Stock herab einen Wasserguß aufs Fell bekommen hat, stülpte dann seinen alten Filz aufs Haupt und trollte sich, meinem Großvater zunickend, mit dem in vollster Überzeugung gesprochenem Lapidarsatz: »Gott stracks mer, Doktor, dui ischt gsässa«, von dannen.

Joseph Karlmann Brechenmacher, der Sprachforscher und Erzieher

Er kam am 21. Februar 1877 als Sohn des Lehrers Rupert Brechenmacher in Oberdischingen auf die Welt. Zusammen mit sechs Geschwistern wuchs er in der kleinen, dürftigen Lehrerwohnung im Erdgeschoß des ehemaligen Schul- und späteren Rathauses auf. Er durchlief bei seinem Vater die Volksschule und bezog im Jahr 1891 das Lehrerseminar Schwäbisch Gmünd. Auf Grund seiner guten Leistungen wurde er bereits nach vier Jahren als angehender »Lehrgehilfe« entlassen. Im Jahre 1896 trat sein Vater in den Ruhestand und zog nach Ertingen, der Sohn natürlich mit. Aber zeitlebens hat er Oberdischingen in warmer Erinnerung behalten; er kannte es auch, wie ich oft im Gespräch feststellen konnte, erstaunlich gut.
Der unständige Lehrgehilfe kam zunächst nach Wehingen auf dem Heuberg, dann nach Munderkingen, schließlich nach Mengen. Nach abgelegter 2. Dienstprüfung bewarb er sich um die Hauptlehrerstelle in Hundersingen im »Winkel«, im ehemaligen Oberamt Ehingen. Wenige Jahre darauf erhielt er bereits eine Hauptlehrerstelle in Stuttgart, ein ganz ungewöhnlicher Vorgang. Aber die Behörde war auf den außerordentlich tüchtigen Lehrer, der bereits mit selbständigen Untersuchungen hervorgetreten war, aufmerksam geworden. Im Jahre 1912 wurde er als Deutschlehrer, später Professor, an das kurz zuvor gegründete Lehrerseminar Rottweil berufen, wo er eine ungemein fruchtbare Tätigkeit entfaltete. Im Mai 1928 erhielt er das Rektorat des Lehrerseminars Saulgau mit dem Titel Oberstudiendirektor. Auf Ostern 1934 wurde er unter Anklage, Gegner der NSDAP zu sein und gegen die Partei gearbeitet zu haben, seines Amtes entsetzt. Er übersiedelte nach Stuttgart und arbeitete an seinen Studien weiter. Im September 1944 wurde er total ausgebombt, wobei er seine große Bücherei, seine Sammlungen, seine teilweise schon druckfertigen Manuskripte einbüßte. Einen Monat darauf zog er nach Saulgau, wo eine Tochter von ihm verheiratet war. Im Sommer 1945 wurde er von der damaligen Militärregierung zum Vorsitzenden der Entnazifizierungskommission berufen. Kurz danach übernahm er die Leitung des neugeschaffenen Bezirksschulamts Saulgau. Im Juli 1946 wurde er zum Direktor

der ehemaligen Lehrerbildungsanstalt Saulgau ernannt, am 1. September 1950 trat er in den Ruhestand. Im Jahre 1957 zeichnete ihn die Universität Tübingen anläßlich seines 80. Geburtstags mit der Verleihung der Würde eines Ehrensenators aus. Er starb am 8. Juni 1960 in Saulgau, das ihn Jahre zuvor zu seinem Ehrenbürger ernannt hatte.

Die ungewöhnliche Laufbahn zeugt von außerordentlicher Begabung und hervorragenden Leistungen. In der Tat, schon der Schüler war von einem wahrhaft unersättlichen Lesehunger besessen, der zu jener ungemeinen Belesenheit führte, die Voraussetzung für die spätere wissenschaftliche Arbeit war. Dabei war das gar nicht so einfach. Im damaligen Lehrerseminar waren die großen deutschen Dichter – Goethe, Schiller, Lessing – noch verboten; er mußte sie heimlich, gleichsam unter dem Tisch, lesen. Auf seinen Lehrstellen setzte er die Lektüre und das Studium planmäßig fort. Dabei kam ihm zweifellos seine robuste Gesundheit und eine geradezu unglaubliche Arbeitskraft sehr zustatten. Er hat öfters erzählt, wie er als junger Hauptlehrer in Hundersingen etwa um 2 Uhr oder 3 Uhr aufstehen und sich an seine Arbeit, d. h. seine Studien machen konnte, bis es um 6 oder 7 Uhr Zeit zum Kaffeekochen wurde und er dann mit dem Unterricht begann. Oder er konnte sich in späteren Jahren mit den Aufsätzen zur ersten Dienstprüfung für das Lehramt, jeweils etwa 30 an der Zahl, am Nachmittag in sein Arbeitszimmer einschließen und durcharbeiten, bis alle Arbeiten bewältigt waren, und wenn es darüber Morgen wurde. Dabei rauchte er so intensiv und unablässig, daß am Ende das ganze Zimmer eine große Rauchwolke war und der Rauch, zur Belustigung der Seminaristen, durch das Schlüsselloch ins Freie strebte!

Es ist unmöglich, hier auch nur einen Überblick über seine gewaltige Arbeitsleistung zu geben. Die Zahl der Aufsätze, die er verfaßte, geht in die Hunderte, außerdem liegen einige gewichtige wissenschaftliche Werke vor. Aber wenigstens auf zwei Arbeitsgebiete sei etwas eingegangen, das ist einmal die schwäbische Mundart, zum andern die Namenforschung.

Die Mundart wurde zu seiner Zeit allgemein als etwas Falsches, Unrichtiges, die Leute, die sie gebrauchten, als rückständige Hinterwäldler angesehen. Daher mußte sie auch in der Schule nach Kräften zurückgedrängt werden. Dieser Auffassung trat Brechenmacher von Anfang an mit aller Entschiedenheit entgegen. Für ihn war, mit Recht, die Mundart keineswegs falsch, sondern eine, zwar lautlich vom Hochdeutschen und der Schriftsprache abweichende, im übrigen aber eigenständige und vollgültige Sprachform, die alles Recht auf ein ungestörtes Weiterleben und damit – als eigentliche »Muttersprache« – auch ihren Platz in der Schule habe. Den Lehrern aber rief er zu: Macht Euch die Mundart, die das Kind in die Schule mitbringt, zunutze, baut auf ihr auf, sie ist ein Kapital, das es zu nutzen gilt! In der Tat bringt das Kind – ich denke hier vor allem an das ländliche, bäuerliche Kind – mit seiner Mundart, ihren Begriffen und Satzformen, bereits einen gewichtigen Grundstock für das Erlernen der Schriftsprache mit. Es macht ja auch blutwenig aus, ob ein Kind, in der Schule nach dem Verbleib seines Bruders gefragt, erwidert: »Dr Hans ka' heit it en d' Schuel komma, weil er krank ischt« oder ob es, etwa ein Jahr später sagt: »Hans kann nicht zur Schule kommen, weil er krank ist.« Der mundartliche Satz ist so richtig und so fehlerfrei gebaut wie sein hochdeutscher Bruder. So schlägt die Mundart Brücken zum Hochdeutschen und erleichtert den Übergang von der Vorschulzeit in die Schule hinein, wo das Kind dann freilich lernen muß, sich hoch- oder schriftdeutsch auszudrücken.

Im vorgerückten Alter beschäftigten Brechenmacher vor allem Namen, genauer die Sippen- oder Familiennamen. Die Früchte jahrzehntelangen Sammelns hat er in einem großen zweibändigen Werk zusammengetragen, das er gerade noch abschließen konnte. In diesem Werk hat er an die 30 000 Familiennamen auf ihre Herkunft und ursprüngliche Bedeutung hin befragt und erklärt. Gewiß, viele Geschlechtsnamen verstehen sich von selbst. Wenn jemand Fischer heißt, so ist mit Sicherheit anzunehmen, daß einer seiner Vorfahren einmal Fischer, in andern Fällen Schmi(e)d, Wagner oder Beck (Bäcker) war. Desgleichen, wenn sich jemand Denkinger schreibt, daß einer seiner Ahnen von einem Dorf Denkingen – es gibt deren mehrere – stammt. Wie aber steht es mit Namen wie Amann, Merkle, Ott, Schlick, Rapp, Dreutz und vielen, vielen andern? Da zeigt uns Brechenmacher auf, wie Amann auf ein älteres Amtmann zurückgeht, wie Merkle eigentlich ein kleiner Markilo ist, Ott von dem Vornamen Otto kommt, Dreutz aus einem längst ausgestorbenen Vornamen Trutwin entstanden, der Name Schlick ein Übername für den ewig Hungrigen ist (zu schlucken), der Name Rapp in den meisten Fällen auf einen Hausnamen »zum Rappen« – gemeint ist jedoch der Rabe – zurückgeht. (Früher hatte jedes Haus seinen eigenen Namen, wie heute noch die Wirtshäuser und die Apotheken.) So könnte jede Oberdischinger Familie sich von Brechenmacher ihren Namen erklären lassen.

J. K. Brechenmacher verkörperte die besten Seiten schwäbischen Wesens: ein klarer, kritischer Verstand verband sich mit einer zähen, nie nachlassenden Arbeitskraft. Redlichkeit und Sauberkeit in der geistigen Arbeit waren ihm ein Bedürfnis. Aber bei allem Wissen, bei aller Leistung blieb er ein einfacher, natürlicher Mensch, frei von allem Dünkel und aller Einbildung. So diente er seiner Forschungsarbeit, seiner schwäbischen Heimat, der schwäbischen Schule und ihren Lehrern mit ganzer Kraft ein langes Leben hindurch. Wahrhaftig ein »Praeceptor Sueviae« – ein Schulmeister des Schwabenlandes – wie ihm einmal bei der Feier seines 70. Geburtstags von einem, der es wissen mußte, nachgerühmt wurde. Eine Reihe von Straßen und Schulen halten seinen Namen und sein Andenken wach.

Anhang Namen- und Sprachkundliches

Alte Oberdischinger Familiennamen

Unter »alt« sind hier diejenigen Familien gemeint, die nach Ausweis der Urkunden bereits seit 200 Jahren und länger ortsansässig sind. Dabei kommen als Urkunden in erster Linie die Register des Pfarramts in Betracht, die zuverlässig und vollständig, allerdings erst seit dem Jahr 1660 geführt wurden. Die früheren Nennungen entstammen größtenteils dem Archiv in Stuttgart. Vielfach sind die alten Einträge kaum mehr lesbar und lassen oft nur Vermutungen zu. Wenn nachfolgend die einzelnen Familien mit den frühesten Nennungen aufgeführt werden, so besagt das natürlich nichts über das tatsächliche Alter der Familien. Auch wird kein Unterschied zwischen verschiedenen Familien gleichen Namens, etwa bei Schmid, Ott, Fischer gemacht — das wäre Sache eines Familienbuchs. Dagegen sind auch einige bereits ausgestorbene Familien aufgenommen, die noch im Gedächtnis der Älteren lebendig sind. Es sei noch darauf hingewiesen, daß die früheren Schreibweisen oft von den heutigen abweichen, so erscheint z. B. Dreutz als Driz, Drütz usw. Der Versuch mag als Anregung dienen für alle, die an der Geschichte ihrer Familie interessiert sind.

Albrecht	1658 erscheint Felix Albrecht als Vater; 1782 heiratet Franz Albrecht aus Erbach in Dischingen ein.
Amann	1651 Severin Amann, Pfarrer zu Dischingen (aus Dischingen gebürtig?), 1728 Josef Amann aus Hüttisheim verheiratet sich mit Magdalena Ottin; 1746 erscheinen Johann Nepomuk und Jörg Amann als Firmlinge; 1769 erscheint Helene Amännin als Patin.
Bader	1503 wird ein Hans Bader genannt; 1707 stirbt Johannes Bader; 1726 erscheint Matthäus Ludwig Bader; 1782 heiratet Josef Bader.
Balz	(noch als Hofname erhalten): 1664 erscheint Maria Bälzin als Mutter.
Bareis	1680 erscheint Matthias Bareis (der Name ist nicht ganz eindeutig lesbar) als Vater.
Belz	1562 erscheint Thomas Belz als Mesner; 1694 stirbt Ursula Belzin.
Betz	1549 verkauft Georg Betz sein Gut an Wilhelm von Stotzingen; 1562 Cunrad Betz, Seldner; 1648 erscheint Eva Betzin als Ehefrau, 1667 wieder als Ehefrau des Jakob Schmid.
Betzler	1675 heiratet Johannes Betzler; 1687 Anna Betzlerin als Firmling; 1730 Salome Betzlerin.
Bitterle	1745 erscheint Hans Bitterle als Ehemann; 1772 Ottilia Bitterle als Mitglied der Rosenkranzbruderschaft.
Blocher	1539 verkauft Matthäus Blocher sein Anwesen an Wilhelm von Stotzingen; 1720/21/22 erscheint Christina Blocher als Patin; 1726 als Schulheißenwitwe.
Böckle	1490 erwirbt Konrad Böckle einen Acker in Dischingen, 1496 erscheint Hans Böckle, ebenso 1536 ein Hans Böcklin als Schneider.
Bölzle	1727 stirbt Walpurga Bölzlin; 1761 erscheint Anton Bölzle als Mitglied der Rosenkranzbruderschaft, 1763 Antoni Bölzle als Firmling.
Braig	1490 erscheint David Braig, 1653 Maria Braigin als Patin, 1673 erscheint dieselbe als Mutter; 1694 erscheint Georg Braig als Pate, 1741 heiratet Martin Braig aus Niederhofen in Dischingen ein.

Braun	1667 erscheint Peter Braun als Pate, 1669 als Vater, er stirbt 1678; 1721 erscheint Michael Braun als Vater, 1749 heiratet Hans Ferdinand Braun in Dischingen ein.
Dangel	1660 erscheint Ursula Dangel als Patin, 1695 Matthias Dangel, 1789 Maria Danglerin als Mitglied der Rosenkranzbruderschaft.
Denkinger	1765 heiratet Konrad Denkinger in Dischingen ein.
Dolpp	1648 Philipp Dolpp als Täufling, 1652 Hans Dolpp als Vater, 1698 stirbt Anna Dolppin, 1727 erscheint Nikolaus Dolpp.
Dreutz	1562 Hans Dri(t)z, Schmied; 1660 Barbara Dreitzin; 1663 Maria Dreitzin; 1719 erscheinen Josef und Jakob Dreitz als Firmlinge, 1730 stirbt Jakob Dreitz, »vir prudens« (ein gescheiter, tüchtiger Mann); im gleichen Jahr heiratet Josef Dreitz.
Eberle	1651 erscheint Johannes Eberle als Trauzeuge, 1657 als Vater; 1730 heiratet Jakob Eberle in Dischingen ein, dasselbe 1764 Anton Eberle.
Eble	1660 erscheint Anna Eblerin, 1665 stirbt sie; 1681 erscheint Sebastian Eble, 1766 Luzia Eble als Mitglied der Rosenkranzbruderschaft.
Edel	1528 verkauft Hans Edel seinen Garten an Wilhelm von Stotzingen, 1565 erscheint Konrad Edel als Beck (Bäcker), 1561 erscheint Johannes Edel, 1569 heiratet er; 1730 stirbt Witwer Wolfgang Edel.
Egle	1664 erscheint Hans Egle, 1699 stirbt Jakob Egle, 1730 erscheint Johannes Egle.
Endele	1741 erscheint Ulrich Endele, wohnhaft in Dischingen.
Enderle	1651 erscheint ein Enderle als Vater ohne Vornamen, 1682 erscheint Anna Enderlin, 1744 Justina Enderlin als Mitglied der Rosenkranzbruderschaft, 1750 heiratet Josef Elisäus Enderle aus Söflingen hier ein.
Feger	1531 erscheint Theiß Feger als Wirt zu Dischingen.
Fischer	1488 erscheint ein Peter Fischer, 1691 Michael Fischer als Vater, 1744 heiratet Michael Fischer aus Sontheim hier ein, ebenso 1757 Josef Fischer aus Söflingen; 1768 erscheint Cyprian Fischer (daher »Cyprianes«).
Freudenreich	1650 heiratet Johannes Freudenreich; 1660 erscheint Walpurga Freudenreich, sie stirbt 1671 im Wochenbett. 1728 stirbt Jakob Freudenreich, »etwa 71 Jahre alt«; 1763 heiratet Josef Fr. Freudenreich aus Nasgenstadt in Dischingen ein.
Fuchs	1669 erscheint Andreas Fux als Vater, ebenso 1672; 1741 heiratet Johann Christian Fux, 1751 heiratet die Witwe Barbara Fücksin (so!) zum zweiten Mal, 1759 erscheint sie als Patin.
Gauch	1660 erscheint Gallus Gauch als Trauzeuge; 1725 Agathe Gauchin als Patin; 1727 erscheint Christian Gauch als Vater.
Geiger	1691 heiratet Barbara Geigerin, 1711 stirbt sie; 1731 erscheint Jörg Geiger; 1778 heiratet Johann Baptist Geiger aus Villingen in Dischingen ein.
Geisele	(Hofname Geiseles): 1729 heiratet Georg Geisele aus Bihlafingen in Dischingen ein.
Geiselmann	1660 erscheint Elisabeth Geiselmännin als Mitglied der Rosenkranzbruderschaft, 1798 heiratet Gottfried Geiselmann aus Humlangen hier ein.

Glöckler	1649 erscheint Petrus Glöckler als Trauzeuge; 1689 heiratet Johannes Glöckler aus Pfronstetten hier ein; 1729 heiratet Michael Glöckler hier ein.
Glunz	(Klunz) 1647 stirbt die Frau des Hans Glunz, 1650 heiratet er wieder, 1675 stirbt er; 1697 stirbt Johann Georg Gluntz.
Gog	1703 erscheint Michael Gog, 1730 stirbt Michael Gog, Weber; 1733 heiratet Balthasar Gog, dasselbe 1742 Josefus Gog.
Gumper	(Hausname Gumpers): 1731 heiratet Matthias Gumper aus Altsteußlingen hier ein; 1743 erscheint Gertrud Gumperin, 1746 Eleonore Gumperin als Firmling.
Guter	1705 erhält Bernhard Gueter von Schaiblishausen ein Lehen in Dischingen und heiratet hier ein, 1715 stirbt sein Sohn Bernhard, 1741 erscheint Leopold Gueter.
Haas	1503 erscheint Conrad Haas als Inhaber eines Erblehens; 1650, 1660 und 1666 erscheint Anna Häsin als Patin, sie stirbt 1688; 1740 heiratet Laurentius Haas aus Baltringen in Dischingen ein.
Härle	1776 erscheint Johannes Herlin, 1777 Josef Härle als Mitglied der Rosenkranzbruderschaft, 1780 Magnus Härle als Vater.
Hafner	1558 erscheint Lorenz Hafner, 1649 und 1658 erscheint Simon Hafner als Pate; 1663 erscheint Jörg Hafner als Vater, 1729 stirbt Anna Haffnerin als Witwe.
Haid	(Hofname Hoides): 1761 erscheint Josefus Anton Haid als Frühmesser, 1763 erscheinen Euphrasia und Regina Haidin als Mitglieder der Rosenkranzbruderschaft.
Häussler	1692 erscheint Johannes Häussler als Vater, 1699 Laurentius Heissler, 1725 heiratet Johannes Heissler in Dischingen, ebenso 1752 Josef Heissler.
Hartmann	1749 heiratet Michael Hartmann in Dischingen ein, 1764 heiratet er zum zweiten Mal, 1769 erscheinen Johannes Hartmann und 1772 Elisabeth Hartmännin als Firmlinge.
Haug	1678 erscheint Konrad Haug, 1697 Maria Haugin als Gattin und Mutter, 1746 heiratet Simon Haug.
Held	1678 erscheint Anna Maria Heldin als Patin, 1723 heiratet Georg Höldt aus Altheim in Dischingen ein, 1778 heiratet Josef Höld aus Guntershofen in Dischingen ein.
Hess	1660 erscheint Hans Hess, 1665 als Vater, 1673 erscheint Johannes Hess als Pate, ebenso 1748 Michael Hess.
Hils	1562 Cunrat Hils, Bauer, 1725 erscheint Barbara Hilzin als Mutter.
Holl	1659 erscheint Martinus Holl aus Donaurieden gebürtig als Pate. 1669 erscheint Peter Holl als Vater; 1675 heiratet Georg Holl und erscheint 1678 und 1681 als Vater.
Jutz	1781 Josef Georg Jutz aus Öpfingen heiratet in Dischingen ein; 1794 heiratet er zum zweiten Mal.
Kästle	1796 heiratet Johannes Kästle aus Schemmerberg in Dischingen ein.
Klar	1724 erscheint Jakob Klar als Schmied, er heiratet 1765.
Kleiner	1771 heiratet Josef Kleiner aus Gutenstein ein und heiratet 1783 zum zweiten Mal.
Kley	1660 erscheint Maria Kleyin, 1673 heiratet Johannes Kley, 1683 stirbt Ulrich Kley, 1753 wird Anna Kleyin Mitglied der Rosenkranzbruderschaft.

Kneer	1562 erscheint Ulrich Kneer als Binder und Seldner, 1573 verkauft er seine Selde an Roland Küng, 1678 erscheint Jakob Kneer als Vater, ebenso 1682 Sebaldus Kneer; 1730 erscheint Ursula Kneerin als Frau des Matthäus Spleiß. 1736 heiratet Josef Kneer, 1742 heiratet Theodor Kneer aus Altsteußlingen hier ein.
Knittel	1734 erscheint Anna Knittlerin aus Ringingen gebürtig, 1737 Maria Knittlerin als Trauzeugin, 1772 Jakob Knittel als Mitglied der Rosenkranzbruderschaft.
Knöringer	1674 heiratet Katharina Knöringerin aus Söflingen den Georg Stetter von Dischingen, 1703 stirbt Johannes Knöringer.
Knoll	1665 erscheint Magdalena Knollin als Mutter, 1737 heiratet Georg Knoll aus Altbierlingen in Dischingen ein, ebenso 1767 Vitus Knoll aus Allmendingen.
Kögel	1685 erscheint Ursula Köglin als Gattin, 1759 Maria Köglin als Mitglied der Rosenkranzbruderschaft, 1762 Katharina Köglin als Firmling.
Mack	1688 erscheint Christian Magg als Pate, 1708 heiratet Johannes Mackh aus Erbach hier ein, 1727 erhält Philipp Mack, Wirt zu Dischingen, ein Lehen, 1737 heiratet Martin Mack, ebenso 1755 Johannes Mack.
Maier	1649 heiratet Peter Mayer in Dischingen, das Jahr darauf erscheint er als Vater, 1675 stirbt Heinrich Mayer, Müller; 1705 heiratet Josef Mayer aus Nasgenstadt hier ein, 1743 heiratet Johann Jakob Mayr, Chirurg, in Dischingen ein.
Manz	1659 erscheint Hans Manz als Pate; 1695 Sebastian Manz desgleichen; 1730 Josefus Manz als Trauzeuge, 1750 Barbara Manzin als Mitglied der Rosenkranzbruderschaft.
Maucher	1765 erscheint Martin Maucher als Mitglied der Rosenkranzbruderschaft, 1798 Simpert Maucher, Sohn des Simpert Maucher als Firmling.
Merkle	1715 stirbt Johannes Merkle als Kind; 1730 heiratet Michael Merkle, 1743 zum zweiten Mal; 1762 erscheinen Bruno, Rosalia und Walpurga Merklin als Firmlinge.
Moll	1675 erscheint Johannes Moll, 1703 Anna Mollin, 1733 stirbt Katharina Mollin.
Müller	1654 erscheint Elisabeth Müllerin als Patin, sie stirbt 1671. 1709 erscheint Jakob Müller als Trauzeuge, 1730 stirbt Johannes Müller; 1769 ist Johannes Müller Mitglied der Rosenkranzbruderschaft.
Noll	1679 erscheint Johannes Noll, 1713 stirbt er, 1735 erscheint Franz Willibald Noll, 1736 Markward, Leopold, Gottlieb Noll als Firmlinge.
Nolle	1660 und 1671 erscheint Hans Nolle, 1696 stirbt Johann Georg Nolle, 1729 heiratet Johannes Nolle, desgleichen 1755 Johann Gottfried Nolle, ebenso 1767 Franz Nolle.
Oswald	1680 erscheint Andreas Oswald, 1698 heiratet Andreas Oschwald, 1729 stirbt Catharina Oswaldin.
Ott	1649 erscheint Jakob Ott, Widumsbauer, er heiratet 1650, stirbt 1671; 1651 Michael Ott als Täufling, 1673 erscheint Simon Ott als Vater, er stirbt 1697; 1729 erscheint Matthäus Ott als Vater, 1777 erscheint Lukas Ott.

Rapp	1660 erscheint Johann Georg Rapp, 1666 als Vater, 1674 stirbt er, 1685 erscheint Michael Rapp als Trauzeuge, 1696 heiratet und 1704 stirbt er, 1757 heiratet Johannes Rapp aus Ingerkingen in Dischingen ein.
Reger	1717 erscheint Georg Reger, der bereits als Kind stirbt, 1729 erscheint Johannes Reger als Firmling, 1731 erscheinen Maria Regerin und 1734 Georg Reger, 1763 Monica und Magdalena als Firmlinge.
Renz	1649 erscheint Ursula Renzin als Gattin, 1654 Johannes Renz als Taufpate.
Rieger	1660 Christina Riegerin als Mitglied der Rosenkranzbruderschaft, 1712 Michael Rieger, 1725 Joseph Rieger aus Pfronstetten gebürtig als Vater.
Ruf	1752 ist Anna Ru(e)f Mitglied der Rosenkranzbruderschaft.
Ru(e)ss	1720 und 1722 erscheint Anna Ruessin als Mutter, 1767 heiratet Joseph Ruess aus Hüttisheim in Dischingen ein.
Rupp	1680 erscheint Barbara Ruperin(?); 1777 Creszenz und Franziska Rupin als Mitglieder der Rosenkranzbruderschaft, desgleichen Franz Karl Ruep und Caroline Ruepin im Jahr 1784.
Sättele	1562 erscheint Jörg Sättelin als Bauer; bereits 1531 verkauften Hans, Michel, Peter Sättelin ihr Anwesen an Wilhelm von Stotzingen, 1690 erscheint Andreas Sättele als Pate, 1792 heiratet Joseph Sättele in Dischingen.
Sauter	1648 stirbt Anna Sauterin, 1663 erscheint Catharina Sauterin als Patin, 1671 stirbt sie; 1691 stirbt Johannes Sauter, 1763 erscheint Johannes Sauter als Trauzeuge.
Schick	1484 erhält Jörg Schick einen Lehensbrief, 1486 erscheint Hans Schick; 1651 Jörg Schick, Bauer; 1685 stirbt Jakob Schick, 1727 erscheint Johannes Schick als Schuster, 1755 heiratet Joseph Schick.
Schiller	1654 erscheint Maria Schillerin als Ehefrau und dann als Witwe, 1681 erscheint Georg Schiller als Pate.
Schilly	1660 erscheint Magdalena Schilhi, 1719 Eberlin Scili.
Schlick	1735 heiratet Josef Schlick aus Nasgenstadt ein, 1748 erscheint Johannes Schlick als Firmling, er heiratet 1776, 1783 heiratet Joseph Schlick.
Schmaus	1673 erscheint Anna Schmausin als Ehefrau; sie stirbt 1675 (wohl im Kindbett), 1697 stirbt Sebastian Schmaus; 1729 wird ein Georg Schmaus, Weber, genannt, 1742 heiratet Franz Schmaus aus Schwörzkirch ein.
Schmid	1461 erscheint Meister Peter Schmid, 1562 Hans Schmid der Wirt; 1650, 1660 und 1667 erscheint Jakob Schmid als Hufschmied, er heiratet 1668, wird im gleichen Jahr Vater und stirbt 1675. 1669 erscheint Jakob Schmid als Pate, 1672 und 1687 als Vater, 1728 Ulrich Schmid als Schultheiß.
Schmucker	1513 erscheint Paul Schmucker als Seldner, 1680 heiratet ein Jakob Schmucker aus Niederhofen in D. ein, Matthäus Schmucker heiratet 1735 in D.
Schmutz	1694 erscheint Hans Schmutz, 1695 Jakobus Schmutz als Gatte und 1699 als Vater, 1738 Hieronymus Schmutz, Sohn des Josef Schmutz, als Firmling.

Schrode	1752 erscheint Lorenz Schrothi (= Schrode?) als Lehensinhaber der Wirtschaft zur »Krone«, 1758 Ursula und 1759 Magdalena Schrodin als Mitglieder der Rosenkranzbruderschaft, 1764 erscheint Anna Maria Schrodin als Trauzeugin.
Schuler	1518 und 1533 erscheint Eberlin Schuler, 1660 Anna Schulerin.
Schwarzmann	1783 erscheint Johann Baptist Schwarzmann als Firmling, 1786 Franz Josef Schw. als Mitglied der Rosenkranzbruderschaft.
Seifert	1645 wird Jörg Seifert getauft, 1657 erscheint ein Jörg Seifert als Vater, 1663 stirbt er, 1724 erscheint Johannes Seifert als Pate.
Seitz	1660 und 1663 erscheint Anna Seitzin als Mutter, 1687 Wilhelm als Vater, 1776 heiratet Jakob Seitz aus Bach ein.
Sommer	1650 erscheint Jörg Sommer als Trauzeuge, 1683 Matthias Sommer als Pate, 1765 Peter Sommer als Trauzeuge.
Stöferle	1671 erscheint Hans Stöferle, 1720 stirbt Katharina Stöferlin.
Stetter	1622 kauft Martin Stetter von seinen Geschwistern einen Hof, 1660 und 1670 erscheint Georg Stetter als Wirt und Schultheiß in D., 1674 verkauft Christian Stetter Güter, 1710 erscheint Jakob Stetter als Schultheiß.
Stolz	1791 erscheint Walburga Stolzin als Mitglied der Rosenkranzbruderschaft.
Strobel	1789 heiratet Michael Strobel aus Ablach (bei Meßkirch) in D. ein.
Ströbele	1460 erscheint Michael Ströbelin, 1562 Jörg Ströbelin, 1690 heiratet Bernhard Ströbele aus Ringingen in D. ein, 1740 heiratet Anton Ströbele aus Gamerschwang hier ein.
Unseld	1495 verkauft Jakob Unsaeld aus Tischingen Hof und Hofplatz, 1508 erscheint Jakob Unsaeld als Müller von Ersingen.
Vögele	(Flurname Vögeleswies): 1697 erscheint Joseph Vögelein als Vater.
Vogel	1727 erscheint Caspar Vogel als Witwer, 1729 erscheinen Johannes, Konrad und Michael als Firmlinge, 1769 erscheint Blasius Vogel als Pate.
Vogt	1660 erscheint Maria Vogtin, 1671 als Patin, sie stirbt 1705, 1782 erscheint Paul Vogt.
Volz	1658 und 1660 erscheint Maria Volzin als Patin, 1666 Maria Volzin als Trauzeugin.
Wagner	1694 erscheint Maria Wagnerin, 1697 stirbt Jakob Wagner, Sohn des Johannes Wagner, 1697 erscheint Margareta Wagner als Gattin.
Waldmann	1698 heiratet Johannes Waldmann aus Öpfingen ein, er stirbt 1706, 1737 heiratet Andreas Waldmann aus Niederhofen in D. ein.
Walser	1688 erscheint Thomas Walser, 1690 Nikolaus Walser als Vater, 1722 erscheint Anna Walser als Mutter.
Walter	1753 heiratet Michael Walter aus Mietingen in D. ein, 1772 erscheinen Jakob und 1774 Franziska Walter als Mitglieder der Rosenkranzbruderschaft.
Wiedemann	1669 erscheint Balthasar Widmann als Vater, 1696 Catharina Widmann als Gattin und Mutter.
Wilderotter	1680 erscheint Anna Wilderotter, 1721 heiratet Nicolaus Wilderotter.
Wolf	(Hofname): 1768 heiratet Fidelis Wolf aus Laiz (bei Sigmaringen) in D. ein, 1769 erscheint er als Pate.

Alte Haus- und Hofnamen

Hier wurden vor allem die Namen aufgenommen, die nicht ohne weiteres verständlich sind. Vielfach handelt es sich dabei um Namen, die nur noch bei älteren Leuten im Gebrauch oder überhaupt im Abgang begriffen sind. Die meisten dieser Namen lauten auf -s aus (Balzes, Rapps usw.). Hier muß eigentlich noch das Wort »Hof« dazugedacht werden (Rapps Hof usw.).

Bachfrieders	Hof eines Frieders (Friederich), der am Bach haust.
Balzes	Hof, der einer längst abgegangenen Sippe Balz gehörte; bereits 1664 erscheint eine Anna Bälzin.
Baus	Bauhof, Herrschaftshof. Dieser Hof dürfte zu der alten Ortsherrschaft, d. h. den Herren von Dischingen, gehört haben.
Darradommes	Hof eines Thomas, der eine Darre (Hopfendarre) besaß.
Fischerwangers	Haus eines Wagners, der Fischer hieß.
Geiseles	Hof eines Mannes, der sich Geisele schrieb. 1729 Georg Geisele aus Bihlafingen heiratet in Dischingen ein.
Glunzes	nach einem Besitzer oder Inhaber Glunz genannt. 1697 stirbt Johann Georg Gluntz.
Gompe(r)s	Anwesen eines Mannes, der Gumper hieß. 1731 heiratet Matthias Gumper aus Altsteußlingen hier ein.
Haberhannes	wohl eine Übernahme zu Hannes; der Geschlechtsname Haber begegnet nirgends in den Urkunden.
Hausbäuerles	der Name stammt aus Allmendingen und wurde von dem Bauern, der von dort hier einheiratete, mitgebracht.
Hoides	nach einem Inhaber des Hofes namens Haid. 1761 erscheint ein Josephus Anton Haid.
Judenwangers	nach einem Angehörigen der Wagnersippe Schmid benannt, der sich für den jüdischen Glauben interessierte, auch öfters in der Synagoge zu Laupheim gesehen wurde.
Käsers	das heute so genannte Haus war früher eine Käserei.
Kästle	nach einem ehemaligen Inhaber dieses Namens. 1796 heiratet ein Johannes Kästle aus Schemmerberg hier ein.
Killehanses	ob der Name Kilian, der bei uns gar nicht heimisch ist, zugrunde liegt, erscheint fraglich; geht der zweite Bestandteil des Wortes auf Hans zurück, so bleibt der erste Teil undeutbar.
Klosabeck	Bäckerei eines Nikolaus (Stetter).
Kirchenbaus	Bauer bei der Kirche
Knables	nach einem ehemaligen Inhaber des Anwesens namens Knable; doch scheint der Name in den Urkunden nirgends auf.
Knöringers	nach einem früheren Besitzer, der Knöringer hieß. 1703 erscheint ein Johannes Knöringer.
Komahanses	schwer deutbarer Name. In den Urkunden erscheint 1774 ein Konrad Gomhans (= Kommans?); bereits 1727 begegnet ein Georg Stötter, vormals »Komishansabauer«; im Sterberegister von 1734 erscheint derselbe Mann als vormals »Kobishansabauer«. Zugrunde liegt offenbar also eine Sippe namens Gom(Kom-)Hans.
Kutschamaiers	Beiname des Mannes, der die Aufsicht über die herrschaftlichen Kutschen innehatte.

Le(a)tes	gehört zum Vornamen Lent = Leonhard. In der Tat begegnet der Vorname öfters in Verbindung mit der Familie Enderle, die heute noch im Besitz des Seldgutes ist.
Manzabeck	ein Bäcker, der Manz hieß.
Modelwebers	ein Weber, der nach einem Model, d. h. nach einem Modell, einem Muster, wob.
Monningers	nach einem früheren Inhaber des Hofes, der aus Monningen stammte.
Neubaus	möglicherweise wegen seiner Größe als neuer Bauhof (Baus-Hof) bezeichnet.
Schweizerbeck	nach dem Bäcker, der die ehemalige Wirtschaft »Zur Schweiz« innehatte.
Schuhlenzes	nach einem Schuster namens Lenz = Lorenz.
Semes	nach einem Inhaber des Widums (Pfarrhof) namens Simeon benannt.
Stallhanses	schwer deutbar; möglicherweise auf einen Stallhans, d. h. auf einen im Stall beschäftigten Hans, zurückgehend.
Storkes	nach einem früheren Inhaber genannt (1705 stirbt Michael Stork).
Stuckwebers	nach einem Weber benannt, der am Stück, d. h. ohne Muster oder Vorlage, wob.
Ures	Anwesen eines Mannes, der Ure = Ulrich hieß.
Vältes	Anwesen eines Mannes namens Valentin.
Wolfes	nach einem ehemaligen Inhaber, der Wolf hieß, der auch in den Urkunden begegnet. 1768 Wolf Fidelis, gebürtig aus Laiz.
Zyprianes	Anwesen eines Mannes namens Zyprian.
Zemmerlenzes	noch erhalten in »Zemmerlenza Gäßle«, nach einem Anwesen, dessen Inhaber einmal Lorenz Zimmer hieß.
Zugmaier	der Träger dieses Namens war ursprünglich der Aufseher (Maier) über die Gespanne, den »Zug«, also ein Gutsangestellter.

Alte mundartliche Ausdrücke

Die Sammlung ist keineswegs vollständig, sie geht zum größten Teil auf Erinnerungen aus meiner Kindheit und Jugend zurück. Viele von diesen Ausdrücken sind inzwischen praktisch außer Gebrauch gekommen; an manche von ihnen werden sich nur noch die älteren Leute erinnern.
Die Abkürzung hd. bedeutet hochdeutsch, schriftdeutsch.

Aihalta	hd. Ehehalten, es sind aber nicht Leute, die in der Ehe gehalten werden; das Wort Ehe bedeutete früher Gesetz, Recht und »halten« geht wohl auf das Wort holdr = Dienstmann zurück. Demnach bedeutet Ehehalten soviel wie Leute, die sich rechtlich — durch Handschlag — zum Dienst verpflichtet haben. (Vgl. dingen).
äschtimiera	jemand wert halten, hochschätzen; Fremdwort aus dem Französischen.
batta	helfen, nützen — aus einem verlorengegangenen Wort batten — helfen, fördern, nützen.
bläht	das Heu ist bläht, d. h. noch nicht dürr. A »blähter« Kerle = ein schwerfälliger, unbeholfener Mensch.

Birling	ein kleiner Heuschochen; ursprünglich soviel als ein Mann auf einmal tragen kann, eine Mannslast, zum alten Wort beran = tragen.
bozga	etwas Böses anstellen, einen Streich spielen.
bodabais	von Grund auf böse, schlecht; Gegenteil: bodaguet
Breisle	Einfassung an den Ärmeln und am Halsstück des Hemdes; dazu auch »einpreisen« d. h. die Schuhe mit einem schmalen Band (Schuhbändel) schnüren.
bresthaft	gehört zu bersten. Wenn ein Glied geborsten d. h. gebrochen war und wieder eingerichtet wurde, blieb es meistens verkürzt; der davon betroffene Mensch blieb für sein Lebtag »bresthaft«.
Briez	kurzgeschnittenes Futter, eigentlich das Angebrühte, weil früher das Futter vielfach angebrüht wurde.
Detle	Verkleinerungsform zu Dotta, richtig Gotta. Der Götte und die Gotta sind die Taufpaten, gewissermaßen die Stellvertreter Gottes.
dingen	einst ein sehr bedeutungsvolles Wort: einen Knecht, eine Magd dingen. Wörtlich bedeutete es: jemand durch eine rechtsgültige Handlung – Handschlag – zum Dienst verpflichten.
dosohrig	ist ein Mensch, der nicht hört oder nicht hören will, sei es, daß ihm das Ohr tost (braust) oder daß er vor sich hin döst, also schläfrig ist oder vor sich hin träumt.
Duck	jemand eine Tücke antun, sich tückisch, hinterhältig (daher heimtückisch) verhalten.
Duranander	meist: zerstoßener Pfannkuchen, anderswo Kratzete oder Eierhaber, Schmarrn genannt.
Flädla	in kleine Stücke zerschnittener Teigfladen.
foiga	spielen, sich balgen. Junge Katzen »foiget«
Gant	meinte einstmals Zwangsversteigerung, ein glücklicherweise ganz außer Kurs gekommenes Wort. Das Wort ist italien.-latein. Ursprungs: quanto – wieviel (wird geboten?)
Gelta	ein mit einer »Handhebe« versehenes Holzgefäß, das man vor allem beim Waschen brauchte, größer als der Eimer und kleiner als die »Stande«.
Glufa	heute Stecknadeln mit Glaskopf, früher vor allem als Haarnadeln verwendet. Herkunft des Wortes unklar.
gompa	bedeutet 1. pumpen, 2. spielen, springen, tanzen. Dazu gehört auch der »Gumpige« Donnerstag.
gotzig	ist Kurzform zu gotteseinzig, d. h. so einzig, einmalig wie Gott.
gruabe	heißt ausruhen (aus altem ge-ruowen). Dazu gehörte auch das »Gruabbänkle« und das Wort »griebig«, geruhsam.
Gruiba	hd. Grieben, der Rest von ausgekochten kleinen Speckwürfeln. Die urspr. Bedeutung ist Schmalzpfanne, die ja eng mit dem Fett verbunden ist.
Guscht	altes, nicht mehr verwendbares Zeug, das in der »Gruscht-Kammer« aufbewahrt wurde. Zugrunde liegt das Wort Gerüst, Rüstzeug, Ausrüstung für den bäuerlichen Betrieb. Was davon nicht mehr brauchbar war, wurde eben als »alter Gruscht« bezeichnet.
Gsälz	hängt mit Sülze, Sulz, d. h. durch Salz haltbar Gemachtes, zusammen. Später wird die Bezeichnung auch auf durch Zucker haltbar Gemachtes übertragen.

Gugelhopf	das Wort »Gugel« meinte urspr. die Kapuze, daneben den hochgezogenen, runden Hut.
Gumpen	meint eine tiefe Wasserstelle in einem Teich.
Gutter	ein kleiner, enghalsiger Krug, urspr. hauptsächlich für Arzneien verwendet, aus dem Lateinischen stammend.
Häs	uralte Bezeichnung für die Kleidung. Herkunft unsicher.
häl	glatt, schlüpfrig, auch schmeichlerisch, nur im Schwäbischen vorhanden.
hehlingen	ein Leibwort des Schwaben: einer ist ganz »hehlinga« hereingekommen usw. Wie die Schreibweise zeigt, gehört das Wort zu verhehlen, verhohlen, heimlich.
Hopa	Hackmesser mit abgerundeter, aufgezogener oder abgebogener Spitze, wurde vor allem beim »Büschelemache« verwendet.
Hurnigel	kleines, rasch aufziehendes Frühjahrsgewitter mit kleinen Hagelkörnern (Graupen). Das Wort gehört zum Wintermonat Hornung (Februar), der die ersten Hurnigel bringt.
kähl	abstoßend, häßlich, widerlich; möglicherweise Zusammenhang mit quälend.
keia	richtiger: gheien, werfen, schmeißen. Auch im übertragenen Sinn: des gheit mi, d. h. das wirft mich um. Noch heute »gheit« man die Brautleute dreimal von der Kanzel herab, d. h. man wirft die Namen der Brautleute in die Kirchengemeinde hinein.
Knauze	Anschnitt oder Anreißstelle des Brotlaibs. Daraus später der Wecken mit einem Auswuchs, einem Kropf - daher »Knauze-Wecka« genannt. Dazu gehört auch das Knäusle, Verkleinerungsform zu Knauze, bezeichnet auch das kleine Reststück eines Brotes.
kräg	alte Bezeichnung für mürrisch, schlecht gelaunt.
krämachen	ein altes, heute völlig abgegangenes Wort: krä = fertig. Nach den Feldarbeiten kamen die häuslichen Arbeiten dran, danach war man fertig, das hieß man krä-machen.
Kog	1. Spitzbub, 2. der Krautstrunk (Kagen), möglicherweise mit Kegel verwandt.
kaunig	zum alten, verlorengegangenen Wort Kaun, Kaum = Schimmel, Überzug, also kaunig = schimmelig.
kaput	ein geradezu unverwüstliches Wort. Es kommt aus dem Französischen und bedeutet dort: untergehen, zugrunde gehen; von daher: kaput werden.
kreisa	schwäbische Nebenform zu kriechen.
Läätsch	ursprüngl. Masche, Schleife an einem Strick oder Seil, dann, von der Form her übertragen auf große herabhängende Unterlippe, von da der Ausdruck: a Läätsch nahenka.
laicha	fortjagen, vertreiben, von einem alten Wort laichen = springen, hüpfen tanzen. Nebenform dazu: jaichen.
Leibnischt	schwäbische Form für hd. Leibgeding, d. h. die rechtlich festgelegten Verpflichtungen für den Unterhalt des weichenden Altbauern. »Ding« meint hier wie bei »dingen« rechtsgültige Abmachung.
lei(n)s	schwäbische Nebenform zu leise im Sinn von sanft, mild, ungesalzen.
losen	horchen, hinhören. Das Wort ist uralt, Erklärung unsicher.
Mauklet	Versteck für heimlich aufbewahrte Vorräte, z. B. Äpfel im Frühjahr. Gehört zu dem alten Wort mauchen, verstecken.

Moosa	hd. Masen, bedeutet soviel wie Flecken, Wundmale, verwandt damit die Masern, eine Kinderkrankheit, früher in der Regel »Rote Flecken« genannt.
Micke	Bremsvorrichtung, Wagensperre, urspr. bezeichnete das Wort das spitzenförmige Brot (Kipf), danach den an beiden Seiten zugespitzten Holzklotz.
muckieren	zu aufmucken im Sinn von sich auflehnen, sich widersetzen, in der Regel drohend gebraucht.
Mutz	alte Bezeichnung für Jacke, Joppe, Oberteil der Manneskleidung. Das gleiche Wort wie Mütze.
Nana, Nele	Großmutter und Großvater. Beide Ausdrücke gehören zu Ahn, Ahnen = Großeltern, Vorfahren.
Nuschter	aus Paternoster, Rosenkranz entstanden.
Oisa	hd. Aisen, ist eine Nebenform zu Eiter. Aisen sind ja eiternde Entzündungen.
Pferch	Einzäunung, eingezäuntes Land. Dasselbe Wort wie Park, eingezäunter Abstellplatz.
pfludera	schwäbische Nebenform zu flattern.
Pfrond	hd. Pfründe, Altenteil, dazu das Pfrondhaus. Das Wort kommt aus dem Lateinischen und meint das, was der junge Bauer den weichenden Eltern geben muß, also »Leibnischt«.
Pfulben	schwäb. Nebenform zu Pfühl, das mit Federn gefüllte Bettkissen, Ruhebett.
räß	scharf, gut gesalzen, auch scharf mit der Zunge, uraltes Wort, Herkunft dunkel.
Ränftle	Endstück des Brotlaibes, gehört zu Rand.
Säges	die alte, völlig lautrichtige Form von Sense. Das Wort bedeutet eigentlich die Schneidende. Zur selben Gruppe gehören die Sichel und das Sech, die das Erde aufschneidende Pflugmesser.
schliefen	aus- und einschlüpfen in ein Kleidungsstück.
schoren	umgraben. Dabei bedient man sich der Schar (Pflugschar), des Spatens.
schuggen	bedeutet soviel wie schupfen, einen Stoß geben. Nebenform zu schieben und schoppen, mit Gewalt hineinschieben.
Schuebet	beim Brei der feste braune Ansatz an der Pfanne, den man wegschaben muß.
Siach	Rest einer alten Verwünschung: Mögest du siech = krank werden! Ein Schimpfwort, das auch eine versteckte Anerkennung enthalten kann.
stauchaweiß	leichenblaß, Stauche, alte Bezeichnung für das weiße Kopftuch der Frau.
sterg	mager, dürr, auch unbeweglich (vor Kälte), wohl zu starr.
Strähl	Kamm, strählen = kämmen. Strähle = Kammzacken, weil so spitz wie Strahlen.
strie(h)len	sich herumtreiben, Nebenform zu Strolch und streunen.
triela	gehört zu Triel = Unterlippe; kleine Kinder trielen, d. h. sie lassen das Essen über die Unterlippe hinablaufen.
Trum	ein tüchtiges Stück (Speck, Holz). Im Hochdeutschen hat sich nur die Mehrzahl Trümmer erhalten.

Unfürm	das Wort gehört zu Unform und meint damit formloses, ungehobeltes Benehmen.
unflätig	sich lümmelhaft, rüpelhaft benehmen. Zum Hauptwort Unflat, das Häßliche, Schmutzige.
verlickera	etwas herausbekommen, ausfindig machen. Das Wort hängt mit Loch und leck zusammen, also durch ein Loch hindurchfinden.
Waidag	ist wie Siach der Rest einer Verwünschung: Möge der Wehetag über dich kommen! Ein ganz derbes, unflätiges Schimpf- und Fluchwort.
Wette	seichtes, sumpfiges Gelände, in dem man herum-waten kann.
wiefla	ein zerrissenes Gewebe wieder fein vernähen. Das Wort gehört zu weben.
wottle	schnell (»Lauf wottle!«) gehört zu hd. weidlich, tüchtig.
Ziefer	Die Bäurin füttert das Ziefer (Federvieh). Ein sehr altes Wort, das einstmals soviel wie Opfertier bedeutete. Folgerichtig meinte Ungeziefer das nicht zum Opfer geeignete, weil unreine Tierzeug.

Altes Oberdischinger Spruch- und Erzählgut

Öpfinga, Dischenga, Pappelau zua,
wia danzet dia Baura, wia klöpfet dia Schuah.
Beim Wei, beim Wei — do möget se sei,
beim Bier, beim Bier — do sterbet se schier.

Wer da Käppalesberg naufgoht und spürt koin Wend,
wer da Lampaberg nagoht und sieht koi Kend,
wer d'Herrgaß nalauft und kriagt koin Spott,
der hot a bsondere Gnad bei eiserem Gott.

I ben an armer Schweizer,
gand mer au en Kreizer,
land mi it so lang do stau,
i mueß glei weiter gau.

Es rangelet, es schneielet,
dia Baura führet Mischt,
se hocket uf da Waga nauf
und schreiet Hott und Wischt.

Heul a bißle, lach a bißle,
mora kommt dei Detle,
hot a langa Wuscht em Sack
ond a zuckregs Brötle.

Happa, happa Droht,
Niederhofa schtoht,
Fraustetta leit,
daß a guata Happa geit.

Anmerkung: Dieser Spruch wurde aufgesagt, wenn wir Buben im Frühjahr durch leichtes Klopfen die Haut von einem jungen Weidenzweig lösten und aus dieser eine »Happe«, eine einfache Blaspfeife, schnitten.

Die Sage vom Hirscheler

Der Hirscheler ist heute ein Teil des großen Waldes links und rechts der Straße von Oberdischingen nach Ringingen. Er hat seinen Namen von einem wilden Waldmenschen, der auf seinem Kopf ein Hirschgeweih trug, daher der Name Hirscheler. Den ganzen Tag strich er in seinem Wald umher, erschreckte gelegentlich harmlose Wanderer, die unterwegs waren. Besonders war er hinter den Holz- und Wilddieben her, die er durch sein wildes Schreien und Schnauben in Todesangst versetzte, so daß sie, alles fallen lassend, zum Wald hinausrannten. Den Beeren pflückenden Kindern und den alten, Holz sammelnden Weiblein tat er aber nichts. Ja, es konnte sein, daß er den im Wald Verirrten den Weg ins Freie zeigte. Doch hat man seit langem nichts mehr von ihm gehört.

Oberdischinger Heimatlied

Der Text stammt von der hiesigen Bürgerstochter Sofie Schaich geb. Ammann. Vertont hat ihn der früher hier tätige Oberlehrer Kuttler.

> Es liegt ein Städtchen am Donaustrand
> Wird weit und breit »Klein-Paris« genannt,
> Das ist unsere Heimat lieblich und schön,
> Hier haben wir all' unser Elternhaus stehn,
> Drum fröhlich und stolz heut das Liedlein erkling
> Aus voller Kehle begeistert ich sing!
> Refrain:
> Ich grüße Dich, »Klein-Paris«, vieltausendmal
>
> Im Donautal, ich schwör es Dir, es ist gewiß,
> Ich Deiner nimmer vergiß, Du »Klein-Paris«.
> Die Berge ringsum betten es ein,
> Den Eingang schmücken Kastanienreih'n.
> Sie führen uns in die Herrengaß breit',
> Die stets uns erinnert an Schenkische Zeit.
> Das Schloß und der Park auch erzählen noch laut
> Vom Grafen, der Vieles und Schönes gebaut.
> Ich grüße Dich, »Klein-Paris« . . . . .
>
> Das Schönste jedoch ist die Kuppelkirch dort,
> Sie zieret und schmücket unseren Heimatort.
> Auf Bergeshöhen, da thront die Kapell',
> Grüßt freundlich herab und leuchtet gar hell.
> Und muß ich einst ziehen in weite Fern,
> Dann sing ich noch immer das Liedlein so gern:
> Ich grüße Dich, »Klein-Paris« . . . . .

Quellen- und Literaturangaben

Ungedrucktes Material

Die Hauptmasse des ungedruckten Materials, die Reste des Archivs der Gutsherrschaften der Stotzingen und der Schenken von Castell, liegt im Hauptstaatsarchiv Stuttgart, Bestand B 82/83
Archiv und Registratur des Pfarramts Oberdischingen
Archiv und Registratur des Bürgermeisteramts Oberdischingen
Archiv der Freiherrn von Stotzingen (im Besitz des Freiherrn Fidel von Stotzingen, Stuttgart bzw. Ansitz Steißlingen im Hegau)

Gedrucktes Material (Literatur)

1 *Arnold* Erich: Der Malefizschenk und seine Jauner, Stuttgart 1911
2 *Bitter* Margarethe: Das Zucht- und Arbeitshaus sowie das Criminalinstitut des Reichsgrafen Franz Ludwig Schenk von Castell, Dissertation 1929
3 *Kullen* Siegfried: Oberdischingen. Monographie einer ehemaligen örtlichen Residenz. Sonderdruck aus: Berichte zur deutschen Landeskunde, Bd. 43, 1969
4 *Langlois* Otto: Die Gemarkung Oberdischingen, Zulassungsarbeit zur 1. Dienstprüfung an der Päd. Hochschule Weingarten, 1973
5 *Pflug* Johann Baptist: Aus der Räuber- und Franzosenzeit Schwabens, neu hrsg. von Max Zengerle, Weißenhorn 1965, ³1975
6 *Hornstein* Ferdinand von: Der Malefizschenk, Komödie in 3 Akten, München 1936
7 *Schnee* Heinrich: Die Hoffaktorenfamilie Kaulla an süddeutschen Fürstenhöfen, in: Zeitschrift für Württ. Landesgeschichte, 1961, 2. Heft
8 Madame *Kaulla:* Lebensbild, in: Lebensbilder aus Schwaben und Franken, 9. Band. Stuttgart 1963
9 *Renz* Gustav Adolf: Der Doktor von Dischingen, Oberndorf 1911
10 *Munding* Toni: Aufsätze zur Dorfgeschichte, Schwäbische Zeitung, passim
11 *Schrode* Franz: Der Malefizschenk und die Schöne Viktor, Ulm 1956
12 *Dörfler* Peter: Der Sohn des Malefizschenk. Roman. München 1947

Bildnachweis

Hauptstaatsarchiv Stuttgart 1 2 23 24 25 30   Anton H. Konrad Weißenhorn 11 15 Farbtafel 2   Verlag Gebrüder Metz Tübingen Farbtafeln 1 und 6   Aerobild Edmund Schütz Delmenhorst 21   Landesdenkmalamt Tübingen 12 (Gudula Bock) 32 35 36 37 38 41 42 (Dr. Hellmut Hell)   Otto Maucher Oberdischingen Luftaufnahmen Farbtafeln 4 und 5 (Freigabe Regierungspräsidium Tübingen Nr. 5840, 5841)

Die Mehrzahl der Fotos wurde aus Privatbesitz (von Frl. Munding und von anderen) zur Verfügung gestellt; weitere Aufnahmen und Repros fertigte Franz Ruß, Lehrer in Oberdischingen. Das Farbklischee zu Tafel 3, Bildnis des Malefizschenken, überließ das Katholische Pfarramt Oberdischingen.

Das vordere Vorsatz zeigt Oberdischingen um 1860/70 vom Hägelesberg, nach der Lithographie von D. Mäschle, Ulm, für die Lehrer Selinka die Vorzeichnung lieferte. Das hintere Vorsatz zeigt einen Ausschnitt aus dem Ortskataster aus der Zeit vor der Jahrhundertwende.